Workbook
Coding / Executing
Processor on Paper

TPS / MyCo – Code / Execute Code
Without Hardware – Even on Paper Only

The reference card on this page is a grid of instruction boxes. Each box carries a header and two value sub-columns:

(1) 4 Bit INPUT

0 0000	8 1000
1 0001	9 1001
2 0010	A 1010
3 0011	B 1011
4 0100	C 1100
5 0101	D 1101
6 0110	E 1110
7 0111	F 1111

(4) REGISTER A

0 0000	8 1000
1 0001	9 1001
2 0010	A 1010
3 0011	B 1011
4 0100	C 1100
5 0101	D 1101
6 0110	E 1110
7 0111	F 1111

(12) DELAY

0 0000	8 1000
1 0001	9 1001
2 0010	A 1010
3 0011	B 1011
4 0100	C 1100
5 0101	D 1101
6 0110	E 1110
7 0111	F 1111

(2) 4 BIT OUTPUT

0 0000	8 1000
1 0001	9 1001
2 0010	A 1010
3 0011	B 1011
4 0100	C 1100
5 0101	D 1101
6 0110	E 1110
7 0111	F 1111

0_n — NOP-to next instruction

0 0000	8 1000
1 0001	9 1001
2 0010	A 1010
3 0011	B 1011
4 0100	C 1100
5 0101	D 1101
6 0110	E 1110
7 0111	F 1111

1_n to OUT PORT — Output data to Port

0 0000	8 1000
1 0001	9 1001
2 0010	A 1010
3 0011	B 1011
4 0100	C 1100
5 0101	D 1101
6 0110	E 1110
7 0111	F 1111

2_n WAIT — Wait for a time ms/sec

0 1ms	8 500ms
1 2ms	9 1s
2 5ms	A 2s
3 10m	B 5s
4 20m	C 10s
5 50m	D 20s
6 100m	E 30s
7 200m	F 60s

3_n JMPB(ack) — Jump Back n Addresses

0 0000	8 1000
1 0001	9 1001
2 0010	A 1010
3 0011	B 1011
4 0100	C 1100
5 0101	D 1101
6 0110	E 1110
7 0111	F 1111

(10) ANALOG IN 1

0 0000	8 1000
1 0001	9 1001
2 0010	A 1010
3 0011	B 1011
4 0100	C 1100
5 0101	D 1101
6 0110	E 1110
7 0111	F 1111

(5) REGISTER B

0 0000	8 1000
1 0001	9 1001
2 0010	A 1010
3 0011	B 1011
4 0100	C 1100
5 0101	D 1101
6 0110	E 1110
7 0111	F 1111

(13) ARIT-LOG UNIT

0 0000	8 1000
1 0001	9 1001
2 0010	A 1010
3 0011	B 1011
4 0100	C 1100
5 0101	D 1101
6 0110	E 1110
7 0111	F 1111

(3) PWM OUTPUT

0 0000	8 1000
1 0001	9 1001
2 0010	A 1010
3 0011	B 1011
4 0100	C 1100
5 0101	D 1101
6 0110	E 1110
7 0111	F 1111

4_n to A — Load Register A with x

0 0000	8 1000
1 0001	9 1001
2 0010	A 1010
3 0011	B 1011
4 0100	C 1100
5 0101	D 1101
6 0110	E 1110
7 0111	F 1111

5_n .. <=A — Copy Reg A to

0 --	8 D3<A
1 B<=A	9 PM<A
2 C<=A	A --
3 D<=A	B --
4 DO<A	C --
5 DO<A	D --
6 D1<A	E --
7 D2<A	F --

6_n A<= .. — Copy x to A as 4/1 Bits

0 --	8 A<D3
1 A<=B	9 A<A1
2 A<=C	A A<A2
3 A<=D	B --
4 A<DI	C --
5 A<DO	D --
6 A<D1	E --
7 A<D2	F --

7_n A<= ... — Arith. / Logic Functions

0 --	8 AorB
1 A+1	9 AxorB
2 A-1	A AnotA
3 A+B	B --
4 A-B	C --
5 A*B	D --
6 A/B	E --
7Aand	F --

(11) ANALOG IN 2

0 0000	8 100
1 0001	9 100
2 0010	A 101
3 0011	B 101
4 0100	C 110
5 0101	D 110
6 0110	E 111
7 0111	F 111

(6) REGISTER C

0 0000	8 1000
1 0001	9 1001
2 0010	A 1010
3 0011	B 1011
4 0100	C 1100
5 0101	D 1101
6 0110	E 1110
7 0111	F 1111

(14) SKIP UNIT

0 0000	8 1000
1 0001	9 1001
2 0010	A 1010
3 0011	B 1011
4 0100	C 1100
5 0101	D 1101
6 0110	E 1110
7 0111	F 1111

not used

0 0000	8 1000
1 0001	9 1001
2 0010	A 1010
3 0011	B 1011
4 0100	C 1100
5 0101	D 1101
6 0110	E 1110
7 0111	F 1111

8_n PAGE — Set Page Register to n

0 0000	8 1000
1 0001	9 1001
2 0010	A 1010
3 0011	B 1011
4 0100	C 1100
5 0101	D 1101
6 0110	E 1110
7 0111	F 1111

9_n JUMP — to Address PAGE + x

0 0000	8 1000
1 0001	9 1001
2 0010	A 1010
3 0011	B 1011
4 0100	C 1100
5 0101	D 1101
6 0110	E 1110
7 0111	F 1111

A_n C* Dec-JMP, 0 cont — DEC Reg C jump or next

0 0000	8 1000
1 0001	9 1001
2 0010	A 1010
3 0011	B 1011
4 0100	C 1100
5 0101	D 1101
6 0110	E 1110
7 0111	F 1111

B_n D* Dec-JMP, 0 cont — DEC Reg D jump or next

0 0000	8 1000
1 0001	9 1001
2 0010	A 1010
3 0011	B 1011
4 0100	C 1100
5 0101	D 1101
6 0110	E 1110
7 0111	F 1111

Or Run Examples in Wilfried Klaas's Emulator
And Willie's Solution runs as well on Arduino
Use the Franzis TPS Kit Issue 2 or
Conrad Components with Breadboard

Juergen Pintaske

This is the third ebook / print book of a series published about the project TPS / MyCo on amazon in English:

https://www.amazon.co.uk/Juergen-Pintaske/e/B00N8HVEZM

Contents

1 - Introduction

**to this Book of Examples and Explanations
and „Programming without Hardware"**

Welcome to „Programming Without Hardware".

There are two books that have been published already in English in addition to all the material that Burkhard Kainka had generated about this project TPS / MyCo.

At the end of the second book I had added a small chapter showing a little example how the processor works using a simple approach – making coffee.

But to execute this and see the code working, you still needed a processor system, or at least use the simulator.

This lead to the idea:
Could this work completely without hardware and do it all on paper?
So I got started.

Is such an approach useful to learn easily?
As it is on paper and not much to translate, anybody in the world can give it a go: children, parents grandparents – no electronics required.

An, as a next step you can always download the Simulator to execute the programs on a PC.

Or even use some of the hardware implementations.
and as there is not too much text in this book, it should work in many languages.

For schools this might be helpful, if just one MyCo / TPS Kit exists, but all pupils should be able to do the same on paper. And at home.

I thought it is a good execise to work through this paper-option.

As well this would force me to add to the descriptions in the erlier books, so people can more easily replicate what happens and do a complete walkthrough, helping to understand how coding works.

At the top of each example there are these 2 lines showing the function blocks and the instructions of the processor, and in yellow highlighted which of them are used in the current example, shown here for Example 1. The black and white print version changed to green only :

0n 1n 2n 3n 4n 5n 6n 7n 8n 9n An Bn Cn Dn En Fn
S1 S2 IN AN1 AN2 RA RB RC RD OUT PWM DLY SKP ALU PGE PC

The first line showing which instructions there are.
The second line –shows all of the processsor blocks that we have.

In each example we will highlight in yellow the function blocks and the instructions used in the related example.

All of this to make it easier to understand how the processor executes.

The pages are set up in a way that each example has most of the information required on the same 2 pages. This leads to quite a bit of duplication – but this is intentional – have it all in view while stepping through the examples.

In school you can actually take this a step fursther: use this booklet and perform the examples as a play and involve as many children as the different function blocks used in the example:
.
And the child holding a page with the current contents of the relevant function block.

There are a few functions that are difficult to do on paper, but there are solutions:

Input Switches: use Push Pins, coins or paper clips to show status
Analog Input: stack coins on top of each other – 0 to 15
Output LEDs: same as Inputs, use coins again to show LED on/off
Analog Output: push pins or a stack of coins again
Delay Function: processor stops for a certain time, speak out 1 to n
Sound   sing a sound for the specified length

Or find any other solution that fits the purpose and works best for you.

You might find better implementations.

You can feed them back
and if you agree we will try to include them in a future updated version.

In such a book typos are unfortunately easily possible. We did our best,
but cannot take any responsibility.

Please send feedback and corrections to epldfpga@aol.com

We hope you enjoy the book   **October 2020**

**My special thanks go to Burkhard Kainka,
who had the idea of TPS/MyCo.
Much can be seen on his website.**

**Franzis Verlag made the kit available – in German - their market.
I am thankful for the ok to translate the first booklet into English.**

**And to Michael Kalus, who took up my challange to re-write
the complete TPS / MyCo functionality in Forth, adding the option
to control it via the serial interface.**

**Ralf Lieb programmed it in C.
And we did a project of PCBs together for the TI MSP430.**

**Wilfried Klaas, who re-implemented TPS for Arduino.
And designed a couple of PCBs including the connectors.**

**And even better, he wrote an Emulator that you can download and
input / run your own programs. Including single-stepping through
the execution and see what happens inside.
And you can select which of the various implementatios is
emulated. Later in this book you see how the emulator is used.**

And there are many more. And all of this triggered this book here.

This chapter is copied from the second MyCo book, slightly adapted here

2 – Is Programming really so difficult?

Let's look at this programming stuff from a completely different angle.
It seems to be all so technical and only for the specialists.
WRONG.

We all do it every day.
The major part of this MyCo Programming we do every day,
for example to plan what to do during the day, or other tasks to be done
or to make a coffee - so let's get started:

But first we have to understand the Number Systems of Humans and
Computers a little bit.

Decimal:
We are all used to the decimal system. 10 different numbers. Why is it
a decimal system? Well, look at your fingers – you have (normally)
10. We count from 0 (nothing there), 1, 2, 3, 4, 5, 6, 7, 8 9. We have
then exhausted what we can pack in one digit, and do an overflow to
1 0 – an additional number 1 in front of our counting, and continue
counting with 11, 12, and so on, until we come to the next overflow –
from 99 to 1 00 – now 3 digits and so on.

Binary:
Computers do not use the 10 decimal states of 0 to 9, they only have
two possible values in one position.
They can only distinguish between the 2 states 0 and 1 or On and Off or
High /Low – so only 2 options rather than the 10 we are used to in
decimal. Hence the name Binary System. But it works as well.
Let us start to count in binary:
You use the same overflow as in a decimal system. The number in
brackets here is the number in decimal).
Start with **0** (0) , then the next one which is **1** (1) .
Now we have exhausted the possible values 0 and 1 we have, and do
the same overflow as in our decimal system:

And as consequence   **0** (0) , leads to **1** (1)
and next   **10** (2) and **11** (3),
and next again we have to generate an overflow, leading from **11** (3) to
                      100 (4),   **101** (5),   **110** (6),   **111** (7),
then   **1000** (8), **1001** (9), **1010** (10), **1011** (11), and
                      1100 (12), **1101** (13), **1110** (14) **1111** (15)

and again there would be an overflow to **1 000** (16).

This now leads to 5 number positions.
But our MyCo system here is limited to 4 positions – a 4 bit system.

In binary, numbers can end up with rather long strings of 0s and 1s.

We could divide up these long strings of 0 and 1s into blocks of 4 bits –
and would, as shown above, have in each block 16 possibilities.

There is the unusual situation, that the "translated" 4 bit binary number
block in decimal can consist either of 1 digit (0 to 9) or 2 digits (10
..15). It would be easier, if they all were 1 „digit".
We can use a trick:
the **0 to 9** stay as is,
and the rest replaced by **A** (10), **B** (11), **C** (12), **D** (13), **E** (14), **F** (15).
There are now 16 one digit "numbers";
this system is called **hexadecimal**.

The table further down shows long strings of numbers – here up to 32
bits, and you see the numbers divided up into 8 4-bit blocks
– shorter to write as the same number in hexadecimal.

This table shows on the left the decimal representation of the long
sequence of a 1 plus many 0s. it is rounded in some areas, so you can
memeorize some examples more easily.
Translated into hexadecimal, the numbers would be:
1 2 4 8 10 20 40 80   100 200 400 800   1000 2000 4000 8000
and so on.

We will stay in our system here within the 4 bits marked, so our possible numbers are as stated before in binary, and in brackets as in decimal until 9, and the last 6 in decimal / hexadecimal:

```
   0  (0)           1  (1)          10  (2)          11  (3)
 100  (4)         101  (5)         110  (6)         111  (7)
1000  (8)        1001  (9)        1010  (10/A)     1011  (11/B)
1100  (12/C)     1101  (13/D)     1110  (14/E)     1111  (15/F)
```

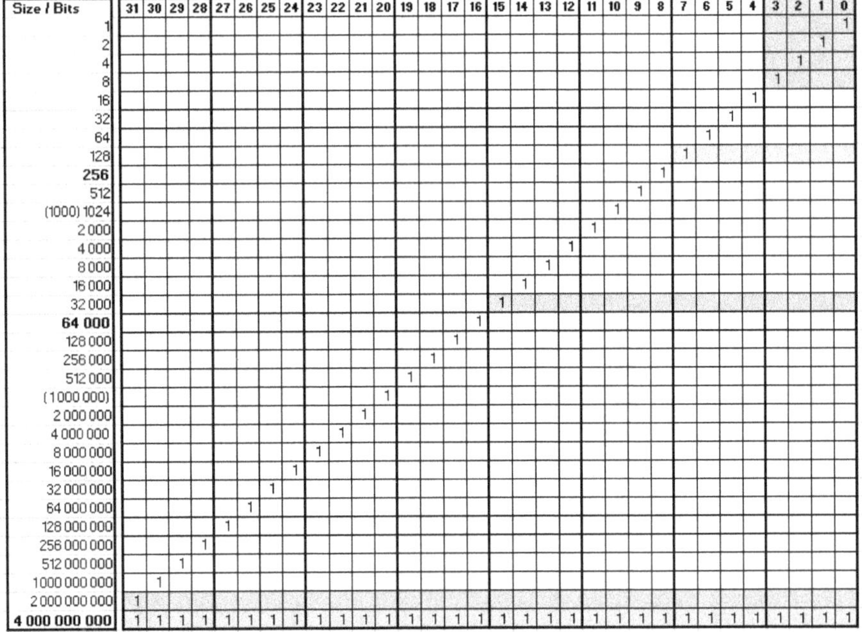

Size / Bits	31	30	29	28	27	26	25	24	23	22	21	20	19	18	17	16	15	14	13	12	11	10	9	8	7	6	5	4	3	2	1	0
1																																1
2																															1	
4																														1		
8																													1			
16																											1					
32																										1						
64																									1							
128																								1								
256																							1									
512																						1										
(1000) 1024																					1											
2 000																				1												
4 000																			1													
8 000																		1														
16 000																	1															
32 000																1																
64 000															1																	
128 000														1																		
256 000													1																			
512 000												1																				
(1 000 000)											1																					
2 000 000										1																						
4 000 000									1																							
8 000 000								1																								
16 000 000							1																									
32 000 000						1																										
64 000 000					1																											
128 000 000				1																												
256 000 000			1																													
512 000 000		1																														
1000 000 000	1																															
2 000 000 000	1																															
4 000 000 000	1	1	1	1	1	1	1	1	1	1	1	1	1	1	1	1	1	1	1	1	1	1	1	1	1	1	1	1	1	1	1	1

The full width of this table uses 32 different bits like in a real 32 bit computer – and to compare the range covered to something in the real world:
this is good enough to give about every second person on this planet a unique number – about 8 billion people on earth soon.

We have covered now, very roughly, the three main number systems we will use: decimal, hexadecimal and binary; the computer only uses binary – the rest is for our better understanding and for communicating with the computer.

With this as a basis, we can start looking at programming – and compare it with everyday tasks. The 8 Function Blocks used here are: **INPUT** on the left, **OUTPUT** on the right, processing in the middle.

To work through our recipee / program, we use a system as shown above. We can blow it up and put it on the table, see picture. Mug Blocks: Add them up – there are blocks of 1 2 4 and 8 mugs – together again the maximum number of 15 that we will work with here.

We use here 8 blocks of our processor (others we leave for later) :
Input Block, where data (or here units of anything) enter
Register A, **Register B** , **Register C, Register D,**
      where we can store numbers of these units we use'
ALU Block, for the Processing of Numbers. (Arithmetic Logic Unit)
      We can add and subtract numbers, (maths)
      We can compare bits (logic), use the result for decisions
DELAY, a Timer Block, here the computer takes a predefined break.
Output, where the results leave our processor to the outside world.

There are a few more blocks, but these are left out here to make understanding easier.

The same blocks as in the small picture, can be put onto seperate A4 sheets as in the picture. The actual function of each page is highlighted on the page.

The 4 lines at INPUT and OUTPUT are used to show the numbers, by having different weights per position, for example:
A 1 mug, 2 mug block, 4 mug block, 8 mug block.
Added together, we have 15 again, the maximum we work with.

This means 0 and 15 mugs represented by 4 bits, see higher up: If we were to add another mug, then we would get the overflow to 16 as mentioned before, and the relevant register would be 0 plus an overflow somewhere not visible. Not allowed here.
Our simplified model excludes this option.

These 4 bits have the different weights 1 2 4 8.
How can we memorize this easily?

One example might be to use a family:
10 years – a child
20 years - the adult
40 years - the parents
80 years – the grand parents
Might be a bit far fetched – but take the 0 away, and we have our weights of 1 2 4 8 .

And add them together as 1 + 2 + 4 + 8 and we have again our number 15 – the maximum we can pack into our registers.

Next, we have to look at our recipee and follow the lines to execute – in coding speak the program, with one instruction to be executed per line.

On the right you see where needed the same instuction **as a short 2 digit number.**

Now we write a program to make a cup of coffee – made to my taste.

It is rather simplified, but a good explanation as a few simple steps and translating it into 2 digit shorthand for our computer on the right hand side.

These numbers are basically the y and x coordinates of the Instruction Table on the next page. This is a simplified and shortend version as well. The full Instruction Table will be explained in more detail later in the book.

Our mugs from above have all been moved from where they were on the picture to the outside as ressource and to display numbers if needed.

Reduced Instruction Table for the Example here

	0	1	2	3	4	5	6	7	8	9	A	B	C	D	E	F
	NOT USED HERE	NOT USED HERE	DELAY	Jump Back	LOAD A with	Register Transfer	Register Transfer		PAGE							
0									0							
1					1	A to B	B to A		1							
2					2	A to C	C to A		2							
3					3	A to D	D to A		3							
4					4	A to OUT	IN to A		4							
5					5				5							
6					6				6							
7					7				7							
8					8											
9					9											
A / 10																
B / 11																
C / 13																
D / 14																
E / 14																
f / 15																

Plus the Skip Instruction C3 to skip when A=B that you cannot see in the table.

1. We want 1 coffee, so, we need a mug, **INPUT 1 Mug**; from our ressources where we have 15 mugs;
   We have to define how many to take out – **here 1.**
   We have to define where to put it.   **Into register A**

   So the first instruction is get one mug into register A.
   We write it in shorthand as   **4 1**

2. Regster A is an important ressource, and often used.
   It is right in front of us and we use it for many other activities.

So, let us make sure nothing is overwritten that we need later, and copy the contents in register A to another one: **Register C.**

We copy it from Register A to Register C, and the command is   **5 2**

3. Now we need some coffee,
   Let's assume we want in our coffee 5 gram units.
   Register A - is free now, so it means 5 units into Register A   **4 5**

4. Free our main working registerA as before, transfer to D via   **5 3**

5. Next we need some sugar 8 gram units, first into Register A   **4 8**
   And shift it from Register A to Register B via   **5 2**

6. And now 3 units of milk into Register A means   **4 3**

And what do we have in our registers now?
5 grams/units of coffee   in **register D**
1 mug/unit   in **register C**
8 grams/units of sugar   **in register B**
3 grams/units of milk   **in register A**

Now we start mixing, and we have to get the sequence right,
based on possibilities available, not all moves in our registers are allowed.
Register A is the important one
   Add sugar to milk $A <= A + B$, frees register B **7 3**
   Add coffe to milk and sugar
      Not directly possible,
      So, free register A $B <= A$ **5 1**
      Now from D to A $A <= D$ **6 3**
   Add coffee to mug with the sugar and milk now in B
      Again $A <= A + B$ (sugar + milk + coffee)   **7 3**
      Try to find an alternative solution solution

As the missing part:
Finally we have to add water
But how many units?

We start pouring and measure as it goes .
The maximum before the mug overflows is here for example 9 units.

So input one unit of hot water to the rest.
Where are we?   1
Starting from 0 to 1 more, then 2, then 3, then 4, then 5,
                    then 6, then 7, then 8, then 9 - stop

Have we reached 9?
if yes, then get out of the adding water loop.

This is where the SKIP instruction is used:
    SKIP over the adding-one-water-unit-loop
            when 9 has been reached and finish.

A quick description of how SKIP works
– skip over next instruction if decicions is YES,
    or continue with this next instruction - no skip - if decision is NO:

You either **continue if the condition has not been met**,
    or you basically turn off (SKIP) to another road. Many more details
will follow later in the examples.

Here in our example: If 9 not reached yet, then add another unit and so
on.
When 9 units have been added
The condition $A = B$ is met.
Now we have finished our coffee.

So output our coffee via   **5 4**

This example has been kept very simple
    some points not 100% correct.

But it shows the different steps and some of our instructions.
Just make up your own examples to use the instructions here in a way
that might be more related to your world.

There are 2 function blocks that have not been mentioned yet, but are very important, as they point to the line of code that has to be executed next:

The Program Counter
To step through our lines of code we need the Program Counter, that points to the next line of code to be executed.
It starts at line 0 and increments to the maximum of 15, so 16 lines of code are possible.

The PAGE Register
We only have 16 lines that the Program Counter can address.
From line 0 to line 15 / F.
Not very much.
The next line is overflowing, so we need another register that basically counts counts the pages of our programming booklet.
Our 4 Bit Page Register does the job..
The first page is called here page 0.

And, after 16 lines with instructions have been written down,
we then jump from PAGE 0 to PAGE 1 and the program counter is 0 again and so on.

16 lines further we get onto PAGE 2
The maximum we are using here as shown in the table is 7 pages.

So we basically have a programming booklet
with 16 lines of code per page,
and 7 pages with 16 lines each.

This finishes our coding exampe of making coffee
Until now we have covered here just a few instructions –
and as you can see,
we just describe what has to be done
   - not much different from our daily life.

Writing code is just like making a plan, or prepare a recipee, a sequence of steps,
sometimes with loops, when something has to be done a few times,
and a condition to be tested via SKIP, where to exit the loop for example.

We hope you enjoy reading this book – just using paper,

– or you might want try some example programs or your own code on the simulator.

We would kindly ask for some – hopefully positive - feedback, so
please leave a comment on amazon,
or send a quick email to **epldfpga@aol.com**

Most of the examples explained in this book you can download and printed from this link
http://www.elektronik-labor.de/Literatur/MyCo2014.pdf

More links in English you can find here
http://www.elektronik-labor.de/Literatur/MyCo.html
and general links you will find later in the book here.

####

October 2020

3 - Programming without Hardware

Let's start from scratch again.

Picture1: Function Blocks

(4) REGISTER A			
o	0 0000	8 1000	o
o	1 0001	9 1001	o
o	2 0010	A 1010	o
o	3 0011	B 1011	o
o	4 0100	C 1100	o
o	5 0101	D 1101	o
o	6 0110	E 1110	o
o	7 0111	F 1111	o

2_n WAIT			
Wait for a time ms/secs			
o	0 1ms	8 500ms	o
o	1 2ms	9 1s	o
o	2 5ms	A 2s	o
o	3 10ms	B 5s	o
o	4 20ms	C 10s	o
o	5 50ms	D 20s	o
o	6 100ms	E 30s	o
o	7 200ms	F 60s	o

Picture2: Block/Instruction organisation

Picture 1: shows the 14 Function Blocks we have in our processor.

Picture 2: Each Function Block is shown as the same layout:

On the left/right a row where the push pin or the paper clip can be placed, in the middle the 16 possibilities in Hex and in Binary . The same layout applies to the 16 Instructions, here as example the delay of the WAIT instruction, which in the original version runs between 1 Millisecond and 60 Seconds. In our paper version, the easiest is to assume these are 0 to 15 seconds, so just count down from the programmed value to 0 and then continue program execution.

1. We want to execute programs, so we need to write them down.
   One instruction what to do in one line.
   Each page will have 16 lines as explained
   We need to count and see where we are on this page.
   For this we use the **Program Counter** (in short here PC)
   A maximum of 16 lines is allowed as our PC has only 4 bit
   which can use the counts
0, 1, 2, 3, 4, 5, 6, 7, 8, 9, A(10), B(11), C(12), D(13), E(14), F(15).

2. Like in a little booklet we will have pages of these 16 lines of code, as just 16 lines of code is not much for our programs.
   Our Page Register will take care of this. As well 4 bit wide.
   When the PC reaches F, so the last line, PC goes then back to 0 and the
   page register is incremented by 1, now on a new page.

Theoretically we have now space for 16 pages with 16 lines of program instructions each,
so 256 lines of code for instructions.
But our little processor here uses only 8 pages – from 0 to 7.

Processor systems need inputs and outputs to communicate with the outside world.

3. Implemented here is a
    4 bit INPUT, just imagine this as 4 light switches
4.   an **Analog Input 1** and
5.   an **Analog Input 2** to be more explained later.
Just imagine these two for now as two dimmers in your living room for 2 lamps that you can turn up and down.

6. As **Output** there is a digital **4 bit Output**; 4 LEDs which show the status of the output bits.
7. and a **4 Bit PWM LED as output**. PWM means Pulse Width Modulation and basically implements an analog output in a digital way. A sequence of 16 time slots are filled with the current 4 bits, so 0 to F (15) and this then shows for example a brightness level and is acting like an analog output.
This output value of the PWM is represented via a fifth LED, which is off at 0, then gets brighter to very bright with the contents of F (1111).

The data we work with has to be stored somewhere internally, for this there are 4 registers with 4 bit each.

8.   **Register A**, this is the register is used very often as we will see.
9.   **Register B**
10. **Register C** the C register has an additional function to be
                discussed later.
11. **Register D**, and like register C register it has an additional
                function to be discussed later.

12. **DELAY Register**

Sometimes we have to wait for things to happen, so we need a DELAY register which tells the processor to halt execution for a certain time. 16 steps are possible with our 4 bits, and they are defined in the real hardware kit version as 1ms – which is a thousendth of a second to 60 seconds and useful steps in between. See the the Instruction Table for details.

13 **SKIP Register** – Until now we have executed instruction after

instruction. But sometimes decisions have to be taken, which change the program flow.

In such a case a skip over the next instruction will happen or not.

So there are two options:

> **Either the condition is not met,** we just continue,
> > so the next line of code is executed

> **Or the condition is met;** then the next instruction is SKIPed over
> > – which gives it the name SKIP
> > and this code in the next line + 1 is executed.

14 ALU – **Arithmetic and Logic Unit**.

Here all of the calculations take place. We will discuss each ALU function as it is used in the examples.

So, we have 14 function blocks - each 4 bit wide.

In addition there are 3 switches **S1, S2** and S3 which can be used as single bit Inputs – see examples.

In addition to the parts described we need some functionality that makes sure that all of these work together.

But we expect it all works well together, so no need to get into details here.

The best way forward now is to work our way through some example programs. They are mostly from the earlier book , sometimes slightly changed. And the last examples are from the new kit and booklet that came out in 2020, so not yet part of the downloadable examples.

The first 2 lines of each current example will show

which **Function Blocks** from the full set are actually used in the example, and which of the **Instructions** are used.

This is followed by some additional text describing what happens.

Then the functionality of the example is described exactly as in the original book.

On the right hand page you see the list of the 4 Bits in binary and hexadecimal form to have them handy.
And the shortened instruction table so you can check the code immediately.

The main part on the right page is the Instruction Execution Table. Here we enter the Page we work on, the PC line, the Instruction and the Data related.

The rest is the list of Function Blocks and their current contents.
Contents not really relevant is often left out to improve readability.
In the print book version you can add this in yourself if you wish.
Here we show what happens in the different function blocks used, when the current instruction is executed.

If the register values or Output values do not change, it will be the same value in the next program line, where another instruction is executed – or we leave it out until needed.
You will see this in the examples. It will get clearer then.

The **IN**, **AN1**, and **AN2** inputs are special. As these come from the outside world, we have to define them, and can either give them as well a number from 0 to F, or the binary value 0000 to 1111.

Another special case is the **DELAY** function.
In the original electronic version, this delay, where the processor is stopping for a while, this can range in 16 values from 1ms = one thousedns of a second, to 1 minute.
The codes we use here are correct as in our examples related to the original, but we could as well imagine to see them for example as 4 blocks of 4 delays: very short (0..3), short (4..7), middle ((8..11), long (12..15).

Especially, when you work through the examples without hardware, this is good enough.

Or we can just count down slowly from the value in the delay instruction until we reach 0 and then continue with executing the next line of code.

4 - A Computer on 2 Pages

We can go one step further and try to work through the examples here without any computer – completely on paper.

What would be needed?
We need 14 **Function Blocks** – each of them hold a number, 0…15 and our **List of Instructions.** – most of the instructions have 16 options

First the Function Blocks:
These 14 Function Blocks fit on one page, see next page.
And the contents of each block can be from 0 to F.
So how can we show what the actual contents of a block is?
I used two options while writing this book:

Option 1: I love TicTac boxes – not so much the contents, but use the boxes to collect small electronic components. But then came the idea to cut out the function block pictures and attach them with a bit of sticky tape to the boxes.
So when you start a new example, you grab the relevant TicTac boxes from your set of 14.

You see the little o next to 0 …F.
I used Push Pins in there show what is active and what the contents is.
Less dangerous is the use of small paper clips you slide into the correct position.

As **option 2** I used Foam Board and stuck the full page onto it.
Push Pins then used in the same way as with option 1.

This was the cheapest way I could find. Just 2 pages of paper.

There are many other ways, like using magnets for example, but they are bigger and need a metal pate.

My target here was to make it possible for anybody to work through the examples – no hardware required.

Just to remind you, there are at least 5 other options plus this paper only version to work through these examples:
 - The original is a board from Franzis, but here you have to solder
 - An alternative are the parts from Conrad used on a breadboard,
 - Or you can use the free Emulator on a PC as described later.
 - Then the Arduino solutions that Willie designed,
 - Just recently I found the **Mycobit** on github, using the **micro:bit**.

The picture on the next page shows the 14 Function Blocks – plus two spare ones.

As there was still space on the page, a short version od the Instruction table was added at the bottom.

MyCo/TPS - IN, OUT, Analog In, Analog Out, Register A-D, PAGE, Program Counter, Delay, ALU, Skip

(1) 4 Bit INPUT

o			o
o	0 0000	8 1000	o
o	1 0001	9 1001	o
o	2 0010	A 1010	o
o	3 0011	B 1011	o
o	4 0100	C 1100	o
o	5 0101	D 1101	o
o	6 0110	E 1110	o
o	7 0111	F 1111	o

(4) REGISTER A

o			o
o	0 0000	8 1000	o
o	1 0001	9 1001	o
o	2 0010	A 1010	o
o	3 0011	B 1011	o
o	4 0100	C 1100	o
o	5 0101	D 1101	o
o	6 0110	E 1110	o
o	7 0111	F 1111	o

(12) DELAY

o			o
o	0 0000	8 1000	o
o	1 0001	9 1001	o
o	2 0010	A 1010	o
o	3 0011	B 1011	o
o	4 0100	C 1100	o
o	5 0101	D 1101	o
o	6 0110	E 1110	o
o	7 0111	F 1111	o

(2) 4 BIT OUTPUT

o			o
o	0 0000	8 1000	o
o	1 0001	9 1001	o
o	2 0010	A 1010	o
o	3 0011	B 1011	o
o	4 0100	C 1100	o
o	5 0101	D 1101	o
o	6 0110	E 1110	o
o	7 0111	F 1111	o

(10) ANALOG IN 1

o			o
o	0 0000	8 1000	o
o	1 0001	9 1001	o
o	2 0010	A 1010	o
o	3 0011	B 1011	o
o	4 0100	C 1100	o
o	5 0101	D 1101	o
o	6 0110	E 1110	o
o	7 0111	F 1111	o

(5) REGISTER B

o			o
o	0 0000	8 1000	o
o	1 0001	9 1001	o
o	2 0010	A 1010	o
o	3 0011	B 1011	o
o	4 0100	C 1100	o
o	5 0101	D 1101	o
o	6 0110	E 1110	o
o	7 0111	F 1111	o

(13) ARIT-LOGIC UNIT

o			o
o	0 0000	8 1000	o
o	1 0001	9 1001	o
o	2 0010	A 1010	o
o	3 0011	B 1011	o
o	4 0100	C 1100	o
o	5 0101	D 1101	o
o	6 0110	E 1110	o
o	7 0111	F 1111	o

(3) PWM OUTPUT

o			o
o	0 0000	8 1000	o
o	1 0001	9 1001	o
o	2 0010	A 1010	o
o	3 0011	B 1011	o
o	4 0100	C 1100	o
o	5 0101	D 1101	o
o	6 0110	E 1110	o
o	7 0111	F 1111	o

(11) ANALOG IN 2

o			o
o	0 0000	8 1000	o
o	1 0001	9 1001	o
o	2 0010	A 1010	o
o	3 0011	B 1011	o
o	4 0100	C 1100	o
o	5 0101	D 1101	o
o	6 0110	E 1110	o
o	7 0111	F 1111	o

(6) REGISTER C

o			o
o	0 0000	8 1000	o
o	1 0001	9 1001	o
o	2 0010	A 1010	o
o	3 0011	B 1011	o
o	4 0100	C 1100	o
o	5 0101	D 1101	o
o	6 0110	E 1110	o
o	7 0111	F 1111	o

(14) SKIP UNIT

o			o
o	0 0000	8 1000	o
o	1 0001	9 1001	o
o	2 0010	A 1010	o
o	3 0011	B 1011	o
o	4 0100	C 1100	o
o	5 0101	D 1101	o
o	6 0110	E 1110	o
o	7 0111	F 1111	o

not used

o			o
o	0 0000	8 1000	o
o	1 0001	9 1001	o
o	2 0010	A 1010	o
o	3 0011	B 1011	o
o	4 0100	C 1100	o
o	5 0101	D 1101	o
o	6 0110	E 1110	o
o	7 0111	F 1111	o

not used

o			o
o	0 0000	8 1000	o
o	1 0001	9 1001	o
o	2 0010	A 1010	o
o	3 0011	B 1011	o
o	4 0100	C 1100	o
o	5 0101	D 1101	o
o	6 0110	E 1110	o
o	7 0111	F 1111	o

(7) REGISTER D

o			o
o	0 0000	8 1000	o
o	1 0001	9 1001	o
o	2 0010	A 1010	o
o	3 0011	B 1011	o
o	4 0100	C 1100	o
o	5 0101	D 1101	o
o	6 0110	E 1110	o
o	7 0111	F 1111	o

(8) PAGE REGISTER

o			o
o	0 0000	8 1000	o
o	1 0001	9 1001	o
o	2 0010	A 1010	o
o	3 0011	B 1011	o
o	4 0100	C 1100	o
o	5 0101	D 1101	o
o	6 0110	E 1110	o
o	7 0111	F 1111	o

(9) PROGRAM CNTR

o			o
o	0 0000	8 1000	o
o	1 0001	9 1001	o
o	2 0010	A 1010	o
o	3 0011	B 1011	o
o	4 0100	C 1100	o
o	5 0101	D 1101	o
o	6 0110	E 1110	o
o	7 0111	F 1111	o

		0	1	2	3	4	5	6	7
RES	o 1	50_	51_B<+A	52_C<=A	53_D<=A	54_O<=A	55_D0<A0	56_D1 A0	57_D2<A0
	o O	58_D3<A0	59_PW<A	5A	5B	5C	5D	5E	5F
S1 C		60_	61_A<=B	62_A<=C	63_A<=D	64_A<=DI	65_A<=D0	66_A<=D1	67_A<=D2
		68_A<=D3	69_A<=A1	6A_A<=A2	6B	6C	6D	6E	6F
	o 1	70_	71_A<A+1	72_A<A-1	73_A<A+B	74_A,A-B	75A<A*B	76_A<A/B	77_A AND B
	o O	78_A OR B	79_A XOR B	7A_A not A	7B	7C	7D	7E	7F
S2 P		C0_	C1_A>B	C2_A<B	C3_A=B	C4_DI0=1	C5_DI1=1	C6_DI2=1	C7_DI3=1
		C8_DI0=0	C9_DI1=0	CA_DI2=0	CB_DI3=0	CC_S1=0	CD_S2=0	CE_S1=1	CF_S2=1
	o 1	0x_Tone	1x_Port	2x_Wait	3x_JMPB	4x_to_A	8x_Page	9x_JMP	Dx_C Ex_R
	o O	Ax_C*				Bx_D*			

In addition there is one page with the Instructions

Again, this fits onto one page. There are 16 blocks of instructions, and 16 options per Instruction.
We will explain these, as they are used in the examples.

A quick look shows, that many of them just have the same 0 .. F in them .These instructions just do something with the related number.

This helps to make the full table of 16 x 16 instructions a bit shorter. As shown in the condensed Instruction Table on page 24.

The shortended Instruction list calls them 0n, 1n, 2n …
So only the special instructions need the detailed functions.

To make understanding of the example programs easier, this shortened Instruction List is shown with each example, so you have direct access.

The one instruction with an issue is as described before the DELAY, as a "non-existant timer" has to work.
I just made it simple for myself: a tock tock tock counting down from the number in the code to 0 and then continue executing code.

And 2 other points are the two Input Switches S1 and S2, which we just imagine we have. They are normally switched on so show a logic 1, When pushed they show an input level 0. We will explain this as they are used.

The most important is the Instruction Execution Sheet on page 27.

First the shortened Instruction Table so you can understand what happens further down.

Next the Conversion Table Binary to Hex to have it handy.

Then the Instruction Execution Table follows, showing what happens when the instructions of the example are executed.

TPS / MyCo Processor Instructions

0_n — NOP - to next instruction

o			o
o	0 0000	8 1000	o
o	1 0001	9 1001	o
o	2 0010	A 1010	o
o	3 0011	B 1011	o
o	4 0100	C 1100	o
o	5 0101	D 1101	o
o	6 0110	E 1110	o
o	7 0111	F 1111	o

1_n to OUT PORT — Output data to Port

o			o
o	0 0000	8 1000	o
o	1 0001	9 1001	o
o	2 0010	A 1010	o
o	3 0011	B 1011	o
o	4 0100	C 1100	o
o	5 0101	D 1101	o
o	6 0110	E 1110	o
o	7 0111	F 1111	o

2_n WAIT — Wait for a time ms/secs

o			o
o	0 1ms	8 500ms	o
o	1 2ms	9 1s	o
o	2 5ms	A 2s	o
o	3 10ms	B 5s	o
o	4 20ms	C 10s	o
o	5 50ms	D 20s	o
o	6 100ms	E 30s	o
o	7 200ms	F 60s	o

3_n JMPB(ack) — Jump Back n Addresses

o			o
o	0 0000	8 1000	o
o	1 0001	9 1001	o
o	2 0010	A 1010	o
o	3 0011	B 1011	o
o	4 0100	C 1100	o
o	5 0101	D 1101	o
o	6 0110	E 1110	o
o	7 0111	F 1111	o

4_n to A — Load Register A with x

o			o
o	0 0000	8 1000	o
o	1 0001	9 1001	o
o	2 0010	A 1010	o
o	3 0011	B 1011	o
o	4 0100	C 1100	o
o	5 0101	D 1101	o
o	6 0110	E 1110	o
o	7 0111	F 1111	o

5_n .. <=A — Copy Reg A to

o			o
o	0 --	8 D3<A	o
o	1 B<=A	9 PM<A	o
o	2 C<=A	A --	o
o	3 D<=A	B --	o
o	4 DO<A	C --	o
o	5 D0<A	D --	o
o	6 D1<A	E --	o
o	7 D2<A	F --	o

6_n A<= .. — Copy x to A as 4/1 Bits

o			o
o	0 --	8 A<D3	o
o	1 A<=B	9 A<A1	o
o	2 A<=C	A A<A2	o
o	3 A<=D	B --	o
o	4 A<DI	C --	o
o	5 A<D0	D --	o
o	6 A<D1	E --	o
o	7 A<D2	F --	o

7_n A<= ... — Arith. / Logic Functions

o			o
o	0 --	8 AorB	o
o	1 A+1	9 AxorB	o
o	2 A-1	A AnotA	o
o	3 A+B	B --	o
o	4 A-B	C --	o
o	5 A*B	D --	o
o	6 A/B	E --	o
o	7 AandB	F --	o

8_n PAGE — Set Page Register to n

o			o
o	0 0000	8 1000	o
o	1 0001	9 1001	o
o	2 0010	A 1010	o
o	3 0011	B 1011	o
o	4 0100	C 1100	o
o	5 0101	D 1101	o
o	6 0110	E 1110	o
o	7 0111	F 1111	o

9_n JUMP — to Address PAGE + x

o			o
o	0 0000	8 1000	o
o	1 0001	9 1001	o
o	2 0010	A 1010	o
o	3 0011	B 1011	o
o	4 0100	C 1100	o
o	5 0101	D 1101	o
o	6 0110	E 1110	o
o	7 0111	F 1111	o

A_n C* Dec-JMP, 0 cont. — DEC Reg C jump or next

o			o
o	0 0000	8 1000	o
o	1 0001	9 1001	o
o	2 0010	A 1010	o
o	3 0011	B 1011	o
o	4 0100	C 1100	o
o	5 0101	D 1101	o
o	6 0110	E 1110	o
o	7 0111	F 1111	o

B_n D* Dec-JMP, 0 cont. — DEC Reg D jump or next

o			o
o	0 0000	8 1000	o
o	1 0001	9 1001	o
o	2 0010	A 1010	o
o	3 0011	B 1011	o
o	4 0100	C 1100	o
o	5 0101	D 1101	o
o	6 0110	E 1110	o
o	7 0111	F 1111	o

12_C_n SKIP if — Skip next Instruction if

o			o
o	0 --	8 D0=0	o
o	1 A>B	9 D1=0	o
o	2 A<B	A D2=0	o
o	3 A=B	B D3=0	o
o	4 D0=1	C S1=0	o
o	5 D1=1	D S2=0	o
o	6 D2=1	E S1=1	o
o	7 D3=1	F S2=1	o

13_D_n CALL — Call Subroutine at PG +n

o			o
o	0 0000	8 1000	o
o	1 0001	9 1001	o
o	2 0010	A 1010	o
o	3 0011	B 1011	o
o	4 0100	C 1100	o
o	5 0101	D 1101	o
o	6 0110	E 1110	o
o	7 0111	F 1111	o

14_E_n RET — Return from Subroutine

o			o
o	0 0000	8 1000	o
o	1 0001	9 1001	o
o	2 0010	A 1010	o
o	3 0011	B 1011	o
o	4 0100	C 1100	o
o	5 0101	D 1101	o
o	6 0110	E 1110	o
o	7 0111	F 1111	o

15_F_n — not used, only for FF FF

0 0000	8 1000	
1 0001	9 1001	
2 0010	A 1010	
3 0011	B 1011	
4 0100	C 1100	
5 0101	D 1101	
6 0110	E 1110	
7 0111	F 1111	o

INPUT Bits

1	0
o	o
o	o
o	o
o	o

General Use

1	0
o	o
o	o
o	o
o	o

Switches

1	0
S1	
o	o
S2	
o	o
Reset	
o	o

OUTPUT Bits

1	0
o	o
o	o
o	o
o	o

Shortened Instruction Sheet and the Instruction Execution – they are part of every example and show what the instruction does and what happens internally.

TPS / MyCo Instruction Card						BinaryHex
0n NOP	20_1ms	50_A to	60_to A	70_Calc	C0_Skip if	0000 0
1n Port	21_2ms	51_B<=A	61_A<=B	71_A<A+1	C1_A>B	0001 1
2n Wait	22_5ms	52_C<=A	62_A<=C	72_A<A-1	C2_A<B	0010 2
3n JumpB	23_10ms	53_D<=A	63_A<=D	73_A<A+B	C3_A=B	0011 3
4n intoA	24_20ms	54_O<=A	64_A.0<=DI	74_A,A-B	C4_DI0=1	0100 4
8n Page	25_50ms	55_D0<A0	65_A.0<=D0	75A<A*B	C5_DI1=1	0101 5
9n Jump	26_100m	56_D1<A0	66_A.0<=D1	76_A<A/B	C6_DI2=1	0110 6
An C*	27_200m	57_D2<A0	67_A.0<=D2	77_A and B	C7_DI3=1	0111 7
Bn D*	28_500m	58_D3<A0	68_A<=D3	78_A or B	C8_DI0=0	1000 8
Dn Call	29_1s	59_PW<A	69_A<=A1	79_A xor B	C9_DI1=0	1001 9
En Return	2A_2s	5A	6A_A<=A2	7A_A not A	CA_DI2=0	1010 A
FF FF back	2B_5s	5B	6B_	7B_	CB_DI3=0	1011 B
	2C_10s	5C	6C_	7C_	CC_S1=0	1100 C
TPS MyCo	2D_20s	5D	6D_	7D_	CD_S2=0	1101 D
Instruction	2E_30s	5E	6E_	7E_	CE_S1=1	1110 E
Card	2F_60s	5F	6F_	7F_	CF_S2=1	1111 F
C* / D* if called, decrement, if 0 continue, else jump to specified address.						

PAGE	ADDR	INST	DATA	IN	AN1	AN2	RA	RB	RC	RD	OUT	PWM	DLY	SKP	ALU	PGE	PC
–	0	–	–	–	–	–	–	–	–	–	–	–	–	–	–	–	–
–	1	–	–	–	–	–	–	–	–	–	–	–	–	–	–	–	–
–	2	–	–	–	–	–	–	–	–	–	–	–	–	–	–	–	–
–	3	–	–	–	–	–	–	–	–	–	–	–	–	–	–	–	–
–	4	–	–	–	–	–	–	–	–	–	–	–	–	–	–	–	–
–	5	–	–	–	–	–	–	–	–	–	–	–	–	–	–	–	–
–	6	–	–	–	–	–	–	–	–	–	–	–	–	–	–	–	–
–	7	–	–	–	–	–	–	–	–	–	–	–	–	–	–	–	–
–	8	–	–	–	–	–	–	–	–	–	–	–	–	–	–	–	–
–	9	–	–	–	–	–	–	–	–	–	–	–	–	–	–	–	–
–	A	–	–	–	–	–	–	–	–	–	–	–	–	–	–	–	–
–	B	–	–	–	–	–	–	–	–	–	–	–	–	–	–	–	–
–	C	–	–	–	–	–	–	–	–	–	–	–	–	–	–	–	–
–	D	–	–	–	–	–	–	–	–	–	–	–	–	–	–	–	–
–	E	–	–	–	–	–	–	–	–	–	–	–	–	–	–	–	–
–	F	–	–	–	–	–	–	–	–	–	–	–	–	–	–	–	–

A quick run through the Instruction Set

0n   NOP – no operation, no action, just continue to next instruction

1n   PORT - Set the output to the relvant number of 0-F 0000 to 1111

2n   WAIT – Wait one of 16 defined times, 1ms to 1min in the kit

3n   JUMPB – Jump back n lines, from 0 (stay) to 15 lines of code

4n   intoA – Load register A with the relevant number n

5n   Ato   - copy contents of A to other function blocks, even just bits

6n   toA   - transfer data, inputs, input bits, analog inputs to register A

7n   Calc   - ALU with A calculations / logic functions and or xor not

8n   Page - load the page register to set it to page 0 to 7 to work from

9n   Jump – jump to address n combined with Page Register value

An   An C* - decrement register C, jump to n if not 0, if 0 continue

Bn   Bn D* - decrement register D, jump to n if not 0, if 0 continue

Cn   SKIP - skip over next instruction if condition is true,

                else continue with next instruction

                conditions are for example comparison

                RegA RegB,

                Input bits,

                Status of S1 or S2, see page 27 for details

Dn   Call -   call a subroutine at Page plus PC, e.g. 0 4, 6 4 ...

En   Return – return from this subroutine call to the main program

Fn   tbd   - not used in our version, FF FF will reload default code

Showing the functions of the real board

See Cheat Sheet in Chapter 7 for usage with the real MyCo hardware.
This book is using the same functionality of the little board with a
processor and the following Input and Output functionalities:

```
       Our TPS / MyCo  Board  -   Top View

 ________________________________________________________
|                                                        |
|    ----LEDs----     Connections                        |
|    8  4  2  1     A1 A2 A3 A4   PWM   Vcc GND           |
|    O  O  O  O                                           |
|                                                        |
|                                PWM LED  O               |
|                                   o  RESET Button       |
|    o S1 ( Count )                        o   S2 ( Step )|
|          E4 E3 E2 E1   AD2 AD1   GND Vcc               |
|                                                        |
|________________________________________________________|
```

Start top left :
see the 4 LEDs with the weight of 8,4,2,1,
and as hardware connections A1, A2, A3, A4 and
    PWM to the outside world.
Vcc and GND are the connections for the battery.
PWM LED is placed in the middle.
The 3 push buttons S1, S2 and Reset
The Inputs E1, E2, E3, E4, plus analog Input 1 and analog Input 2.
And again Vcc and Ground for connection to the outside world.

The Processor Chip plus the components like resistors and capacitors
have been left off this picture for simplicity.

The next page shows the page with the Function Blocks in use:

These Push Pins can as well get a sticker on top with 0 to F written on
it. This will then show on which line of code the instrcution is located
which led to the contents of the Function Block in this example.

MyCo/TPS - IN, OUT, Analog In, Analog Out, Register A-D, PAGE, Program Counter, Delay, ALU, Skip

(1) 4 Bit INPUT

o			o
o	0 0000	8 1000	o
o	1 0001	9 1001	o
o	2 0010	A 1010	o
o	3 0011	B 1011	o
o	4 0100	C 1100	o
o	5 0101	D 1101	o
o	6 0110	E 1110	o
o	7 0111	F 1111	o

(4) REGISTER A

o			o
o	0 0000	8 1000	o
o	1 0001	9 1001	o
o	2 0010	A 1010	o
o	3 0011	B 1011	o
o	4 0100	C 1100	o
o	5 0101	D 1101	o
o	6 0110	E 1110	o
o	7 0111	F 1111	o

(12) DELAY

o			o
o	0 0000	8 1000	o
o	1 0001	9 1001	o
o	2 0010	A 1010	o
o	3 0011	B 1011	o
o	4 0100	C 1100	o
o	5 0101	D 1101	o
o	6 0110	E 1110	o
o	7 0111	F 1111	o

(2) 4 BIT OUTPUT

o			o
o	0 0000	8 1000	o
o	1 0001	9 1001	o
o	2 0010	A 1010	o
o	3 0011	B 1011	o
o	4 0100	C 1100	o
o	5 0101	D 1101	o
o	6 0110	E 1110	o
o	7 0111	F 1111	o

(10) ANALOG IN 1

o			o
o	0 0000	8 1000	o
o	1 0001	9 1001	o
o	2 0010	A 1010	o
o	3 0011	B 1011	o
o	4 0100	C 1100	o
o	5 0101	D 1101	o
o	6 0110	E 1110	o
o	7 0111	F 1111	o

(5) REGISTER B

o			o
o	0 0000	8 1000	o
o	1 0001	9 1001	o
o	2 0010	A 1010	o
o	3 0011	B 1011	o
o	4 0100	C 1100	o
o	5 0101	D 1101	o
o	6 0110	E 1110	o
o	7 0111	F 1111	o

(13) ARIT-LOGIC UNIT

o			o
o	0 0000	8 1000	o
o	1 0001	9 1001	o
o	2 0010	A 1010	o
o	3 0011	B 1011	o
o	4 0100	C 1100	o
o	5 0101	D 1101	o
o	6 0110	E 1110	o
o	7 0111	F 1111	o

(3) PWM OUTPUT

o			o
o	0 0000	8 1000	o
o	1 0001	9 1001	o
o	2 0010	A 1010	o
o	3 0011	B 1011	o
o	4 0100	C 1100	o
o	5 0101	D 1101	o
o	6 0110	E 1110	o
o	7 0111	F 1111	o

(11) ANALOG IN 2

o			o
o	0 0000	8 1000	o
o	1 0001	9 1001	o
o	2 0010	A 1010	o
o	3 0011	B 1011	o
o	4 0100	C 1100	o
o	5 0101	D 1101	o
o	6 0110	E 1110	o
o	7 0111	F 1111	o

(6) REGISTER C

o			o
o	0 0000	8 1000	o
o	1 0001	9 1001	o
o	2 0010	A 1010	o
o	3 0011	B 1011	o
o	4 0100	C 1100	o
o	5 0101	D 1101	o
o	6 0110	E 1110	o
o	7 0111	F 1111	o

(14) SKIP UNIT

o			o
o	0 0000	8 1000	o
o	1 0001	9 1001	o
o	2 0010	A 1010	o
o	3 0011	B 1011	o
o	4 0100	C 1100	o
o	5 0101	D 1101	o
o	6 0110	E 1110	o
o	7 0111	F 1111	o

not used

o			o
o	0 0000	8 1000	o
o	1 0001	9 1001	o
o	2 0010	A 1010	o
o	3 0011	B 1011	o
o	4 0100	C 1100	o
o	5 0101	D 1101	o
o	6 0110	E 1110	o
o	7 0111	F 1111	o

not used

o			o
o	0 0000	8 1000	o
o	1 0001	9 1001	o
o	2 0010	A 1010	o
o	3 0011	B 1011	o
o	4 0100	C 1100	o
o	5 0101	D 1101	o
o	6 0110	E 1110	o
o	7 0111	F 1111	o

(7) REGISTER D

o			o
o	0 0000	8 1000	o
o	1 0001	9 1001	o
o	2 0010	A 1010	o
o	3 0011	B 1011	o
o	4 0100	C 1100	o
o	5 0101	D 1101	o
o	6 0110	E 1110	o
o	7 0111	F 1111	o

(8) PAGE REGISTER

o			o
o	0 0000	8 1000	o
o	1 0001	9 1001	o
o	2 0010	A 1010	o
o	3 0011	B 1011	o
o	4 0100	C 1100	o
o	5 0101	D 1101	o
o	6 0110	E 1110	o
o	7 0111	F 1111	o

(9) PROGRAM CNTR

o			o
o	0 0000	8 1000	o
o	1 0001	9 1001	o
o	2 0010	A 1010	o
o	3 0011	B 1011	o
o	4 0100	C 1100	o
o	5 0101	D 1101	o
o	6 0110	E 1110	o
o	7 0111	F 1111	o

	0	1	2	3	4	5	6	7
RES o 1	50_	51_B<+A	52_C<=A	53_D<=A	54_O<=A	55_D0<A0	56_D1,A0	57_D2<A0
o 0	58_D3<A0	59_PW<A	5A_	5B_	5C_	5D_	5E_	5F_
S1 C o 1	60_	61_A<=B	62_A<=C	63_A<=D	64_A<=DI	65_A<=D0	66_A<=D1	67_A<=D2
o 0	68_A<=D3	69_A<=A1	6A_A<=A2	6B_	6C_	6D_	6E_	6F_
o 1	70_	71_A<A+1	72_A<A-1	73_A<A+B	74_A,A-B	75A<A*B	76_A<A/B	77_A AND B
o 0	78_A OR B	79_A XOR B	7A_A not A	7B_	7C_	7D_	7E_	7F_
S2 P o 1	C0_	C1_A>B	C2_A<B	C3_A=B	C4_DIO=1	C5_DI1=1	C6_DI2=1	C7_DI3=1
o 1	C8_DIO=0	C9_DI1=0	CA_DI2=0	CB_DI3=0	CC_S1=0	CD_S2=0	CE_S1=1	CF_S2=1
o 0	0x_Tone	1x_Port	2x_Wait	3x_JMPB	4x_to_A	8x_Page	9x_JMP	Dx_C Ex_R
	Ax_C*				8x_D*			

And here the TicTac Boxes with the push pins to show the contents.

Here we just use a few of them as example.

Either TicTac boxes with push pins or alternatively using paper clips.

With paper clips you can as well show analog signals – see push pin combined with paper clip on the right.

.

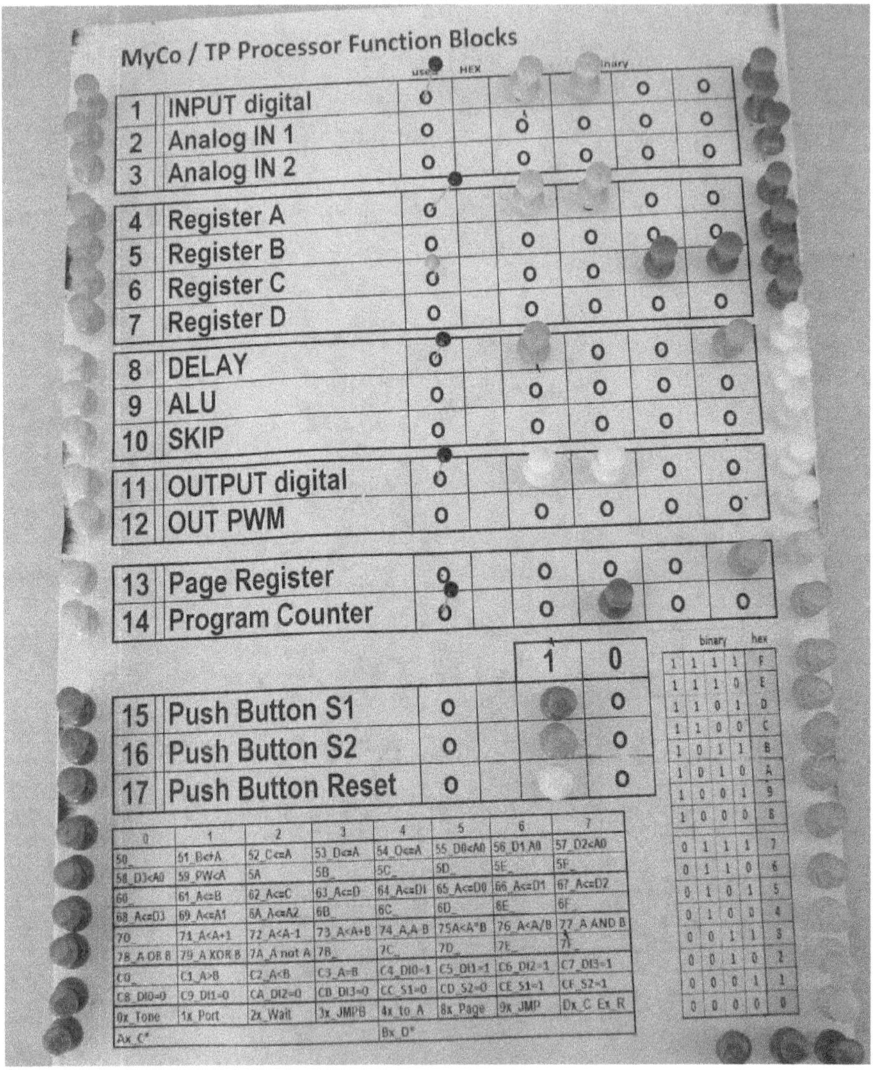

MyCo / TP Processor Function Blocks

#	Function Block
1	INPUT digital
2	Analog IN 1
3	Analog IN 2
4	Register A
5	Register B
6	Register C
7	Register D
8	DELAY
9	ALU
10	SKIP
11	OUTPUT digital
12	OUT PWM
13	Page Register
14	Program Counter
15	Push Button S1
16	Push Button S2
17	Push Button Reset

0	1	2	3	4	5	6	7
50_	51_B<+A	52_C<=A	53_D<=A	54_O<=A	55_D0<A0	56_D1 A0	57_D2<A0
58_D3<A0	59_PW<A	5A	5B	5C	5D	5E	5F
60_	61_A<=B	62_A<=C	63_A<=D	64_A<=DI	65_A<=D0	66_A<=D1	67_A<=D2
68_A<=D3	69_A<=A1	6A_A<=A2	6B	6C	6D	6E	6F
70_	71_A<A+1	72_A<A-1	73_A<A+B	74_A,A-B	75A<A*B	76_A<A/B	77_A AND B
78_A OR B	79_A XOR B	7A_A not A	7B	7C	7D	7E	7F
C0_	C1_A>B	C2_A<B	C3_A=B	C4_DI0<1	C5_DI1=1	C6_DI2=1	C7_DI3=1
C8_DI0=0	C9_DI1=0	CA_DI2=0	CB_DI3=0	CC_S1=0	CD_S2=0	CE_S1=1	CF_S2=1
0x_Tone	1x_Port	2x_Wait	3x_JMPB	4x_to A	8x_Page	9x_JMP	Dx_C Ex R
Ax_C*				Bx_D*			

binary				hex
1	1	1	1	F
1	1	1	0	E
1	1	0	1	D
1	1	0	0	C
1	0	1	1	B
1	0	1	0	A
1	0	0	1	9
1	0	0	0	8
0	1	1	1	7
0	1	1	0	6
0	1	0	1	5
0	1	0	0	4
0	0	1	1	3
0	0	1	0	2
0	0	0	1	1
0	0	0	0	0

And here an alternative way to show the status of our processor:
The needles show which of the function blocks are used in the current example.
Push pins show the current contents of the relevant block.
There is as well space for the switches.

And as there is some space left, a short Instruction Table.and the table of of hex to binary comparison.

TPS / MyCo Code Execution Sheet

Addresses		Code		Inputs			Registers				Outputs		Specials			Switches		next ADD	
PAGE	ADD	CODE	DATA	IN	AN1	AN2	RA	RB	RC	RD	OUT	PWM	DEL	ALU	SKP	S1	S2	PG	PC
	0																		
	1																		
	2																		
	3																		
	4																		
	5																		
	6																		
	7																		
	8																		
	9																		
	A																		
	B																		
	C																		
	D																		
	E																		
	F																		
	0																		
	1																		
	2																		
	3																		
	4																		
	5																		
	6																		
	7																		
	8																		
	9																		
	A																		
	B																		
	C																		
	D																		
	E																		
	F																		

In the book, where we show the instruction execution, we use just 16 lines of code per page, as there is not enough space. But for your own coding you can generate a coding sheet with 2 pages – 32 lines of code. This will cover all of the examples in this book.

5 – Start with Example 1   –   2 flashing LEDs

Instructions: 0n 1n 2n 3n 4n 5n 6n 7n 8n 9n An Bn Cn Dn En Fn
S1 S2   IN AN1 AN2 RA RB RC RD OUT PWM DLY SKP ALU PGE PC

There are 4 LEDs at the output as described, they are numbered 8 4 2 1 in the kit and this number shows the weight, all switchedon will give the number 15. They show what the output value is on the A1, A2, A3 and A4 outputs. Adding them up, gives the number in hexadecimal: all on = 8+4+2+1 = 15 = F

3 instructions are used here as highlighted:

1n – Take the n value of the 1n instruction, transfer value to the OUT register
The value in this example is 1 (0001 - 1 HEX), so the right LED is on..
Later then the value is changed to 1000 (8 in hex).

2n –Program execution of a Delay for a defined time. Here the Data value is 8, which means a delay for 500 Milliseconds, or ½ second in the original kit. . All of the different delay options you can find in the Instruction Table. 16 options are possible from 1ms to 60 seconds.

Next is the output of 8 (1000)
And another delay of 500ms.

3n – is a **JUMP BACK** Instruction relative to the current program counter status, here by 4 lines, so jump back from 24 to 20 and then the same sequence of instructions is executed again. Only 2 loops shown on next page.

This loop is from now on executed forever, until either RESET is pressed, or the processor is switched off. This is one of the default programs of the kit and runs when switched on and all inputs are open. Starts at 20 – not at 00, there is other code before in the default program – pre-programmed code in chapter 9.

Address	Instruction	Data	Comment	PR1
20	1	1	LED <=1(0001)	**Listing 2.1:**
21	2	8	Wait 500 ms	**Wechselblinker**
22	1	8	LED 8(1001)	2 flashing LEDs
23	2	8	Warte 500 ms	
24	3	4	Jump - 4 (to 20)	

TPS/MYCO - Program Execution Sheet

TPS / MyCo Instruction Card						Binary	Hex
0n NOP	20_1ms	50_A to	60_to A	70_Calc	C0_Skip if	0000	0
1n Port	21_2ms	51_B<=A	61_A<=B	71_A<A+1	C1_A>B	0001	1
2n Wait	22_5ms	52_C<=A	62_A<=C	72_A<A-1	C2_A<B	0010	2
3n JumpB	23_10ms	53_D<=A	63_A<=D	73_A<A+B	C3_A=B	0011	3
4n intoA	24_20ms	54_O<=A	64_A.0<=DI	74_A,A-B	C4_DI0=1	0100	4
8n Page	25_50ms	55_D0<A0	65_A.0<=D0	75A<A*B	C5_DI1=1	0101	5
9n Jump	26_100m	56_D1<A0	66_A.0<=D1	76_A<A/B	C6_DI2=1	0110	6
An C*	27_200m	57_D2<A0	67_A.0<=D2	77_A and B	C7_DI3=1	0111	7
Bn D*	28_500m	58_D3<A0	68_A<=D3	78_A or B	C8_DI0=0	1000	8
Dn Call	29_1s	59_PW<A	69_A<=A1	79_A xor B	C9_DI1=0	1001	9
En Return	2A_2s	5A	6A_A<=A2	7A_A not A	CA_DI2=0	1010	A
FF FF back	2B_5s	5B	6B_	7B_	CB_DI3=0	1011	B
	2C_10s	5C	6C_	7C_	CC_S1=0	1100	C
TPS MyCo	2D_20s	5D	6D_	7D_	CD_S2=0	1101	D
Instruction	2E_30s	5E	6E_	7E_	CE_S1=1	1110	E
Card	2F_60s	5F	6F_	7F_	CF_S2=1	1111	F
C* / D* if called, decrement, if 0 continue, else jump to specified address.							

|----------ADRESS | |INSTR. and DATA| |IN| |analog IN 1/2 | | Registers A, B, C, D | | OUT, PWM out | | Delay, Skip and ALU | | Page and PC |

PAGE	ADDR	INST	DATA	IN	AN1	AN2	RA	RB	RC	RD	OUT	PWM	DLY	SKP	ALU	PGE	PC
2	0	1	1	_	_	_	_	_	_	_	0001	_	_	_	_	2	_
2	1	2	8	_	_	_	_	_	_	_	0001	_	8	_	_	2	_
2	2	1	8	_	_	_	_	_	_	_	1000	_	_	_	_	2	_
2	3	2	8	_	_	_	_	_	_	_	1000	_	8	_	_	2	_
2	4	3	4	_	_	_	_	_	_	_	1000	_	_	_	_	2	0
2	0	1	1	_	_	_	_	_	_	_	0001	_	_	_	_	2	_
2	1	2	8	_	_	_	_	_	_	_	0001	_	8	_	_	2	_
2	2	1	8	_	_	_	_	_	_	_	1000	_	_	_	_	2	_
2	3	2	8	_	_	_	_	_	_	_	1000	_	8	_	_	2	_
2	4	3	4	_	_	_	_	_	_	_	1000	_	_	_	_	2	0
_	_	_	_	_	_	_	_	_	_	_	_	_	_	_	_	_	_
_	_	_	_	_	_	_	_	_	_	_	_	_	_	_	_	_	_
_	_	_	_	_	_	_	_	_	_	_	_	_	_	_	_	_	_
_	_	_	_	_	_	_	_	_	_	_	_	_	_	_	_	_	_

Example 2 – Listing 2.2 – Binary Counter+ PWM

Instructions: 0n 1n 2n 3n 4n 5n 6n 7n 8n 9n An Bn Cn Dn En Fn
** S1 S2 IN AN1 AN2 RA RB RC RD OUT PWM DLY SKP ALU PGE PC**
Adds ALU A=A+1 instruction
Adds send A contents to PWM output

Program starts at location 25, for details see default code in chapter 9.
So this program starts on page 2 line 5.

25 71 Register A is incremented by one, after start it was 0, so to 1.
26 54 The current contents of register A is sent to the 4 output LEDs,
       so first one of them lights up.
27 59 The same contents of A (1) is stored into the PWM register.
       The LED that had been 0 before now gets a bit brighter.
28 26 Now a delay for 100ms
29 34 And a relative jump back from the current location 29 to 29-4=25

Then the same loop is exected again, LEDs change from 0001 to 0010,
and the PWM gets a little bit brighter.

This continues, until we reach the output F = 1111 and the PWM LED is very
bright.

Next we increment from F to 0, so no LED on, and PWM LED switched off.
And the same cycle starts again.

Addr.	Instruction	Data	Comment	PR2
25	7	1	A $\le$ A + 1	**Listing 2.2:**
26	5	4	Port $\le$ A	**Binärzähler mit LED- und PWM- Ausgabe**
27	5	9	PWM $\le$ A	Binary Counter
28	2	6	Wait 100 ms	With LED and PWM
29	3	4	Jump - 4 **(to25)**	Output

TPS/MYCO - Program Execution Sheet

TPS / MyCo Instruction Card						BinaryHex
0n NOP	20_1ms	50_A to	60_to A	70_Calc	C0_Skip if	0000 0
1n Port	21_2ms	51_B<=A	61_A<=B	71_A<A+1	C1_A>B	0001 1
2n Wait	22_5ms	52_C<=A	62_A<=C	72_A<A-1	C2_A<B	0010 2
3n JumpB	23_10ms	53_D<=A	63_A<=D	73_A<A+B	C3_A=B	0011 3
4n intoA	24_20ms	54_O<=A	64_A.0<=DI	74_A,A-B	C4_DI0=1	0100 4
8n Page	25_50ms	55_D0<A0	65_A.0<=D0	75A<A*B	C5_DI1=1	0101 5
9n Jump	26_100m	56_D1<A0	66_A.0<=D1	76_A<A/B	C6_DI2=1	0110 6
An C*	27_200m	57_D2<A0	67_A.0<=D2	77_A and B	C7_DI3=1	0111 7
Bn D*	28_500m	58_D3<A0	68_A<=D3	78_A or B	C8_DI0=0	1000 8
Dn Call	29_1s	59_PW<A	69_A<=A1	79_A xor B	C9_DI1=0	1001 9
En Return	2A_2s	5A	6A_A<=A2	7A_A not A	CA_DI2=0	1010 A
FF FF back	2B_5s	5B	6B_	7B_	CB_DI3=0	1011 B
	2C_10s	5C	6C_	7C_	CC_S1=0	1100 C
TPS MyCo	2D_20s	5D	6D_	7D_	CD_S2=0	1101 D
Instruction	2E_30s	5E	6E_	7E_	CE_S1=1	1110 E
Card	2F_60s	5F	6F_	7F_	CF_S2=1	1111 F

C* / D* if called, decrement, if 0 continue, else jump to specified address.

PAGE	ADDR	INST	DATA	IN	AN1	AN2	RA	RB	RC	RD	OUT	PWM	DLY	SKP	ALU	PGE	PC
							0										
2	5	7	1				1								1	2	
2	6	5	4				1				1					2	
2	7	5	9				1				1	1				2	
2	8	2	6				1				1	1	6			2	
2	9	3	4				1				1	1				2	5
2	5	7	1				2				1	1				2	
2	6	5	4				2				2	1				2	
2	7	5	9				2				2	2				2	
2	8	2	6				2				2	2	6			2	
2	9	3	4				2				2	2				2	5

Example 3 – Listing 2.3 – AD Input PWM Output

Instructions: 0n 1n 2n 3n 4n 5n 6n 7n 8n 9n An Bn Cn Dn En Fn
S1 S2   IN AN1 AN2 RA RB RC RD OUT PWM DLY SKP ALU PGE PC

Here one of the analog inputs is introduced. Basically a wire to connect an
external voltage to , with a value between 0V and the maximum battery
voltage. Here between 0V and 4.5V as 3 AA battery cells are used.
Imagine you have a light dependant resistor LDR. In the sun the resistance is
low , let's say 10 units, and in the dark 100 units - Kilo Ohms in electronics.
And there is a fixed resistor of say 30 Kilo Ohms.
The LDR is connected to Vcc of the battery, the resistor to Ground, and both
connected in the middle. This middle connection is linked to the analog Input.
One extreme: dark 100k for the LDR in series with 30kOhms. The battery
voltage is divided by 100 + 30=130 as the sum = input voltage about 1/4th 1V
Other extreme: sun LDR 10k + 30K resistor. Roughly 75% from max so 3.6V.
The Analog-to-Digital converter block slices this input voltage into 16 possible
levels to be processed digitally from then on.

2A 69 takes the converted value of AD1 and transfers the 4 bit value into R A
2B 54 copies the contents of register A to the 4 Output LEDs
2C 59 copies the same register A value to the PWM led
2D 26 introduce a small 100ms delay in electronic version to stabilize/no flicker
2E 34 is our jump back – here by 4 lines to address to close the loop
Being in the sun, cover LED, change is shown on LEDs and PWM led.

Address	Instruction	Data	Comment	PR3
2A	6	9	A <= AD1	**Listing 2.3:**
2B	5	4	Port <= A	**AD-Wandler und PWM-Ausgang**
2C	5	9	PWM <= A	Analog to Digital Converter Input
2D	2	6	Wait 100 ms	Pulse Width Modulation Output
2E	3	4	Jump - **4** **(2E to 2A)**	

TPS/MYCO - Program Execution Sheet

TPS / MyCo Instruction Card						BinaryHex
0n NOP	20_1ms	50_A to	60_to A	70_Calc	C0_Skip if	0000 0
1n Port	21_2ms	51_B<=A	61_A<=B	71_A<A+1	C1_A>B	0001 1
2n Wait	22_5ms	52_C<=A	62_A<=C	72_A<A-1	C2_A<B	0010 2
3n JumpB	23_10ms	53_D<=A	63_A<=D	73_A<A+B	C3_A=B	0011 3
4n intoA	24_20ms	54_O<=A	64_A.0<=DI	74_A,A-B	C4_DI0=1	0100 4
8n Page	25_50ms	55_D0<A0	65_A.0<=D0	75A<A*B	C5_DI1=1	0101 5
9n Jump	26_100m	56_D1<A0	66_A.0<=D1	76_A<A/B	C6_DI2=1	0110 6
An C*	27_200m	57_D2<A0	67_A.0<=D2	77_A and B	C7_DI3=1	0111 7
Bn D*	28_500m	58_D3<A0	68_A<=D3	78_A or B	C8_DI0=0	1000 8
Dn Call	29_1s	59_PW<A	69_A<=A1	79_A xor B	C9_DI1=0	1001 9
En Return	2A_2s	5A	6A_A<=A2	7A_A not A	CA_DI2=0	1010 A
FF FF back	2B_5s	5B	6B_	7B_	CB_DI3=0	1011 B
	2C_10s	5C	6C_	7C_	CC_S1=0	1100 C
TPS MyCo	2D_20s	5D	6D_	7D_	CD_S2=0	1101 D
Instruction	2E_30s	5E	6E_	7E_	CE_S1=1	1110 E
Card	2F_60s	5F	6F_	7F_	CF_S2=1	1111 F

C* / D* if called, decrement, if 0 continue, else jump to specified address.

PAGE	ADDR	INST	DATA	IN	AN1	AN2	RA	RB	RC	RD	OUT	PWM	DLY	SKP	ALU	PGE	PC
					4		0				0	0				2	
2	A	6	9		4		4				0	0				2	
2	B	5	4		4		4				4	0				2	
2	C	5	9		4		4				4	4				2	
2	D	2	6		4		4				4	4	6			2	
2	E	3	4		4		4				4	4				2	A
2	A	6	9		B		4				4	4				2	
2	B	5	4		B		B				B	4				2	
2	C	5	9		B		B				B	B				2	
2	D	2	6		B		B				B	B	6			2	
2	E	3	4		B		B				B	B				2	A

Example 4 – Listing 2.4 – Random Numbers

Instructions: 0n 1n 2n 3n 4n 5n 6n 7n 8n 9n An Bn Cn Dn En Fn
S1 S2   IN AN1 AN2 RA RB RC RD OUT PWM DLY SKP ALU PGE PC

How to generate a random number in a simple way.
As interface the switch S1 is used. In context with the SKIP Instruction CE,
    There are 2 options when this instruction is executed:
    Either the condition is NOT met, then the next instruction is executed.
    Or the condition is met, the the next instruction is skipped over.

Normally S1 is not pushed. In the way how the electronics are built, this input
value is then pulled to 1 (HIGH) via an internal so called pull-up resistor.
When the push button is activated, the input changes from 1 to 0 (LOW)
.
CE should be S1=1 to skip; if this is the case, then the skip is not executed.
        (as pushed, so LOW = 0)
30 54 the contents of Register A is copied to the OUTPUT LEDs
31 CE If S1 is NOT pushed, means S1=1 and skipped over next instruction
32 71 if S1 is pushed, then S1 =0 and this instruction is executed,
        incrementing Reg A
33 33 in both cases this is the next instruction. A jump back by 3 addresses
        from address 33 to address 30.

This code is part of the pre-programmed examples - see chapter 9.
This is the reason why this program starts at 30 and does not start at 00.

When the program is started, S1 is open and nothing really happens.
When S1 is pushed, S1=0 and the instruction A=A+1 is executed very quickly,
and the register is incremented very quickly.
When the switch is released, the current contents of A is still shown LEDs.
As this incrementing is so fast, the resulting number is rather random.

Address	Instruction	Data	Comment	PR4
30	5	4	Port $\Leftarrow$ A	**Listing 2.4:**
31	**C**	**E**	S1 $\Leftarrow$ 1?	**Zufallsgenerator**
32	**7**	**1**	A $\Leftarrow$ A + 1	Random Number
33	**3**	**3**	Jump - 3 (to30)	Generator

TPS/MYCO - Program Execution Sheet

TPS / MyCo Instruction Card						BinaryHex
0n NOP	20_1ms	50_A to	60_to A	70_Calc	C0_Skip if	0000 0
1n Port	21_2ms	51_B<=A	61_A<=B	71_A<A+1	C1_A>B	0001 1
2n Wait	22_5ms	52_C<=A	62_A<=C	72_A<A-1	C2_A<B	0010 2
3n JumpB	23_10ms	53_D<=A	63_A<=D	73_A<A+B	C3_A=B	0011 3
4n intoA	24_20ms	54_O<=A	64_A.0<=DI	74_A,A-B	C4_DI0=1	0100 4
8n Page	25_50ms	55_D0<A0	65_A.0<=D0	75A<A*B	C5_DI1=1	0101 5
9n Jump	26_100m	56_D1<A0	66_A.0<=D1	76_A<A/B	C6_DI2=1	0110 6
An C*	27_200m	57_D2<A0	67_A.0<=D2	77_A and B	C7_DI3=1	0111 7
Bn D*	28_500m	58_D3<A0	68_A<=D3	78_A or B	C8_DI0=0	1000 8
Dn Call	29_1s	59_PW<A	69_A<=A1	79_A xor B	C9_DI1=0	1001 9
En Return	2A_2s	5A	6A_A<=A2	7A_A not A	CA_DI2=0	1010 A
FF FF back	2B_5s	5B	6B_	7B_	CB_DI3=0	1011 B
	2C_10s	5C	6C_	7C_	CC_S1=0	1100 C
TPS MyCo	2D_20s	5D	6D_	7D_	CD_S2=0	1101 D
Instruction	2E_30s	5E	6E_	7E_	CE_S1=1	1110 E
Card	2F_60s	5F	6F_	7F_	CF_S2=1	1111 F

C* / D* if called, decrement, if 0 continue, else jump to specified address.

PAGE	ADDR	INST	DATA	IN	AN1	AN2	RA	RB	RC	RD	OUT	PWM	DLY	SKP	ALU	PGE	PC
3	0	5	4				0				0					3	
3	1	C	E				0				0			S1=1		3	
3	2	7	1				0				0				1	3	
3	3	3	3				0				0					3	0
3	0	5	4				0				0					3	
3	1	C	E				0				0			S1=0		3	
3	2	7	1				1				0				1	3	
3	3	3	3				1				0					3	0
3	0	5	4				1				1					3	
3	1	C	E				1				1			S1=0		3	
3	2	7	1				2				1				1	3	
3	3	3	3				2				1					3	0

Example 5 – Listing 2.5 – Measuring Time

Instructions: 0n 1n 2n 3n 4n 5n 6n 7n 8n 9n An Bn Cn Dn En Fn
 S1 S2   IN AN1 AN2 RA RB RC RD OUT PWM DLY SKP ALU PGE PC

This is one of the pre-programmed examples; it is starting at address 34.
There we measure, for how long S1 is pressed.

34 22 first we wait for 5 milliseconds
35 CC then we check if S1 is pressed. If yes, jump over next instruction
36 32 if not pressed, jump back by 2 lines to address 34, a waiting loop
37 40 assuming S1 is pressed, load register A with 0
38 22 and delay for 5ms until you continue
39 71 increment the contents of register A by one
3A 54 and show the contents of register A at the output LEDs
3B CE now check if the switch S1 has been released S1=1
3C 34 if NOT, stay in the counting loop and increment register A
          Increment register A in 5ms increments, so max 16x5ms= 80ms
          The execution of the relevant instructions takes another about 5 ms
          Which means the counting register A is incremented in steps of 10ms.
3D 39 if S1 has been released, jump back to 34 and start program again
          Waiting for S1 to be pressed, and then released.
With a little training, a time under 150ms should be possible.
But you can as well achieve about 50 ms. On paper we an only simulate this.
Modify this example by modifying line 38 which defines the timing increments.

Addr	Instruction	Data	Comment	PR5
34	2	2	Wait 5 ms	**Listing 2.5:**
35	C	C	S1 = 0?	**Zeitmessung**
36	3	2	Jump - 2	
37	4	0	A <= 0	Mesuring
38	2	2	Wait 5 ms	Time
39	7	1	A <= A + 1	
3A	5	4	Port <= A	
3B	C	E	S1 = 1?	
3C	3	4	Jump - 4 (to 38)	
3D	3	9	Jump – 9 (to 34)	

TPS/MYCO - Program Execution Sheet

TPS / MyCo Instruction Card						Binary Hex
0n NOP	20_1ms	50_A to	60_to A	70_Calc	C0_Skip if	0000 0
1n Port	21_2ms	51_B<=A	61_A<=B	71_A<A+1	C1_A>B	0001 1
2n Wait	22_5ms	52_C<=A	62_A<=C	72_A<A-1	C2_A<B	0010 2
3n JumpB	23_10ms	53_D<=A	63_A<=D	73_A<A+B	C3_A=B	0011 3
4n intoA	24_20ms	54_O<=A	64_A.0<=DI	74_A,A-B	C4_DI0=1	0100 4
8n Page	25_50ms	55_D0<A0	65_A.0<=D0	75A<A*B	C5_DI1=1	0101 5
9n Jump	26_100m	56_D1<A0	66_A.0<=D1	76_A<A/B	C6_DI2=1	0110 6
An C*	27_200m	57_D2<A0	67_A.0<=D2	77_A and B	C7_DI3=1	0111 7
Bn D*	28_500m	58_D3<A0	68_A<=D3	78_A or B	C8_DI0=0	1000 8
Dn Call	29_1s	59_PW<A	69_A<=A1	79_A xor B	C9_DI1=0	1001 9
En Return	2A_2s	5A	6A_A<=A2	7A_A not A	CA_DI2=0	1010 A
FF FF back	2B_5s	5B	6B_	7B_	CB_DI3=0	1011 B
	2C_10s	5C	6C_	7C_	CC_S1=0	1100 C
TPS MyCo	2D_20s	5D	6D_	7D_	CD_S2=0	1101 D
Instruction	2E_30s	5E	6E_	7E_	CE_S1=1	1110 E
Card	2F_60s	5F	6F_	7F_	CF_S2=1	1111 F

C* / D* if called, decrement, if 0 continue, else jump to specified address.

PAGE	ADDR	INST	DATA	IN	AN1	AN2	RA	RB	RC	RD	OUT	PWM	DLY	SKP	ALU	PGE	PC
3	0	—	—	—	—	—	—	—	—	—	—	—	—	—	—	—	—
3	1	—	—	—	—	—	—	—	—	—	—	—	—	—	—	—	—
3	2	—	—	—	—	—	—	—	—	—	—	—	—	—	—	—	—
3	3	—	—	—	—	—	—	—	—	—	—	—	—	—	—	—	—
3	4	2	2	—	—	—	—	—	—	—	—	—	2	—	—	3	—
3	5	C	C	—	—	—	—	—	—	—	—	—	—	S1=1	—	3	—
3	6	3	2	—	—	—	—	—	—	—	—	—	—	—	—	3	4
3	7	4	0	—	—	—	0	—	—	—	—	—	—	—	—	3	—
3	8	2	2	—	—	—	—	—	—	—	—	—	2	—	—	3	—
3	9	7	1	—	—	—	1	—	—	—	—	—	—	—	1	3	—
3	A	5	4	—	—	—	—	—	—	—	1	—	—	—	—	3	—
3	B	C	E	—	—	—	—	—	—	—	—	—	—	S1=0	—	3	—
3	C	3	4	—	—	—	—	—	—	—	—	—	—	—	—	3	8
3	D	3	9	—	—	—	—	—	—	—	—	—	—	—	—	3	4
3	E	—	—	—	—	—	—	—	—	—	—	—	—	—	—	—	—
3	F	—	—	—	—	—	—	—	—	—	—	—	—	—	—	—	—

Example 6 – Listing 3.1 – Default Program Code

Instructions: 0n 1n 2n 3n 4n 5n 6n 7n 8n 9n An Bn Cn Dn En Fn
**   S1 S2   IN AN1 AN2 RA RB RC RD OUT PWM DLY SKP ALU PGE PC**

In the original kit, there is a default code pre-programmed into the controller.
The full listing of this you can find in chapter 9. We have extended the code in
the original example further down to show more of what happens.

Here the first lines of code and the pre-programmed code added:

00 64 Get he status of the 4 INPUT lines into register A.
01 51 Copy the contets of A into B
02 4E Now load register A with 14 = 1110 to check for bit 0 = 0
03 80 Load the page register with 0
04 C3 Check if A = B.. if yes, jump over next instruction, else next instruction.

05 98   if not equal, then jump to address 0 8, continue checking input status
06 82   if A = B, and bit 0 = 0, then set Page Register to 2
07 95   and set PC to 5, so jump to address 25.
08 4D Now load D = 1101 into A, checking for bit 1 = 0 for the next check
09 80 Prepare Page to 0
0A C3 Again check if A = B
0B 9E   if A is NOT B jump to 0E
0C 82   If A = B, so bit 1 =0, then load page register with 2
0D 9A   and jump to address 2 A
0E 4B Now continue by loading B=1011
0F 81   and so on ...

Addr	Instruction	Data	Comment	PR6
00	6	4	A <= Din	**Listing 3.1:**
01	5	1	B <= A	**Programmcode im Grundzustand**
02	4	E	A <= 14	Start of Default
03	8	0	AdrHi <= 0	Pre-programmed
04	C	3	A = B?	Code

TPS/MYCO - Program Execution Sheet

TPS / MyCo Instruction Card						BinaryHex
0n NOP	20_1ms	50_A to	60_to A	70_Calc	C0_Skip if	0000 0
1n Port	21_2ms	51_B<=A	61_A<=B	71_A<A+1	C1_A>B	0001 1
2n Wait	22_5ms	52_C<=A	62_A<=C	72_A<A-1	C2_A<B	0010 2
3n JumpB	23_10ms	53_D<=A	63_A<=D	73_A<A+B	C3_A=B	0011 3
4n intoA	24_20ms	54_O<=A	64_A.0<=DI	74_A,A-B	C4_DI0=1	0100 4
8n Page	25_50ms	55_D0<A0	65_A.0<=D0	75A<A*B	C5_DI1=1	0101 5
9n Jump	26_100m	56_D1<A0	66_A.0<=D1	76_A<A/B	C6_DI2=1	0110 6
An C*	27_200m	57_D2<A0	67_A.0<=D2	77_A and B	C7_DI3=1	0111 7
Bn D*	28_500m	58_D3<A0	68_A<=D3	78_A or B	C8_DI0=0	1000 8
Dn Call	29_1s	59_PW<A	69_A<=A1	79_A xor B	C9_DI1=0	1001 9
En Return	2A_2s	5A	6A_A<=A2	7A_A not A	CA_DI2=0	1010 A
FF FF back	2B_5s	5B	6B_	7B_	CB_DI3=0	1011 B
	2C_10s	5C	6C_	7C_	CC_S1=0	1100 C
TPS MyCo	2D_20s	5D	6D_	7D_	CD_S2=0	1101 D
Instruction	2E_30s	5E	6E_	7E_	CE_S1=1	1110 E
Card	2F_60s	5F	6F_	7F_	CF_S2=1	1111 F

C* / D* if called, decrement, if 0 continue, else jump to specified address.

PAGE	ADDR	INST	DATA	IN	AN1	AN2	RA	RB	RC	RD	OUT	PWM	DLY	SKP	ALU	PGE	PC
0	0	6	4	1101			D										
0	1	5	1	D				D									
0	2	4	E	D			1110	D									
0	3	8	0	D			E	D								0	
0	4	C	3	D			E	D							A=B	0	
0	5	9	8	D			E	D								0	8
0	6	8	2	D			E	D								2	
0	7	9	5	D			E	D								2	5
0	8	4	D				1101	D									
0	9	8	0				D	D								0	
0	A	C	3				D	D							A=B	0	
0	B	9	E				D	D								0	E
0	C	8	2				D	D								2	E
0	D	9	A				D	D								2	A
0	E	4	B	1011			B	D								2	
0	F	8	1				B	B								1	

Example 7 – Listing 3.2 – Switch on LEDs

Instructions: 0n 1n 2n 3n 4n 5n 6n 7n 8n 9n An Bn Cn Dn En Fn
  S1 S2   IN AN1 AN2 RA RB RC RD OUT PWM DLY SKP ALU PGE PC

This is a very short example

Just set the OUTPUT LEDs to a value – here 7 = 0111.

And the jump back by 0 lines, so stay in the same line, basically stop here.

00 17 set the OUTPUT LEDs to 7= 0111
01 30 and jump back 0 lines of code, stayng at address 01 forever
        until the power is switched off.
        an easy way to stop program execution when task has been done.

Addr	Instruction	Data	Comment	PR7
00	1	7	A1...4 <= 0111	**Listing 3.2:**
01	3	0	Jump – 0 (to **01**)	**LEDs einschalten**
				Switch LEDs on

TPS/MYCO - Program Execution Sheet

TPS / MyCo Instruction Card						BinaryHex
0n NOP	20_1ms	50_A to	60_to A	70_Calc	C0_Skip if	0000 0
1n Port	21_2ms	51_B<=A	61_A<=B	71_A<A+1	C1_A>B	0001 1
2n Wait	22_5ms	52_C<=A	62_A<=C	72_A<A-1	C2_A<B	0010 2
3n JumpB	23_10ms	53_D<=A	63_A<=D	73_A<A+B	C3_A=B	0011 3
4n intoA	24_20ms	54_O<=A	64_A.0<=DI	74_A,A-B	C4_DI0=1	0100 4
8n Page	25_50ms	55_D0<A0	65_A.0<=D0	75A<A*B	C5_DI1=1	0101 5
9n Jump	26_100m	56_D1<A0	66_A.0<=D1	76_A<A/B	C6_DI2=1	0110 6
An C*	27_200m	57_D2<A0	67_A.0<=D2	77_A and B	C7_DI3=1	0111 7
Bn D*	28_500m	58_D3<A0	68_A<=D3	78_A or B	C8_DI0=0	1000 8
Dn Call	29_1s	59_PW<A	69_A<=A1	79_A xor B	C9_DI1=0	1001 9
En Return	2A_2s	5A	6A_A<=A2	7A_A not A	CA_DI2=0	1010 A
FF FF back	2B_5s	5B	6B_	7B_	CB_DI3=0	1011 B
	2C_10s	5C	6C_	7C_	CC_S1=0	1100 C
TPS MyCo	2D_20s	5D	6D_	7D_	CD_S2=0	1101 D
Instruction	2E_30s	5E	6E_	7E_	CE_S1=1	1110 E
Card	2F_60s	5F	6F_	7F_	CF_S2=1	1111 F

C* / D* if called, decrement, if 0 continue, else jump to specified address.

PAGE	ADDR	INST	DATA	IN	AN1	AN2	RA	RB	RC	RD	OUT	PWM	DLY	SKP	ALU	PGE	PC
0	0	1	7	_	_	_	_	_	_	_	7	_	_	_	_	0	_
0	1	3	0	_	_	_	_	_	_	_	7	_	_	_	_	0	1
_	2	_	_	_	_	_	_	_	_	_	_	_	_	_	_	_	_
_	3	_	_	_	_	_	_	_	_	_	_	_	_	_	_	_	_
_	4	_	_	_	_	_	_	_	_	_	_	_	_	_	_	_	_
_	5	_	_	_	_	_	_	_	_	_	_	_	_	_	_	_	_
_	6	_	_	_	_	_	_	_	_	_	_	_	_	_	_	_	_
_	7	_	_	_	_	_	_	_	_	_	_	_	_	_	_	_	_
_	8	_	_	_	_	_	_	_	_	_	_	_	_	_	_	_	_
_	9	_	_	_	_	_	_	_	_	_	_	_	_	_	_	_	_
_	A	_	_	_	_	_	_	_	_	_	_	_	_	_	_	_	_
_	B	_	_	_	_	_	_	_	_	_	_	_	_	_	_	_	_
_	C	_	_	_	_	_	_	_	_	_	_	_	_	_	_	_	_
_	D	_	_	_	_	_	_	_	_	_	_	_	_	_	_	_	_
_	E	_	_	_	_	_	_	_	_	_	_	_	_	_	_	_	_
_	F	_	_	_	_	_	_	_	_	_	_	_	_	_	_	_	_

Example 8 – Listing 3.3 – Back to Supplied Code

Instructions: 0n 1n 2n 3n 4n 5n 6n 7n 8n 9n An Bn Cn Dn En Fn
S1 S2   IN AN1 AN2 RA RB RC RD OUT PWM DLY SKP ALU PGE PC

The original kit includes the possibility to reload the pre-programmed code.
Check for the code in chapter 9.

This will be necessary after you entered some examples and want to go back
to the clean original status.

The way to do this is very simple:
Just program FF FF into the first 2 memory locations.

These are not instructions, but just markers for the system.

When the processor starts executing code after a reset from location 00,
the system checks, if the contents at address 00 and 01 is FF.

If so, the system copies the contents from somewhere in flash memory back to
adress 00 to 7F, the functionality of the pre-programmed code is described in
chapter 9.

Addr	Instruction	Data	Comment	PR8
00	F	F	-	**Listing 3.3:**
01	F	F	-	**Rückkehr zum Grundzustand** Back to Default Program

TPS/MYCO - Program Execution Sheet

TPS / MyCo Instruction Card						BinaryHex	
0n NOP	20_1ms	50_A to	60_to A	70_Calc	C0_Skip if	0000	0
1n Port	21_2ms	51_B<=A	61_A<=B	71_A<A+1	C1_A>B	0001	1
2n Wait	22_5ms	52_C<=A	62_A<=C	72_A<A-1	C2_A<B	0010	2
3n JumpB	23_10ms	53_D<=A	63_A<=D	73_A<A+B	C3_A=B	0011	3
4n intoA	24_20ms	54_O<=A	64_A.0<=DI	74_A,A-B	C4_DI0=1	0100	4
8n Page	25_50ms	55_D0<A0	65_A.0<=D0	75A<A*B	C5_DI1=1	0101	5
9n Jump	26_100m	56_D1<A0	66_A.0<=D1	76_A<A/B	C6_DI2=1	0110	6
An C*	27_200m	57_D2<A0	67_A.0<=D2	77_A and B	C7_DI3=1	0111	7
Bn D*	28_500m	58_D3<A0	68_A<=D3	78_A or B	C8_DI0=0	1000	8
Dn Call	29_1s	59_PW<A	69_A<=A1	79_A xor B	C9_DI1=0	1001	9
En Return	2A_2s	5A	6A_A<=A2	7A_A not A	CA_DI2=0	1010	A
FF FF back	2B_5s	5B	6B_	7B_	CB_DI3=0	1011	B
	2C_10s	5C	6C_	7C_	CC_S1=0	1100	C
TPS MyCo	2D_20s	5D	6D_	7D_	CD_S2=0	1101	D
Instruction	2E_30s	5E	6E_	7E_	CE_S1=1	1110	E
Card	2F_60s	5F	6F_	7F_	CF_S2=1	1111	F

C* / D* if called, decrement, if 0 continue, else jump to specified address.

PAGE	ADDR	INST	DATA	IN	AN1	AN2	RA	RB	RC	RD	OUT	PWM	DLY	SKP	ALU	PGE	PC
0	0	F	F	_	_	_	_	_	_	_	_	_	_	_	_	_	_
0	1	F	F	_	_	_	_	_	_	_	_	_	_	_	_	_	_
_	2	_	_	_	_	_	_	_	_	_	_	_	_	_	_	_	_
_	3	_	_	_	_	_	_	_	_	_	_	_	_	_	_	_	_
_	4	_	_	_	_	_	_	_	_	_	_	_	_	_	_	_	_
_	5	_	_	_	_	_	_	_	_	_	_	_	_	_	_	_	_
_	6	_	_	_	_	_	_	_	_	_	_	_	_	_	_	_	_
_	7	_	_	_	_	_	_	_	_	_	_	_	_	_	_	_	_
_	8	_	_	_	_	_	_	_	_	_	_	_	_	_	_	_	_
_	9	_	_	_	_	_	_	_	_	_	_	_	_	_	_	_	_
_	A	_	_	_	_	_	_	_	_	_	_	_	_	_	_	_	_
_	B	_	_	_	_	_	_	_	_	_	_	_	_	_	_	_	_
_	C	_	_	_	_	_	_	_	_	_	_	_	_	_	_	_	_
_	D	_	_	_	_	_	_	_	_	_	_	_	_	_	_	_	_
_	E	_	_	_	_	_	_	_	_	_	_	_	_	_	_	_	_
_	F	_	_	_	_	_	_	_	_	_	_	_	_	_	_	_	_

Example 9 – Listing 4.1 – Flashing LEDs

Instructions: 0n 1n 2n 3n 4n 5n 6n 7n 8n 9n An Bn Cn Dn En Fn
S1 S2   IN AN1 AN2 RA RB RC RD OUT PWM DLY SKP ALU PGE PC

Flashing LEDs is easy.
Just define a bit pattern and send this to the OUTPUT LEDs
Then wait a bit.
And set the next bit pattern
Jump back to the beginning to close the loop.

00 11 first send 1 = 0001 to the OUTPUT LEDs
01 27 wait for 200 ms
02 14 now send 4 = 0100 to the OUTPUT LEDs
03 27 wait for 200ms again
04 34 close the loop and jump back by 4 lines to 04 - 4 = 00

Addr	Instruction	Data	Comment	PR9
00	1	1	A1...4 <= 0001	**Listing 4.1:**
01	2	7	Wait 200 ms	**Blinkprogramm**
02	1	4	A1...4 <= 0100	
03	2	7	Wait 200 ms	Flashing LEDs
04	3	4	Jump - 4	

TPS/MYCO - Program Execution Sheet

TPS / MyCo Instruction Card						BinaryHex	
0n NOP	20_1ms	50_A to	60_to A	70_Calc	C0_Skip if	0000	0
1n Port	21_2ms	51_B<=A	61_A<=B	71_A<A+1	C1_A>B	0001	1
2n Wait	22_5ms	52_C<=A	62_A<=C	72_A<A-1	C2_A<B	0010	2
3n JumpB	23_10ms	53_D<=A	63_A<=D	73_A<A+B	C3_A=B	0011	3
4n intoA	24_20ms	54_O<=A	64_A.0<=DI	74_A,A-B	C4_DI0=1	0100	4
8n Page	25_50ms	55_D0<A0	65_A.0<=D0	75A<A*B	C5_DI1=1	0101	5
9n Jump	26_100m	56_D1<A0	66_A.0<=D1	76_A<A/B	C6_DI2=1	0110	6
An C*	27_200m	57_D2<A0	67_A.0<=D2	77_A and B	C7_DI3=1	0111	7
Bn D*	28_500m	58_D3<A0	68_A<=D3	78_A or B	C8_DI0=0	1000	8
Dn Call	29_1s	59_PW<A	69_A<=A1	79_A xor B	C9_DI1=0	1001	9
En Return	2A_2s	5A	6A_A<=A2	7A_A not A	CA_DI2=0	1010	A
FF FF back	2B_5s	5B	6B_	7B_	CB_DI3=0	1011	B
	2C_10s	5C	6C_	7C_	CC_S1=0	1100	C
TPS MyCo	2D_20s	5D	6D_	7D_	CD_S2=0	1101	D
Instruction	2E_30s	5E	6E_	7E_	CE_S1=1	1110	E
Card	2F_60s	5F	6F_	7F_	CF_S2=1	1111	F

C* / D* if called, decrement, if 0 continue, else jump to specified address.

PAGE	ADDR	INST	DATA	IN	AN1	AN2	RA	RB	RC	RD	OUT	PWM	DLY	SKP	ALU	PGE	PC
0	0	1	1	–	–	–	–	–	–	–	0001	–	–	–	–	0	–
0	1	2	7	–	–	–	–	–	–	–	1	–	7	–	–	0	–
0	2	1	4	–	–	–	–	–	–	–	0100	–	–	–	–	0	–
0	3	2	7	–	–	–	–	–	–	–	4	–	7	–	–	0	–
0	4	3	4	–	–	–	–	–	–	–	4	–	–	–	–	0	0
–	5	–	–	–	–	–	–	–	–	–	–	–	–	–	–	–	–
–	6	–	–	–	–	–	–	–	–	–	–	–	–	–	–	–	–
–	7	–	–	–	–	–	–	–	–	–	–	–	–	–	–	–	–
–	8	–	–	–	–	–	–	–	–	–	–	–	–	–	–	–	–
–	9	–	–	–	–	–	–	–	–	–	–	–	–	–	–	–	–
–	A	–	–	–	–	–	–	–	–	–	–	–	–	–	–	–	–
–	B	–	–	–	–	–	–	–	–	–	–	–	–	–	–	–	–
–	C	–	–	–	–	–	–	–	–	–	–	–	–	–	–	–	–
–	D	–	–	–	–	–	–	–	–	–	–	–	–	–	–	–	–
–	E	–	–	–	–	–	–	–	–	–	–	–	–	–	–	–	–
–	F	–	–	–	–	–	–	–	–	–	–	–	–	–	–	–	–

Example 10 – Listing 4.2 – Running Light 1

Instructions: 0n 1n 2n 3n 4n 5n 6n 7n 8n 9n An Bn Cn Dn En Fn
S1 S2   IN AN1 AN2 RA RB RC RD OUT PWM DLY SKP ALU PGE PC

One LED on, and a handing over to the next LED, a moving pattern at the
OUTPUT
Just a sequence of OUTPUT instructions
    And a delay instruction
Then a jump back to the beginning

00 11 Ouput the patten **1=0001**
01 28   Delay for half a second
02 12 Ouput the patten **2=0010**
03 28   Delay for half a second
04 14 Ouput the patten **4=0100**
05 28   Delay for half a second
06 18 Ouput the patten **8=1000**
07 28   Delay for half a second
08 38 And a jump back by 8 lines to 08 – 8 = 00

Addr	Instruction	Data	Comment	PR10
00	1	1	LEDs 0001	**Listing 4.2:**
01	2	8	Wait 500 ms	**Lauflicht 1**
02	1	2	LEDs 0010	
03	2	8	Wait 500 ms	Running Light 1
04	1	4	LEDs 0100	
05	2	8	Wait 500 ms	
06	1	8	LEDs 1000	
07	2	8	Wait 500 ms	
08	3	8	Jump **- 8 (to 00)**	

TPS/MYCO - Program Execution Sheet

TPS / MyCo Instruction Card						BinaryHex
0n NOP	20_1ms	50_A to	60_to A	70_Calc	C0_Skip if	0000 0
1n Port	21_2ms	51_B<=A	61_A<=B	71_A<A+1	C1_A>B	0001 1
2n Wait	22_5ms	52_C<=A	62_A<=C	72_A<A-1	C2_A<B	0010 2
3n JumpB	23_10ms	53_D<=A	63_A<=D	73_A<A+B	C3_A=B	0011 3
4n intoA	24_20ms	54_O<=A	64_A.0<=DI	74_A,A-B	C4_DI0=1	0100 4
8n Page	25_50ms	55_D0<A0	65_A.0<=D0	75A<A*B	C5_DI1=1	0101 5
9n Jump	26_100m	56_D1<A0	66_A.0<=D1	76_A<A/B	C6_DI2=1	0110 6
An C*	27_200m	57_D2<A0	67_A.0<=D2	77_A and B	C7_DI3=1	0111 7
Bn D*	28_500m	58_D3<A0	68_A<=D3	78_A or B	C8_DI0=0	1000 8
Dn Call	29_1s	59_PW<A	69_A<=A1	79_A xor B	C9_DI1=0	1001 9
En Return	2A_2s	5A	6A_A<=A2	7A_A not A	CA_DI2=0	1010 A
FF FF back	2B_5s	5B	6B_	7B_	CB_DI3=0	1011 B
	2C_10s	5C	6C_	7C_	CC_S1=0	1100 C
TPS MyCo	2D_20s	5D	6D_	7D_	CD_S2=0	1101 D
Instruction	2E_30s	5E	6E_	7E_	CE_S1=1	1110 E
Card	2F_60s	5F	6F_	7F_	CF_S2=1	1111 F

C* / D* if called, decrement, if 0 continue, else jump to specified address.

PAGE	ADDR	INST	DATA	IN	AN1	AN2	RA	RB	RC	RD	OUT	PWM	DLY	SKP	ALU	PGE	PC
	0	1	1								0001					0	
	1	2	8								1		8			0	
	2	1	2								0010					0	
	3	2	8								2		8			0	
	4	1	4								0100					0	
	5	2	8								4		8			0	
	6	1	8								1000					0	
	7	2	8								8		8			0	
	8	3	8													0	0
	9																
	A																
	B																
	C																
	D																
	E																
	F																

Example 11 – Listing 4.3 – Running Light 2

Instructions: 0n 1n 2n 3n 4n 5n 6n 7n 8n 9n An Bn Cn Dn En Fn
S1 S2   IN AN1 AN2 RA RB RC RD OUT PWM DLY SKP ALU PGE PC

Similar to Example 10, just a bit longer, go back when 0010 and close the loop.

00 11 Output bit pattern **1 = 0001**
01 28   delay for half a second
02 12 Output bit pattern **2 = 0010**
03 28 delay for half a second
04 14 Output bit pattern **4 = 0100**
05 28 delay for half a second
06 18 Output bit pattern **8 = 1000**
07 28 delay for half a second
08 14 Output bit pattern **4 = 0100**
09 28 delay for half a second
0A 12 Output bit pattern **2 = 0010**
0B 28 delay for half a second
0C 3C and jump back by C lines to 0C-C = 00 and start with **1 = 0001** again.

Addr	Instruction	Data	Comment	PR11
00	1	1	LEDs 0001	**Listing 4.3:**
01	2	8	Wait 500 ms	**Lauflicht 2, hin und zurück**
02	1	2	LEDs 0010	
03	2	8	Wait 500 ms	Running Light 2
04	1	4	LEDs 0100	
05	2	8	Wait 500 ms	
06	1	8	LEDs 1000	
07	2	8	Wait 500 ms	
08	1	4	LEDs 0100	
09	2	8	Wait 500 ms	
0A	1	2	LEDs 0010	
0B	2	8	Wait 500 ms	
0C	3	C	Jump - **12 (to 00)**	

TPS/MYCO - Program Execution Sheet

TPS / MyCo Instruction Card						BinaryHex
0n NOP	20_1ms	50_A to	60_to A	70_Calc	C0_Skip if	0000 0
1n Port	21_2ms	51_B<=A	61_A<=B	71_A<A+1	C1_A>B	0001 1
2n Wait	22_5ms	52_C<=A	62_A<=C	72_A<A-1	C2_A<B	0010 2
3n JumpB	23_10ms	53_D<=A	63_A<=D	73_A<A+B	C3_A=B	0011 3
4n intoA	24_20ms	54_O<=A	64_A.0<=DI	74_A,A-B	C4_DI0=1	0100 4
8n Page	25_50ms	55_D0<A0	65_A.0<=D0	75A<A*B	C5_DI1=1	0101 5
9n Jump	26_100m	56_D1<A0	66_A.0<=D1	76_A<A/B	C6_DI2=1	0110 6
An C*	27_200m	57_D2<A0	67_A.0<=D2	77_A and B	C7_DI3=1	0111 7
Bn D*	28_500m	58_D3<A0	68_A<=D3	78_A or B	C8_DI0=0	1000 8
Dn Call	29_1s	59_PW<A	69_A<=A1	79_A xor B	C9_DI1=0	1001 9
En Return	2A_2s	5A	6A_A<=A2	7A_A not A	CA_DI2=0	1010 A
FF FF back	2B_5s	5B	6B_	7B_	CB_DI3=0	1011 B
	2C_10s	5C	6C_	7C_	CC_S1=0	1100 C
TPS MyCo	2D_20s	5D	6D_	7D_	CD_S2=0	1101 D
Instruction	2E_30s	5E	6E_	7E_	CE_S1=1	1110 E
Card	2F_60s	5F	6F_	7F_	CF_S2=1	1111 F
C* / D* if called, decrement, if 0 continue, else jump to specified address.						

PAGE	ADDR	INST	DATA	IN	AN1	AN2	RA	RB	RC	RD	OUT	PWM	DLY	SKP	ALU	PGE	PC
	0	1	1								0001					0	
	1	2	8										8			0	
	2	1	2								0010					0	
	3	2	8										8			0	
	4	1	4								0100					0	
	5	2	8										8			0	
	6	1	8								1000					0	
	7	2	8										8			0	
	8	1	4								0100					0	
	9	2	8										8			0	
	A	1	2								0010					0	
	B	2	8										8			0	
	C	3	C													0	0
	D																
	E																
	F																

Example 12 – Listing 4.4 – Timer for one Minute

Instructions: 0n 1n 2n 3n 4n 5n 6n 7n 8n 9n An Bn Cn Dn En Fn
S1 S2   IN AN1 AN2 RA RB RC RD OUT PWM DLY SKP ALU PGE PC

A simple timer for 1 minute
Switch one LED on, delay for 1 minute switch indicator LED off, stop

00 11 First switch on an indicatior LED 1 = 0001
01 2F Then use the maximum delay of 1 minute
02 10 After 1 minute delay end reached and switch LED off 0 = 0000
03 30 and stop at this address 03 by jumping back to the same location 03.

Addr	Instruction	Data	Comment	PR12
00	1	F	LEDs <=1111	**Listing 4.4:**
01	2	F	Wait 1 min	**Zeitschalter für eine Minute**
02	1	0	LEDs <=0000	Timer for 1 Minute
03	3	0	End	

TPS/MYCO - Program Execution Sheet

TPS / MyCo Instruction Card						BinaryHex	
0n NOP	20_1ms	50_A to	60_to A	70_Calc	C0_Skip if	0000	0
1n Port	21_2ms	51_B<=A	61_A<=B	71_A<A+1	C1_A>B	0001	1
2n Wait	22_5ms	52_C<=A	62_A<=C	72_A<A-1	C2_A<B	0010	2
3n JumpB	23_10ms	53_D<=A	63_A<=D	73_A<A+B	C3_A=B	0011	3
4n intoA	24_20ms	54_O<=A	64_A.0<=DI	74_A,A-B	C4_DI0=1	0100	4
8n Page	25_50ms	55_D0<A0	65_A.0<=D0	75A<A*B	C5_DI1=1	0101	5
9n Jump	26_100m	56_D1<A0	66_A.0<=D1	76_A<A/B	C6_DI2=1	0110	6
An C*	27_200m	57_D2<A0	67_A.0<=D2	77_A and B	C7_DI3=1	0111	7
Bn D*	28_500m	58_D3<A0	68_A<=D3	78_A or B	C8_DI0=0	1000	8
Dn Call	29_1s	59_PW<A	69_A<=A1	79_A xor B	C9_DI1=0	1001	9
En Return	2A_2s	5A	6A_A<=A2	7A_A not A	CA_DI2=0	1010	A
FF FF back	2B_5s	5B	6B_	7B_	CB_DI3=0	1011	B
	2C_10s	5C	6C_	7C_	CC_S1=0	1100	C
TPS MyCo	2D_20s	5D	6D_	7D_	CD_S2=0	1101	D
Instruction	2E_30s	5E	6E_	7E_	CE_S1=1	1110	E
Card	2F_60s	5F	6F_	7F_	CF_S2=1	1111	F

C* / D* if called, decrement, if 0 continue, else jump to specified address.

PAGE	ADDR	INST	DATA	IN	AN1	AN2	RA	RB	RC	RD	OUT	PWM	DLY	SKP	ALU	PGE	PC
0	0	1	F	_	_	_	_	_	_	_	1111	_	_	_	_	0	_
0	1	2	F	_	_	_	_	_	_	_	_	_	F	_	_	0	_
0	2	1	0	_	_	_	_	_	_	_	0000	_	_	_	_	0	_
0	3	3	0	_	_	_	_	_	_	_	_	_	_	_	_	0	3
_	4	_	_	_	_	_	_	_	_	_	_	_	_	_	_	_	_
_	5	_	_	_	_	_	_	_	_	_	_	_	_	_	_	_	_
_	6	_	_	_	_	_	_	_	_	_	_	_	_	_	_	_	_
_	7	_	_	_	_	_	_	_	_	_	_	_	_	_	_	_	_
_	8	_	_	_	_	_	_	_	_	_	_	_	_	_	_	_	_
_	9	_	_	_	_	_	_	_	_	_	_	_	_	_	_	_	_
_	A	_	_	_	_	_	_	_	_	_	_	_	_	_	_	_	_
_	B	_	_	_	_	_	_	_	_	_	_	_	_	_	_	_	_
_	C	_	_	_	_	_	_	_	_	_	_	_	_	_	_	_	_
_	D	_	_	_	_	_	_	_	_	_	_	_	_	_	_	_	_
_	E	_	_	_	_	_	_	_	_	_	_	_	_	_	_	_	_
_	F	_	_	_	_	_	_	_	_	_	_	_	_	_	_	_	_

Example 13 – Listing 4.5 – Counter Program

Instructions: 0n 1n 2n 3n 4n 5n 6n 7n 8n 9n An Bn Cn Dn En Fn
S1 S2 IN AN1 AN2 RA RB RC RD OUT PWM DLY SKP ALU PGE PC

A simple counter program with output to LEDs and PWM LED.
Each loop increments register A by one

00 40 Load register A with the value **0 = 0000**
01 71 now increment register A by one
02 54 output the incremented contents of register A to LEDs
03 59 and output contents of register A as well to the PWM LED
04 26 now delay for 100 ms
05 34 and close the loop by jumping back 4 addresses from 05 to 05 – 4 = 01

The execution sheet is showing 2 loops
This will continue incrementing until 1111=F and then back to 0.

Addr	Instruction	Data	Comment	PR13
00	4	0	A $\leq$ 0	**Listing 4.5:**
01	7	1	A $\leq$ A + 1	**Ein Zählprogramm**
02	5	4	Port $\leq$ A	Counter Program
03	5	9	PWM $\leq$ A	Show count on
04	2	6	Wait 100 ms	Output LEDs and
05	3	4	Jump - 4	PWM LED

TPS/MYCO - Program Execution Sheet

TPS / MyCo Instruction Card						Binary	Hex
0n NOP	20_1ms	50_A to	60_to A	70_Calc	C0_Skip if	0000	0
1n Port	21_2ms	51_B<=A	61_A<=B	71_A<A+1	C1_A>B	0001	1
2n Wait	22_5ms	52_C<=A	62_A<=C	72_A<A-1	C2_A<B	0010	2
3n JumpB	23_10ms	53_D<=A	63_A<=D	73_A<A+B	C3_A=B	0011	3
4n intoA	24_20ms	54_O<=A	64_A.0<=DI	74_A,A-B	C4_DI0=1	0100	4
8n Page	25_50ms	55_D0<A0	65_A.0<=D0	75A<A*B	C5_DI1=1	0101	5
9n Jump	26_100m	56_D1<A0	66_A.0<=D1	76_A<A/B	C6_DI2=1	0110	6
An C*	27_200m	57_D2<A0	67_A.0<=D2	77_A and B	C7_DI3=1	0111	7
Bn D*	28_500m	58_D3<A0	68_A<=D3	78_A or B	C8_DI0=0	1000	8
Dn Call	29_1s	59_PW<A	69_A<=A1	79_A xor B	C9_DI1=0	1001	9
En Return	2A_2s	5A	6A_A<=A2	7A_A not A	CA_DI2=0	1010	A
FF FF back	2B_5s	5B	6B_	7B_	CB_DI3=0	1011	B
	2C_10s	5C	6C_	7C_	CC_S1=0	1100	C
TPS MyCo	2D_20s	5D	6D_	7D_	CD_S2=0	1101	D
Instruction	2E_30s	5E	6E_	7E_	CE_S1=1	1110	E
Card	2F_60s	5F	6F_	7F_	CF_S2=1	1111	F

C* / D* if called, decrement, if 0 continue, else jump to specified address.

PAGE	ADDR	INST	DATA	IN	AN1	AN2	RA	RB	RC	RD	OUT	PWM	DLY	SKP	ALU	PGE	PC
_	0	4	0	_	_	_	0	_	_	_	_	_	_	_	_	0	_
_	1	7	1	_	_	_	1	_	_	_	_	_	_	_	A+1	0	_
_	2	5	4	_	_	_	1	_	_	_	1	_	_	_	_	0	_
_	3	5	9	_	_	_	_	_	_	_	1	1	_	_	_	0	_
_	4	2	6	_	_	_	_	_	_	_	_	_	6	_	_	0	_
_	5	3	4	_	_	_	_	_	_	_	_	_	_	_	_	0	0
_	0	4	0	_	_	_	1	_	_	_	_	_	_	_	_	0	_
_	1	7	1	_	_	_	2	_	_	_	_	_	_	_	A+1	0	_
_	2	5	4	_	_	_	2	_	_	_	2	_	_	_	_	0	_
_	3	5	9	_	_	_	_	_	_	_	2	2	_	_	_	0	_
_	4	2	6	_	_	_	_	_	_	_	_	_	6	_	_	0	_
_	5	3	4	_	_	_	_	_	_	_	_	_	_	_	_	0	0
_	_	_	_	_	_	_	_	_	_	_	_	_	_	_	_	_	_
_	_	_	_	_	_	_	_	_	_	_	_	_	_	_	_	_	_
_	_	_	_	_	_	_	_	_	_	_	_	_	_	_	_	_	_

Example 14 – Listing 4.6 – Inverting Data

Instructions: 0n 1n 2n 3n 4n 5n 6n 7n 8n 9n An Bn Cn Dn En Fn
S1 S2   IN AN1 AN2 RA RB RC RD OUT PWM DLY SKP ALU PGE PC

Until now we have used the 4 bits to define the numbers
0 to F = 0000 to 1111

The other option is to define these 4 bits as 4 independant lines with logic
levels, which are either 0 or 1, so bit0=0/1, bit1=0/1, bit 2=0/1 and bit 3=0/1
There are few basic logic functions which work on 1 or 2 input bits
And result in a 1 bit output.:

AND xy=>z 0 0 = 0 0 1 = 0 1 0 = 0 1 1 = 1
   Example: mom **and** dad have to agree to allow you can buy sweets
OR   xy=>z 0 0 = 0 0 1 = 1 1 0 = 1 1 1 = 1
   Example: at least one of the two has to agree to let the kids look at the TV
XOR xy=>z 0 0 = 0 0 1 = 1 1 0 = 1 1 1 = 0
   Example: only mom or dad can sit in the car's driver's seat. Exclusive OR
NOT x not x 0 => 1 1 => 0
   Example: If I say YES, and invert it I actually mean NO for certain reasons

Here analog Input 1 to get the data. Change value of AN1 to get other results.

00 69 get level of 0 to F of analog input1 into register A (here 0011=3 used)
01 54 Output the value of register A to OUTPUT, to the 4 LEDs
02 7A **invert all 4 bits, e.g. 0011 gives 1100**
03 59 output the inverted register A to the PWM LED
04 26 a small delay of 100ms
05 35 and a jump back by 5 lines from 05 – 5 to 00

Addr	Instruction	Data	Comment	PR14
00	6	9	A <= AD1	**Listing 4.6**
01	5	4	Port <= A	**Invertieren**
02	7	A	A <= Not A	Inverting Contents
03	5	9	PWM <= A	ff Register A
04	2	6	Wait 100 ms	
05	3	5	Jump - 5	

TPS/MYCO - Program Execution Sheet

TPS / MyCo Instruction Card						BinaryHex
0n NOP	20_1ms	50_A to	60_to A	70_Calc	C0_Skip if	0000 0
1n Port	21_2ms	51_B<=A	61_A<=B	71_A<A+1	C1_A>B	0001 1
2n Wait	22_5ms	52_C<=A	62_A<=C	72_A<A-1	C2_A<B	0010 2
3n JumpB	23_10ms	53_D<=A	63_A<=D	73_A<A+B	C3_A=B	0011 3
4n intoA	24_20ms	54_O<=A	64_A.0<=DI	74_A,A-B	C4_DI0=1	0100 4
8n Page	25_50ms	55_D0<A0	65_A.0<=D0	75A<A*B	C5_DI1=1	0101 5
9n Jump	26_100m	56_D1<A0	66_A.0<=D1	76_A<A/B	C6_DI2=1	0110 6
An C*	27_200m	57_D2<A0	67_A.0<=D2	77_A and B	C7_DI3=1	0111 7
Bn D*	28_500m	58_D3<A0	68_A<=D3	78_A or B	C8_DI0=0	1000 8
Dn Call	29_1s	59_PW<A	69_A<=A1	79_A xor B	C9_DI1=0	1001 9
En Return	2A_2s	5A	6A_A<=A2	7A_A not A	CA_DI2=0	1010 A
FF FF back	2B_5s	5B	6B_	7B_	CB_DI3=0	1011 B
	2C_10s	5C	6C_	7C_	CC_S1=0	1100 C
TPS MyCo	2D_20s	5D	6D_	7D_	CD_S2=0	1101 D
Instruction	2E_30s	5E	6E_	7E_	CE_S1=1	1110 E
Card	2F_60s	5F	6F_	7F_	CF_S2=1	1111 F

C* / D* if called, decrement, if 0 continue, else jump to specified address.

PAGE	ADDR	INST	DATA	IN	AN1	AN2	RA	RB	RC	RD	OUT	PWM	DLY	SKP	ALU	PGE	PC
	0	6	9		0011		3									0	
	1	5	4		3		3				3					0	
	2	7	A		3	1100					3				notA	0	
	3	5	9		3		C				3	C				0	
	4	2	6		3		C				3	C	6			0	
	5	3	5		3		C				3	C				0	0
	0	6	9		0110		6									0	
	1	5	4		6		6				6					0	
	2	7	A		6	1001					6				notA	0	
	3	5	9		6		9				6	9				0	
	4	2	6		6		9				6	9	6			0	
	5	3	5		6		9				6	9				0	0

Example 15 – Listing 4.7 – Reaction Test on S1

Instructions: 0n 1n 2n 3n 4n 5n 6n 7n 8n 9n An Bn Cn Dn En Fn
  S1 S2   IN AN1 AN2 RA RB RC RD OUT PWM DLY SKP ALU PGE PC

Use S1 to start and stop a reaction time counter

00 CC After the start of the program, the status of S1 is checked
01 31 if not pushed, so still 1 no skip and jump back by 1 to 00, wait for push
02 40 if S1 is pushed now, so level is 0, then load register A with 0
03 71 now increment register A by one
04 54   copy contents of register A to the OUTPUT LEDs
05 CE now check, if S1 is 1, so push button released?
06 33   if S1 = 0, so still 0, and pushed jump back by by 3 from 06 to 03
              And increment register A by one, check again if S1 released
07 37 if 1, so released, jump back by 7 lines - 07 to 0, start loop again

Addr	Instruction	Data	Comment	PR15
00	C	C	S1 = 0?	**Listing 4.7:**
01	3	1	Jump - 1	**Reaktion auf die Taste S1**
02	4	0	A $\leq$= 0	
03	7	1	A $\leq$= A + 1	Reaction Test
04	5	4	Port $\leq$= A	Using S1
05	C	E	S1 = 1?	
06	3	3	Jump - 3	
07	3	7	Jump - 7	

TPS/MYCO - Program Execution Sheet

TPS / MyCo Instruction Card						BinaryHex	
0n NOP	20_1ms	50_A to	60_to A	70_Calc	C0_Skip if	0000	0
1n Port	21_2ms	51_B<=A	61_A<=B	71_A<A+1	C1_A>B	0001	1
2n Wait	22_5ms	52_C<=A	62_A<=C	72_A<A-1	C2_A<B	0010	2
3n JumpB	23_10ms	53_D<=A	63_A<=D	73_A<A+B	C3_A=B	0011	3
4n intoA	24_20ms	54_O<=A	64_A.0<=DI	74_A,A-B	C4_DI0=1	0100	4
8n Page	25_50ms	55_D0<A0	65_A.0<=D0	75A<A*B	C5_DI1=1	0101	5
9n Jump	26_100m	56_D1<A0	66_A.0<=D1	76_A<A/B	C6_DI2=1	0110	6
An C*	27_200m	57_D2<A0	67_A.0<=D2	77_A and B	C7_DI3=1	0111	7
Bn D*	28_500m	58_D3<A0	68_A<=D3	78_A or B	C8_DI0=0	1000	8
Dn Call	29_1s	59_PW<A	69_A<=A1	79_A xor B	C9_DI1=0	1001	9
En Return	2A_2s	5A	6A_A<=A2	7A_A not A	CA_DI2=0	1010	A
FF FF back	2B_5s	5B	6B_	7B_	CB_DI3=0	1011	B
	2C_10s	5C	6C_	7C_	CC_S1=0	1100	C
TPS MyCo	2D_20s	5D	6D_	7D_	CD_S2=0	1101	D
Instruction	2E_30s	5E	6E_	7E_	CE_S1=1	1110	E
Card	2F_60s	5F	6F_	7F_	CF_S2=1	1111	F

C* / D* if called, decrement, if 0 continue, else jump to specified address.

PAGE	ADDR	INST	DATA	IN	AN1	AN2	RA	RB	RC	RD	OUT	PWM	DLY	SKP	ALU	PGE	PC
_	0	C	C	_	_	_	_	_	_	_	_	_	_	S1=0	_	0	_
_	1	3	1	_	_	_	_	_	_	_	_	_	_	NO	_	0	0
_	2	4	0	_	_	0	_	_	_	_	_	_	_	YES	_	0	0
_	3	7	1	_	_	1	_	_	_	_	_	_	_	_	A+1	0	_
_	4	5	4	_	_	_	_	_	_	1	_	_	_	_	_	0	_
_	5	C	E	_	_	_	_	_	_	_	_	_	_	S1=1	_	0	_
_	6	3	3	_	_	_	_	_	_	_	_	_	_	NO	_	0	3
_	7	3	7	_	_	_	_	_	_	_	_	_	_	YES	_	0	0
_	8	_	_	_	_	_	_	_	_	_	_	_	_	_	_	_	_
_	9	_	_	_	_	_	_	_	_	_	_	_	_	_	_	_	_
_	A	_	_	_	_	_	_	_	_	_	_	_	_	_	_	_	_
_	B	_	_	_	_	_	_	_	_	_	_	_	_	_	_	_	_
_	C	_	_	_	_	_	_	_	_	_	_	_	_	_	_	_	_
_	D	_	_	_	_	_	_	_	_	_	_	_	_	_	_	_	_
_	E	_	_	_	_	_	_	_	_	_	_	_	_	_	_	_	_
_	F	_	_	_	_	_	_	_	_	_	_	_	_	_	_	_	_

Example 16 – Listing 4.8 – Direct Jump to Timer

Instructions: 0n 1n 2n 3n 4n 5n 6n 7n 8n 9n An Bn Cn Dn En Fn
S1 S2   IN AN1 AN2 RA RB RC RD OUT PWM DLY SKP ALU PGE PC

Jump from starting location at 00 to the pre-programmed code starting at 34.

In the code execution area we have added the actual code there as well.

00 83   Load the Page register with 3
01 94   Load the program counter with 4 and jump to address 34

And the code there is

34 22 wait for 5 ms
35 CC check if S1 is 0, so pushed
36 32   if NOT pushed, so level is 1, then jump back by to to 34, waiting loop
37 40   if pushed, so the level is 0 and a skip has happened,load A with 0
38 22   wait for 5 ms
39 71 increment register A with A <=A+1
3A 54 copy contents of register A to OUTPUT LEDs
3B CE check if S1 has been released, so is 1, then skip
3C 34   S1 not released yet, so jump back by 4 to 38, stay in counting loop
3D 39   S1 has been released, is 1, skip happened and jump back by 9 to 34

Addr	Instruction	Data	Comment	PR16
00	8	3	Page <= 3	**Listing 4.8:**
01	9	4	Address = 34	**Absoluter Sprung zum Zeitmesser-Programm** Absolute Jump to Timer Program

TPS/MYCO - Program Execution Sheet

TPS / MyCo Instruction Card						BinaryHex
0n NOP	20_1ms	50_A to	60_to A	70_Calc	C0_Skip if	0000 0
1n Port	21_2ms	51_B<=A	61_A<=B	71_A<A+1	C1_A>B	0001 1
2n Wait	22_5ms	52_C<=A	62_A<=C	72_A<A-1	C2_A<B	0010 2
3n JumpB	23_10ms	53_D<=A	63_A<=D	73_A<A+B	C3_A=B	0011 3
4n intoA	24_20ms	54_O<=A	64_A.0<=DI	74_A,A-B	C4_DI0=1	0100 4
8n Page	25_50ms	55_D0<A0	65_A.0<=D0	75A<A*B	C5_DI1=1	0101 5
9n Jump	26_100m	56_D1<A0	66_A.0<=D1	76_A<A/B	C6_DI2=1	0110 6
An C*	27_200m	57_D2<A0	67_A.0<=D2	77_A and B	C7_DI3=1	0111 7
Bn D*	28_500m	58_D3<A0	68_A<=D3	78_A or B	C8_DI0=0	1000 8
Dn Call	29_1s	59_PW<A	69_A<=A1	79_A xor B	C9_DI1=0	1001 9
En Return	2A_2s	5A	6A_A<=A2	7A_A not A	CA_DI2=0	1010 A
FF FF back	2B_5s	5B	6B_	7B_	CB_DI3=0	1011 B
	2C_10s	5C	6C_	7C_	CC_S1=0	1100 C
TPS MyCo	2D_20s	5D	6D_	7D_	CD_S2=0	1101 D
Instruction	2E_30s	5E	6E_	7E_	CE_S1=1	1110 E
Card	2F_60s	5F	6F_	7F_	CF_S2=1	1111 F

C* / D* if called, decrement, if 0 continue, else jump to specified address.

PAGE	ADDR	INST	DATA	IN	AN1	AN2	RA	RB	RC	RD	OUT	PWM	DLY	SKP	ALU	PGE	PC
0	0	8	3													3	
0	1	9	4													3	4
3	4	2	2										2				
3	5	C	C											S1=0			
3	6	3	2											NO		3	4
3	7	4	0					0						YES			
3	8	2	2										2				
3	9	7	1					1							A+1		
3	A	5	4								1						
3	B	C	E														
3	C	3	4													3	8
3	D	3	9													3	4

Example 17 – Listing 5.1 – A Counter Loop

Instructions: 0n 1n 2n 3n 4n 5n 6n 7n 8n 9n An Bn Cn Dn En Fn
   S1 S2   IN AN1 AN2 RA RB RC RD OUT PWM DLY SKP ALU PGE PC

Here the special register instruction An is introduced.
In addition to just being a normal register, An starts a special function:
When An is executed, the contents of the register is decremented first by one
    And the the resulting value of register C is checked
      if the contents is not 0 yet, then a jump to address pn is executed (02)
         Where p is the contents of the Page register, here set to 0
    If the contents of register C has reached 0, the next instruction is executed

00 45 Load register A with 5
01 52 Copy contents of A (5) to register C
02 15 Now send the value 5 to the OUTPUT LEDs   0101
03 28 Wait for 500 ms / ½ second
04 1A now send A to the OUTPUT LEDs   1010 invert LEDs 0101
05 28 Wait again for 500ms
06 80 set Page register to 0 (not really needed in this program, used with An)
07 A2 Decrement register C by one and check if 0, if not jump to location 02
08 30 If C register value is now 0, go on, jump back 0 locations, so stop at 08.
Loop is done 5x, but as first LED flashing done before decrement, flashing is 6x
In the first loop register C is 5, decremented to 4 before jumping back,
then 3, then 2, then 1. During the next loop, register C is decremented to 0
and 30 at location 08 is executed,
A jump back by 0 lines, so jumps back to the same location 08 forever.

Addr	Instruction	Data	Comment	PR17
00	4	5	A <= 5	**Listing 5.1:**
01	5	2	C <= A	**Eine Zählschleife**
02	1	5	Port <= 0101	
03	2	8	Wait 500 ms	A Counting Loop
04	1	A	Port <= 1010	
05	2	8	Wait 500 ms	
06	8	0	Page <= 0	
07	A	2	C-times to 02	
08	3	0	End	

TPS/MYCO - Program Execution Sheet

TPS / MyCo Instruction Card						BinaryHex	
0n NOP	20_1ms	50_A to	60_to A	70_Calc	C0_Skip if	0000	0
1n Port	21_2ms	51_B<=A	61_A<=B	71_A<A+1	C1_A>B	0001	1
2n Wait	22_5ms	52_C<=A	62_A<=C	72_A<A-1	C2_A<B	0010	2
3n JumpB	23_10ms	53_D<=A	63_A<=D	73_A<A+B	C3_A=B	0011	3
4n intoA	24_20ms	54_O<=A	64_A.0<=DI	74_A,A-B	C4_DI0=1	0100	4
8n Page	25_50ms	55_D0<A0	65_A.0<=D0	75A<A*B	C5_DI1=1	0101	5
9n Jump	26_100m	56_D1<A0	66_A.0<=D1	76_A<A/B	C6_DI2=1	0110	6
An C*	27_200m	57_D2<A0	67_A.0<=D2	77_A and B	C7_DI3=1	0111	7
Bn D*	28_500m	58_D3<A0	68_A<=D3	78_A or B	C8_DI0=0	1000	8
Dn Call	29_1s	59_PW<A	69_A<=A1	79_A xor B	C9_DI1=0	1001	9
En Return	2A_2s	5A	6A_A<=A2	7A_A not A	CA_DI2=0	1010	A
FF FF back	2B_5s	5B	6B_	7B_	CB_DI3=0	1011	B
	2C_10s	5C	6C_	7C_	CC_S1=0	1100	C
TPS MyCo	2D_20s	5D	6D_	7D_	CD_S2=0	1101	D
Instruction	2E_30s	5E	6E_	7E_	CE_S1=1	1110	E
Card	2F_60s	5F	6F_	7F_	CF_S2=1	1111	F

C* / D* if called, decrement, if 0 continue, else jump to specified address.

PAGE	ADDR	INST	DATA	IN	AN1	AN2	RA	RB	RC	RD	OUT	PWM	DLY	SKP	ALU	PGE	PC
0	0	4	5	_	_	_	5	_	_	_	_	_	_	_	_	_	_
_	1	5	2	_	_	_	5	_	5	_	_	_	_	_	_	_	_
_	2	1	5	_	_	_	5	_	5	_	0101	_	_	_	_	_	_
_	3	2	8	_	_	_	5	_	5	_	_	_	_	_	_	_	_
_	4	1	A	_	_	_	5	_	5	_	1010	_	_	_	_	_	_
_	5	2	8	_	_	_	5	_	5	_	_	_	8	_	_	_	_
_	6	8	0	_	_	_	5	_	5	_	_	_	_	_	_	0	_
_	7	A	2	_	_	_	5	_	4	_	_	_	_	_	_	0	2
_	8	3	0	_	_	_	5	_	0	_	_	_	_	_	_	0	8
_	9			_	_	_	_	_	_	_	_	_	_	_	_	_	_
_	A			_	_	_	_	_	_	_	_	_	_	_	_	_	_
_	B			_	_	_	_	_	_	_	_	_	_	_	_	_	_
_	C			_	_	_	_	_	_	_	_	_	_	_	_	_	_
_	D			_	_	_	_	_	_	_	_	_	_	_	_	_	_
_	E			_	_	_	_	_	_	_	_	_	_	_	_	_	_
_	F			_	_	_	_	_	_	_	_	_	_	_	_	_	_

Example 18 – Listing 5.2 – Flash LEDs 5 Times

Instructions: 0n 1n 2n 3n 4n 5n 6n 7n 8n 9n An Bn Cn Dn En Fn
S1 S2   IN AN1 AN2 RA RB RC RD OUT PWM DLY SKP ALU PGE PC

Here the same program as example 17, but written differently.

Here the flashing LED pattern is executed „after" the decrement,
   so the flashing pattern is here is only shown 5 times compared to 6 times as
in example 17..

00 45 Load register A with 5
01 52 Copy the contents of register A (5) into register C
02 80 Prepare the Page register with 0 to be prepared for instruction An
03 A5 First decrement C, then check if the contents is 0
04 30 if the contents of register C is 0, execute 30 – jump back to 04 -STOP
05 15 Jump to 05 has happened as C not 0 yet, so send 5 (0101) to the LEDs
06 28   and wait for 500 ms
07 1A   Now send A (1010) to the LEDs, the inverted bit pattern
08 28   and again wait for half a second
09 36 Then close the loop by jumping back to 09 -6 = 03

Addr	Instruction	Data	Comment	PR18
00	4	5	A $<= 5$	**Listing 5.2:**
01	5	2	C $<= A$	**Fünfmal Blinken**
02	8	0	AdrHi $<=0$	
03	A	5	C-times to 05	Flash LEDs
04	3	0	**End**	5 Times
05	1	5	Port $<= 0101$	
06	2	8	Wait 500 ms	
07	1	A	Port $<= 1010$	
08	2	8	Wait 500 ms	
09	3	6	Jump – 6 (to 03)	

TPS/MYCO - Program Execution Sheet

TPS / MyCo Instruction Card						BinaryHex
0n NOP	20_1ms	50_A to	60_to A	70_Calc	C0_Skip if	0000 0
1n Port	21_2ms	51_B<=A	61_A<=B	71_A<A+1	C1_A>B	0001 1
2n Wait	22_5ms	52_C<=A	62_A<=C	72_A<A-1	C2_A<B	0010 2
3n JumpB	23_10ms	53_D<=A	63_A<=D	73_A<A+B	C3_A=B	0011 3
4n intoA	24_20ms	54_O<=A	64_A.0<=DI	74_A,A-B	C4_DI0=1	0100 4
8n Page	25_50ms	55_D0<A0	65_A.0<=D0	75A<A*B	C5_DI1=1	0101 5
9n Jump	26_100m	56_D1<A0	66_A.0<=D1	76_A<A/B	C6_DI2=1	0110 6
An C*	27_200m	57_D2<A0	67_A.0<=D2	77_A and B	C7_DI3=1	0111 7
Bn D*	28_500m	58_D3<A0	68_A<=D3	78_A or B	C8_DI0=0	1000 8
Dn Call	29_1s	59_PW<A	69_A<=A1	79_A xor B	C9_DI1=0	1001 9
En Return	2A_2s	5A	6A_A<=A2	7A_A not A	CA_DI2=0	1010 A
FF FF back	2B_5s	5B	6B_	7B_	CB_DI3=0	1011 B
	2C_10s	5C	6C_	7C_	CC_S1=0	1100 C
TPS MyCo	2D_20s	5D	6D_	7D_	CD_S2=0	1101 D
Instruction	2E_30s	5E	6E_	7E_	CE_S1=1	1110 E
Card	2F_60s	5F	6F_	7F_	CF_S2=1	1111 F

C* / D* if called, decrement, if 0 continue, else jump to specified address.

PAGE	ADDR	INST	DATA	IN	AN1	AN2	RA	RB	RC	RD	OUT	PWM	DLY	SKP	ALU	PGE	PC
_	0	4	5	_	_	_	5	_	_	_	_	_	_	_	_	0	_
_	1	5	2	_	_	_	5	_	5	_	_	_	_	_	_	0	_
_	2	8	0	_	_	_	5	_	5	_	_	_	_	_	_	0	_
_	3	A	5	_	_	_	5	_	4	_	_	_	_	_	_	0	_
_	4	3	0	_	_	_	5	_	4	_	_	_	_	_	_	0	4
_	5	1	5	_	_	_	_	_	_	_	0101	_	_	_	_	0	_
_	6	2	8	_	_	_	_	_	_	_	_	_	8	_	_	0	_
_	7	1	A	_	_	_	_	_	_	_	1010	_	_	_	_	0	_
_	8	2	8	_	_	_	_	_	_	_	_	_	8	_	_	0	_
_	9	3	6	_	_	_	_	_	_	_	_	_	_	_	_	0	3
_	A	_	_	_	_	_	_	_	_	_	_	_	_	_	_	_	_
_	B	_	_	_	_	_	_	_	_	_	_	_	_	_	_	_	_
_	C	_	_	_	_	_	_	_	_	_	_	_	_	_	_	_	_
_	D	_	_	_	_	_	_	_	_	_	_	_	_	_	_	_	_
_	E	_	_	_	_	_	_	_	_	_	_	_	_	_	_	_	_
_	F	_	_	_	_	_	_	_	_	_	_	_	_	_	_	_	_

Example 19 – Listing 5.3 – Twilight Switch

Instructions: 0n 1n 2n 3n 4n 5n 6n 7n 8n 9n An Bn Cn Dn En Fn
S1 S2 IN AN1 AN2 RA RB RC RD OUT PWM DLY SKP ALU PGE PC

Here the same setup applies as in example 3. The analog input signal is
generated using the light dependant resistor and a fixed resistor.
LDR to ground and analog input. Fixed resistor is analog input to plus.
When it is dark, the LDR resistor has a higher value that the fixed resistor.
When it is light, LDR value is small resulting in a small input voltage.
Analog input level 8 was used here   = dark,
Try the same using the analog input level 4 = light

00 45 initialize register A to 5
01 51 copy contents of register A (5) to register C
02 80 initialize page register to 0 for later
03 69 get value of analog Input1 value converted to 4 bits into register A
04 C1 Skip if contents of A is greater that register B
05 98   If this is NOT the case, A is not > than B jump to address 08
06 1F   If A> B was the case, then output F (1111)
07 34 and jump back by 4 addresses, 07 - 4 = 03
08 10 jump here from 05 as A was NOT more than B(5) = dark: out 0000
09 36   and jump back by 6 lines to 09 - 6 = 03

Addr	Instruction	Data	Comment	PR19
00	4	5	A <= 5	**Listing 5.3:**
01	5	1	B <= A	**Einfacher Dämmerungsschalter**
02	8	0	AdrHi <= 0	
03	6	9	A <= AD1	Twilight Switch
04	C	1	Skip if A>B	
05	9	8	Addr <=08	
06	1	F	LEDs 1111	
07	3	4	Adr <=03	
08	1	0	LEDs 0000	
09	3	6	Addr <=03	

TPS/MYCO - Program Execution Sheet

TPS / MyCo Instruction Card						BinaryHex
0n NOP	20_1ms	50_A to	60_to A	70_Calc	C0_Skip if	0000 0
1n Port	21_2ms	51_B<=A	61_A<=B	71_A<A+1	C1_A>B	0001 1
2n Wait	22_5ms	52_C<=A	62_A<=C	72_A<A-1	C2_A<B	0010 2
3n JumpB	23_10ms	53_D<=A	63_A<=D	73_A<A+B	C3_A=B	0011 3
4n intoA	24_20ms	54_O<=A	64_A.0<=DI	74_A,A-B	C4_DI0=1	0100 4
8n Page	25_50ms	55_D0<A0	65_A.0<=D0	75A<A*B	C5_DI1=1	0101 5
9n Jump	26_100m	56_D1<A0	66_A.0<=D1	76_A<A/B	C6_DI2=1	0110 6
An C*	27_200m	57_D2<A0	67_A.0<=D2	77_A and B	C7_DI3=1	0111 7
Bn D*	28_500m	58_D3<A0	68_A<=D3	78_A or B	C8_DI0=0	1000 8
Dn Call	29_1s	59_PW<A	69_A<=A1	79_A xor B	C9_DI1=0	1001 9
En Return	2A_2s	5A	6A_A<=A2	7A_A not A	CA_DI2=0	1010 A
FF FF back	2B_5s	5B	6B_	7B_	CB_DI3=0	1011 B
	2C_10s	5C	6C_	7C_	CC_S1=0	1100 C
TPS MyCo	2D_20s	5D	6D_	7D_	CD_S2=0	1101 D
Instruction	2E_30s	5E	6E_	7E_	CE_S1=1	1110 E
Card	2F_60s	5F	6F_	7F_	CF_S2=1	1111 F
C* / D* if called, decrement, if 0 continue, else jump to specified address.						

PAGE	ADDR	INST	DATA	IN	AN1	AN2	RA	RB	RC	RD	OUT	PWM	DLY	SKP	ALU	PGE	PC
_	0	4	5	_	8	_	5	_	_	_	_	_	_	_	_	0	_
_	1	5	1	_	8	_	5	5	_	_	_	_	_	_	_	0	_
_	2	8	0	_	8	_	5	5	_	_	_	_	_	_	_	0	_
_	3	6	9	_	8	_	8	5	_	_	_	_	_	_	_	0	_
_	4	C	1	_	8	_	8	5	_	_	_	_	_	_	A>B	0	_
_	5	9	8	_	8	_	8	5	_	_	_	_	_	_	NO	0	8
_	6	1	F	_	8	_	8	5	_	_	1111	_	_	_	YES	0	_
_	7	3	4	_	8	_	8	5	_	_	_	_	_	_	_	0	3
_	8	1	0	_	8	_	8	5	_	_	0000	_	_	_	_	0	_
_	9	3	6	_	8	_	8	5	_	_	_	_	_	_	_	0	3
_	A	_	_	_	_	_	_	_	_	_	_	_	_	_	_	_	_
_	B	_	_	_	_	_	_	_	_	_	_	_	_	_	_	_	_
_	C	_	_	_	_	_	_	_	_	_	_	_	_	_	_	_	_
_	D	_	_	_	_	_	_	_	_	_	_	_	_	_	_	_	_
_	E	_	_	_	_	_	_	_	_	_	_	_	_	_	_	_	_
_	F	_	_	_	_	_	_	_	_	_	_	_	_	_	_	_	_

Example 20 – Listing 5.4 – Single Bit Test

Instructions: 0n 1n 2n 3n 4n 5n 6n 7n 8n 9n An Bn Cn Dn En Fn
S1 S2   IN AN1 AN2 RA RB RC RD OUT PWM DLY SKP ALU PGE PC

We have 4 input bits: bit 0 (E1), bit 1 (E2), bit2 (E3) and bit3 (E4)
Here we introduce instructions that input a selected bit into register A.
As there are 4 bits, there are 4 instructionsto get one bit into register A:
65 for bit0 (E1), 66 for bit1(E2), **67 for bit2(E3) used here** and 68 for bit3(E4)

00 67 Input just the value of bit 2 (E3) intro register A.0
01 54 copy this bit value to the output LED 0 (just 1 bit is active here)
02 21 now wait for 5 ms
03 33 and jump back by 3 lines to 33-3 = 02 and get the same bit again

So, the input value of bit2 is shown via the OUTPUT LED 0
And the OUTPUT LED follows the status of this input bit.

Change the input value to see the alternative option.

And change the input instruction to work on the other 3 INPUT bits.

Addr	Instruction	Data	Comment	PR20
00	6	7	A<= Din.2 (E3)	**Listing 5.4:**
01	5	4	Port <= A	**Einzelbit-Abfrage**
02	2	1	Wait 2 ms	Single Bit INPUT
03	3	3	Jump - 3	Test and Display

TPS/MYCO - Program Execution Sheet

TPS / MyCo Instruction Card						BinaryHex
0n NOP	20_1ms	50_A to	60_to A	70_Calc	C0_Skip if	0000 0
1n Port	21_2ms	51_B<=A	61_A<=B	71_A<A+1	C1_A>B	0001 1
2n Wait	22_5ms	52_C<=A	62_A<=C	72_A<A-1	C2_A<B	0010 2
3n JumpB	23_10ms	53_D<=A	63_A<=D	73_A<A+B	C3_A=B	0011 3
4n intoA	24_20ms	54_O<=A	64_A.0<=DI	74_A,A-B	C4_DI0=1	0100 4
8n Page	25_50ms	55_D0<A0	65_A.0<=D0	75A<A*B	C5_DI1=1	0101 5
9n Jump	26_100m	56_D1<A0	66_A.0<=D1	76_A<A/B	C6_DI2=1	0110 6
An C*	27_200m	57_D2<A0	67_A.0<=D2	77_A and B	C7_DI3=1	0111 7
Bn D*	28_500m	58_D3<A0	68_A<=D3	78_A or B	C8_DI0=0	1000 8
Dn Call	29_1s	59_PW<A	69_A<=A1	79_A xor B	C9_DI1=0	1001 9
En Return	2A_2s	5A	6A_A<=A2	7A_A not A	CA_DI2=0	1010 A
FF FF back	2B_5s	5B	6B_	7B_	CB_DI3=0	1011 B
	2C_10s	5C	6C_	7C_	CC_S1=0	1100 C
TPS MyCo	2D_20s	5D	6D_	7D_	CD_S2=0	1101 D
Instruction	2E_30s	5E	6E_	7E_	CE_S1=1	1110 E
Card	2F_60s	5F	6F_	7F_	CF_S2=1	1111 F
C* / D* if called, decrement, if 0 continue, else jump to specified address.						

PAGE	ADDR	INST	DATA	IN	AN1	AN2	RA	RB	RC	RD	OUT	PWM	DLY	SKP	ALU	PGE	PC
_	0	6	7	X1XX	_	_	XXX1	_	_	_	_	_	_	_	_	0	_
_	1	5	4	X1XX	_	_	XXX1	_	_	_	XXX1	_	_	_	_	0	_
_	2	2	1	X1XX	_	_	XXX1	_	_	_	XXX1	_	1	_	_	0	_
_	3	3	3	X1XX	_	_	XXX1	_	_	_	XXX1	_	_	_	_	0	0
_	0	6	7	X0XX	_	_	XXX0	_	_	_	XXX1	_	_	_	_	0	_
_	1	5	4	X0XX	_	_	XXX0	_	_	_	XXX0	_	_	_	_	0	_
_	2	2	1	X0XX	_	_	XXX0	_	_	_	XXX0	_	1	_	_	0	_
_	3	3	3	X0XX	_	_	XXX0	_	_	_	XXX0	_	_	_	_	0	0
_	0	_	_	_	_	_	_	_	_	_	_	_	_	_	_	_	_
_	1	_	_	_	_	_	_	_	_	_	_	_	_	_	_	_	_
_	2	_	_	_	_	_	_	_	_	_	_	_	_	_	_	_	_
_	3	_	_	_	_	_	_	_	_	_	_	_	_	_	_	_	_
_	_	_	_	_	_	_	_	_	_	_	_	_	_	_	_	_	_
_	_	_	_	_	_	_	_	_	_	_	_	_	_	_	_	_	_

Example 21 – Listing 5.5 – Flashing Bit A3

Instructions: 0n 1n 2n 3n 4n 5n 6n 7n 8n 9n An Bn Cn Dn En Fn
  S1 S2   IN AN1 AN2 RA RB RC RD OUT PWM DLY SKP ALU PGE PC

Here we use a „ bit output instruction" where there are 4 as well.
Each time, the value of register A bit 0 is used as source to output to bit 0...3:
55 outputs register A bit 0 to output bit 0, 56 outputs register A bit 0 to out bit 1
57 to output register A bit 0 to output bit 2
58 to output register   A bit 0 to output   bit 3

00 71   increment the contents of register A by 1 e.g. 0 to 1
01 57   output the value of RA bit 0, this 1 in register A to show on bit 2 LED
02 28   wait for half a second
03 33   and jump back from 03 by 3 locations to 03 – 3 = 0 and close the loop

In the first loop register A is incremented from 0 to 1 – showing 1 on out LED2
Next round will change register A from 1 to 2 (0010) – showing 0 on out LED2
Next round will change register A from 2 to 3 (0011) – showing 1 on out LED2
Next round will change register A from 3 to 4 (0100) – showing 0 on out LED2
Next round will change register A from 4 to 5 (0101) – showing 1 on out LED2
Next round will change register A from 5 to 6 (0110) – showing 0 on out LED2
Next round will change register A from 6 to 7 (0111) – showing 1 on out LED2
Next round will change register A from 7 to 8 (1000) – showing 0 on out LED2
Next round will change register A from 8 to 9 (1001) – showing 1 on out LED2
Next round will change register A from 9 to A (1010) – showing 0 on out LED2
Next round will change register A from A to B (1011) – showing 1 on out LED2
Next round will change register A from B to C (1100) – showing 0 on out LED2
Next round will change register A from C to D (1101) – showing 1 on out LED2
Next round will change register A from D to E (1110) – showing 0 on out LED2
Next round will change register A from E to F (1111) – showing 1 on out LED2
Next round will change register A from F to 0 (0000) – showing 0 on out LED2

Addr	Instruction	Data	Comment	PR21
00	7	1	A < = A + 1	**Listing 5.5:**
01	5	7	Port.2 <= A.0	**Blinker an A3**
02	2	8	Wait 500 ms	Flashing Bit A3
03	3	3	Jump - 3 **(to00)**	

TPS/MYCO - Program Execution Sheet

TPS / MyCo Instruction Card						BinaryHex
0n NOP	20_1ms	50_A to	60_to A	70_Calc	C0_Skip if	0000 0
1n Port	21_2ms	51_B<=A	61_A<=B	71_A<A+1	C1_A>B	0001 1
2n Wait	22_5ms	52_C<=A	62_A<=C	72_A<A-1	C2_A<B	0010 2
3n JumpB	23_10ms	53_D<=A	63_A<=D	73_A<A+B	C3_A=B	0011 3
4n intoA	24_20ms	54_O<=A	64_A.0<=DI	74_A,A-B	C4_DI0=1	0100 4
8n Page	25_50ms	55_D0<A0	65_A.0<=D0	75A<A*B	C5_DI1=1	0101 5
9n Jump	26_100m	56_D1<A0	66_A.0<=D1	76_A<A/B	C6_DI2=1	0110 6
An C*	27_200m	57_D2<A0	67_A.0<=D2	77_A and B	C7_DI3=1	0111 7
Bn D*	28_500m	58_D3<A0	68_A<=D3	78_A or B	C8_DI0=0	1000 8
Dn Call	29_1s	59_PW<A	69_A<=A1	79_A xor B	C9_DI1=0	1001 9
En Return	2A_2s	5A	6A_A<=A2	7A_A not A	CA_DI2=0	1010 A
FF FF back	2B_5s	5B	6B_	7B_	CB_DI3=0	1011 B
	2C_10s	5C	6C_	7C_	CC_S1=0	1100 C
TPS MyCo	2D_20s	5D	6D_	7D_	CD_S2=0	1101 D
Instruction	2E_30s	5E	6E_	7E_	CE_S1=1	1110 E
Card	2F_60s	5F	6F_	7F_	CF_S2=1	1111 F
C* / D* if called, decrement, if 0 continue, else jump to specified address.						

PAGE	ADDR	INST	DATA	IN	AN1	AN2	RA	RB	RC	RD	OUT	PWM	DLY	SKP	ALU	PGE	PC
	0	7	1				1								A+1	0	
	1	5	7				1				Y1YY					0	
	2	2	8				1				Y1YY	8				0	
	3	3	3				1				Y1YY					0	0
	0	7	1				2				Y1YY					A+1	0	
	1	5	7				2				Y0YY					0	
	2	2	8				2				Y0YY	8				0	
	3	3	3				2				Y0YY					0	0
	0	7	1				3				Y0YY					A+1	0	
	1	5	7				3				Y1YY					0	
	2	2	8				3				Y1YY	8				0	
	3	3	3				3				Y1YY					0	0

Example 22 – Listing 5.6 – Bit Invert and to Out

Instructions: 0n 1n 2n 3n 4n 5n 6n 7n 8n 9n An Bn Cn Dn En Fn
S1 S2   IN AN1 AN2 RA RB RC RD OUT PWM DLY SKP ALU PGE PC

Here we take the value of **Input bit 2** into register A
Then invert the bits in register A by using the NOT instruction
And output the resulting value to the D3 output LED
Assuming the input value of bit 2 is 0, LED 3 will be switched on.
And if the input value of bit 2 is 1, then the same LED will be switched off.

00 67 input D2 into register A
01 7A set the contents of A to NOT A – inverting all 4 bits
02 58 output register A.0 to output LED D3
03 33 and jump back by 3 lines from 03 -3 = 00

Addr	Instruction	Data	Comment	PR22
00	6	7	A <= Din.2	**Listing 5.6:**
01	7	A	A <= NOT A	**Einzelbit invertieren und kopieren**
02	5	8	Port.3 <= A.0	Input Bit, invert
03	3	3	Jump - 3	And to Out

TPS/MYCO - Program Execution Sheet

TPS / MyCo Instruction Card						BinaryHex
0n NOP	20_1ms	50_A to	60_to A	70_Calc	C0_Skip if	0000 0
1n Port	21_2ms	51_B<=A	61_A<=B	71_A<A+1	C1_A>B	0001 1
2n Wait	22_5ms	52_C<=A	62_A<=C	72_A<A-1	C2_A<B	0010 2
3n JumpB	23_10ms	53_D<=A	63_A<=D	73_A<A+B	C3_A=B	0011 3
4n intoA	24_20ms	54_O<=A	64_A.0<=DI	74_A,A-B	C4_DI0=1	0100 4
8n Page	25_50ms	55_D0<A0	65_A.0<=D0	75A<A*B	C5_DI1=1	0101 5
9n Jump	26_100m	56_D1<A0	66_A.0<=D1	76_A<A/B	C6_DI2=1	0110 6
An C*	27_200m	57_D2<A0	67_A.0<=D2	77_A and B	C7_DI3=1	0111 7
Bn D*	28_500m	58_D3<A0	68_A<=D3	78_A or B	C8_DI0=0	1000 8
Dn Call	29_1s	59_PW<A	69_A<=A1	79_A xor B	C9_DI1=0	1001 9
En Return	2A_2s	5A	6A_A<=A2	7A_A not A	CA_DI2=0	1010 A
FF FF back	2B_5s	5B	6B_	7B_	CB_DI3=0	1011 B
	2C_10s	5C	6C_	7C_	CC_S1=0	1100 C
TPS MyCo	2D_20s	5D	6D_	7D_	CD_S2=0	1101 D
Instruction	2E_30s	5E	6E_	7E_	CE_S1=1	1110 E
Card	2F_60s	5F	6F_	7F_	CF_S2=1	1111 F
C* / D* if called, decrement, if 0 continue, else jump to specified address.						

PAGE	ADDR	INST	DATA	IN	AN1	AN2	RA	RB	RC	RD	OUT	PWM	DLY	SKP	ALU	PGE	PC
	0	6	7	X1XX		XXX1										0	
	1	7	A	X1XX		XXX0									AnotA	0	
	2	5	8	X1XX						0XXX						0	
	3	3	3	X1XX												0	0
	0	6	7	X0XX		XXX0										0	
	1	7	A	X0XX		XXX1									AnotA	0	
	2	5	8	X0XX						1XXX						0	
	3	3	3	X0XX												0	0
	0	6	7														
	1	7	A														
	2	5	8														
	3	3	3														

Example 23 – Listing 5.7 – Simple RS FlipFlop

Instructions: 0n 1n 2n 3n 4n 5n 6n 7n 8n 9n An Bn Cn Dn En Fn
S1 S2   IN AN1 AN2 RA RB RC RD OUT PWM DLY SKP ALU PGE PC

RS Flipflop means Reset Set Flipflop.
A flipflop is a function block with 2 states.
  To put into the Reset state use   RESET input , here using DIN2 = 1, DIN3=0
  To put into the Set   state use   SET input   , here using DIN3 = 1, DIN2=0
Example for flipflop function: car keys in your right pocket or in left pocket.
Two states are possible. It then stays there until changed.
For more see wikipedia at https://en.wikipedia.org/wiki/Flip-flop_(electronics)

The logic way to describe it:

Set	Reset	output next	Action
0	**0**	Q stays as is	Hold State
0	1	0 change to reset	Reset
1	0	1 change to set	Set
1	1	x	NOT ALLOWED

As you can see, we have to be careful:
the hardware version of the board has pull-up resistors on the inputs,
   so the input level is normally 1, this will apply to all 4 inputs
Unfortunately a forbidden state with DIN 2 and DIN 3 at level 1. Set to 0 first.

00 C6 Check if DIN 2 = 1
01 11   IF DIN 2 = 0 continue with this code, set OUTPUT LED 0 to 1 **(0001)**
02 C7 IF the skip happened, DIN 2 was 1, then do a check and a SKIP will be
            executed if DIN 3 is 1 , jump to 04
03 18 IF DIN 3 is NOT 1 and no skip, then   set output LEDs to 8 **(1000)**
04 34 Jump back by 4 addresses from 04 – 4 to 00

Addr	Instruction	Data	Comment	PR23
00	C	6	Skip if Din.2=1	**Listing 5.7:**
01	1	1	Port <=1(0010)	**Ein RS-Flipflop**
02	C	7	Skip if Din.3=1	Simple
03	1	8	Port <= 8(1000)	Set and Reset
04	3	**4**	Address <= 0	Flipflop

TPS/MYCO - Program Execution Sheet

TPS / MyCo Instruction Card						BinaryHex
0n NOP	20_1ms	50_A to	60_to A	70_Calc	C0_Skip if	0000 0
1n Port	21_2ms	51_B<=A	61_A<=B	71_A<A+1	C1_A>B	0001 1
2n Wait	22_5ms	52_C<=A	62_A<=C	72_A<A-1	C2_A<B	0010 2
3n JumpB	23_10ms	53_D<=A	63_A<=D	73_A<A+B	C3_A=B	0011 3
4n intoA	24_20ms	54_O<=A	64_A.0<=DI	74_A,A-B	C4_DI0=1	0100 4
8n Page	25_50ms	55_D0<A0	65_A.0<=D0	75A<A*B	C5_DI1=1	0101 5
9n Jump	26_100m	56_D1<A0	66_A.0<=D1	76_A<A/B	C6_DI2=1	0110 6
An C*	27_200m	57_D2<A0	67_A.0<=D2	77_A and B	C7_DI3=1	0111 7
Bn D*	28_500m	58_D3<A0	68_A<=D3	78_A or B	C8_DI0=0	1000 8
Dn Call	29_1s	59_PW<A	69_A<=A1	79_A xor B	C9_DI1=0	1001 9
En Return	2A_2s	5A	6A_A<=A2	7A_A not A	CA_DI2=0	1010 A
FF FF back	2B_5s	5B	6B_	7B_	CB_DI3=0	1011 B
	2C_10s	5C	6C_	7C_	CC_S1=0	1100 C
TPS MyCo	2D_20s	5D	6D_	7D_	CD_S2=0	1101 D
Instruction	2E_30s	5E	6E_	7E_	CE_S1=1	1110 E
Card	2F_60s	5F	6F_	7F_	CF_S2=1	1111 F

C* / D* if called, decrement, if 0 continue, else jump to specified address.

PAGE	ADDR	INST	DATA	IN	AN1	AN2	RA	RB	RC	RD	OUT	PWM	DLY	SKP	ALU	PGE	PC
	0	C	6	0100										DI2=1			
	1	1	1								0001			NO			
	2	C	7											DI3=1			
	3	1	8								1000			NO			
	4	3	4													0	0
	0	C	6	1000										DI2=0			
	1	1	1								0001			NO			
	2	C	7	1000										DI3=1			
	3	1	8								1000			NO			
	4	3	4													0	0

Example 24 – Listing 5.8 – Logic AND Function

Instructions: 0n 1n 2n 3n 4n 5n 6n 7n 8n 9n An Bn Cn Dn En Fn
S1 S2   IN AN1 AN2 RA RB RC RD OUT PWM DLY SKP ALU PGE PC

Logic **AND** executes the following function:
  Both inputs have to be 1 to achieve the output 1
All 4 options of the AND function:
A B   X
0 0 => 0
0 1=> 0
1 0 => 0
1 1 => 1

The simple example: Both mom AND dad have to agree to get sweets.

The AND is executed by ANDing all 4 bits of RA AND RB. Result in RA.
In our example:
  RB3 **1**   RB2 **1**   RB1 **1**   RB0 **0** the 4 bits from the input are **1110**
  RA3 0   RA2 0   RA1 **1**   RA0 1 the 4 bits **0011** to and **1110** with
Result   0   0   **1**   0 is the result in RA after the AND.

00 64 Get 4 bit input data and save into register A (assume E (1110))
01 51 Copy contents of register A (here E) to register B (then as well E)
02 43 Now overwrite contents in register A with 3 (0011)
03 77 Execute the AND function A AND B on all 4 bits, with result into A
04 54 Send new contents of register A (now 0010) to the output LEDs
05 35 and jump back 5 lines 05 – 5 = 00

Addr	Instruction	Data	Comment	PR24
00	6	4	A <= Din	**Listing 5.8:**
01	5	1	B <= A	**Anwendung der AND-Funktion**
02	4	3	A <= 3	Logic AND function
03	7	7	A <= A AND B	00=0, 01=0, 10=0
04	5	4	Port <= A	11 = 1
05	3	5	**Jump - 5 (to 0)**	

TPS/MYCO - Program Execution Sheet

TPS / MyCo Instruction Card						BinaryHex
0n NOP	20_1ms	50_A to	60_to A	70_Calc	C0_Skip if	0000 0
1n Port	21_2ms	51_B<=A	61_A<=B	71_A<A+1	C1_A>B	0001 1
2n Wait	22_5ms	52_C<=A	62_A<=C	72_A<A-1	C2_A<B	0010 2
3n JumpB	23_10ms	53_D<=A	63_A<=D	73_A<A+B	C3_A=B	0011 3
4n intoA	24_20ms	54_O<=A	64_A.0<=DI	74_A,A-B	C4_DI0=1	0100 4
8n Page	25_50ms	55_D0<A0	65_A.0<=D0	75A<A*B	C5_DI1=1	0101 5
9n Jump	26_100m	56_D1<A0	66_A.0<=D1	76_A<A/B	C6_DI2=1	0110 6
An C*	27_200m	57_D2<A0	67_A.0<=D2	77_A and B	C7_DI3=1	0111 7
Bn D*	28_500m	58_D3<A0	68_A<=D3	78_A or B	C8_DI0=0	1000 8
Dn Call	29_1s	59_PW<A	69_A<=A1	79_A xor B	C9_DI1=0	1001 9
En Return	2A_2s	5A	6A_A<=A2	7A_A not A	CA_DI2=0	1010 A
FF FF back	2B_5s	5B	6B_	7B_	CB_DI3=0	1011 B
	2C_10s	5C	6C_	7C_	CC_S1=0	1100 C
TPS MyCo	2D_20s	5D	6D_	7D_	CD_S2=0	1101 D
Instruction	2E_30s	5E	6E_	7E_	CE_S1=1	1110 E
Card	2F_60s	5F	6F_	7F_	CF_S2=1	1111 F

C* / D* if called, decrement, if 0 continue, else jump to specified address.

PAGE	ADDR	INST	DATA	IN	AN1	AN2	RA	RB	RC	RD	OUT	PWM	DLY	SKP	ALU	PGE	PC
_	0	6	4	1110	_	1110	_	_	_	_	_	_	_	_	_	_	_
_	1	5	1	_	_	_	_	1110	_	_	_	_	_	_	_	_	_
_	2	4	3	_	_	0011	_	_	_	_	_	_	_	_	_	_	_
_	3	7	7	_	_	0010	_	_	_	_	_	_	_	_	AandB	_	_
_	4	5	4	_	_	_	_	_	_	_	0010	_	_	_	_	_	_
_	5	3	5	_	_	_	_	_	_	_	_	_	_	_	_	0	0
_	_	_	_	_	_	_	_	_	_	_	_	_	_	_	_	_	_
_	0	6	4	_	_	_	_	_	_	_	_	_	_	_	_	_	_
_	1	5	1	_	_	_	_	_	_	_	_	_	_	_	_	_	_
_	2	4	3	_	_	_	_	_	_	_	_	_	_	_	_	_	_
_	3	7	7	_	_	_	_	_	_	_	_	_	_	_	_	_	_
_	4	5	4	_	_	_	_	_	_	_	_	_	_	_	_	_	_
_	5	3	5	_	_	_	_	_	_	_	_	_	_	_	_	0	0
_	_	_	_	_	_	_	_	_	_	_	_	_	_	_	_	_	_
_	_	_	_	_	_	_	_	_	_	_	_	_	_	_	_	_	_
_	_	_	_	_	_	_	_	_	_	_	_	_	_	_	_	_	_

Example 25 – Listing 2.5 – Main Program (+ Sub)

Instructions: 0n 1n 2n 3n 4n 5n 6n 7n 8n 9n An Bn Cn Dn En Fn
S1 S2   IN AN1 AN2 RA RB RC RD OUT PWM DLY SKP ALU PGE PC

Until now all examples run as a loop, or stopped somewhere using 30 -
   Jump back to the same address where you are and halt.
If some sequence of code has to run multiple times, this can be done as a
subroutine. The main program calls the address of this subroutine and puts the
next address of the code of the main program somewhere to come back to.
NOTE: here no nesting allowed, so a subroutine cannot call another one.
Then the called subroutine executes and at the end is the instruction **RETURN**,
to return to the calling program. The main program gets the address it had
saved (to call subroutine instruction +1), and the main program continues.
Code written in this way will probably be shorter, the more often the subroutine
is called; as well easier to understand and to maintain if changes are needed.

00 80 Set page register to 0 for the Subroutine Call
01 D8 Call subroutine at address 08 and continue from next line after return
02 54 Copy contents of register A to the OUTPUT LEDs -was 0000 now 1111
03 29   Wait for 1 second
04 D8 Call subroutine at address 08 and continue from next line after return
05 54   Copy contents of register A to the OUTPUT LEDs was 1111 now 1110
07 28   Wait for 1/2 second
07 37   Jump back from 07 by 7 lines to 00

08 72 The subroutine consists of just 2 instructions here. **Decrement Reg A**
09 E0   **and Return to the calling program**

Addr	Instruction	Data	Comment	PR25
00	8	0	AdrHi <=0	
01	D	8	Call Sub at 08	**Hauptprogramm:**
02	5	4	Dout <=A	
03	2	9	Wait 1 s	Main Program calling
04	D	8	Call 08	A Subroutine
05	5	4	Dout <=A	(next example)
06	2	8	Wait 0,5 s	
07	3	7	Jump -7 (to 00)	

TPS/MYCO - Program Execution Sheet

TPS / MyCo Instruction Card						BinaryHex
0n NOP	20_1ms	50_A to	60_to A	70_Calc	C0_Skip if	0000 0
1n Port	21_2ms	51_B<=A	61_A<=B	71_A<A+1	C1_A>B	0001 1
2n Wait	22_5ms	52_C<=A	62_A<=C	72_A<A-1	C2_A<B	0010 2
3n JumpB	23_10ms	53_D<=A	63_A<=D	73_A<A+B	C3_A=B	0011 3
4n intoA	24_20ms	54_O<=A	64_A.0<=DI	74_A,A-B	C4_DI0=1	0100 4
8n Page	25_50ms	55_D0<A0	65_A.0<=D0	75A<A*B	C5_DI1=1	0101 5
9n Jump	26_100m	56_D1<A0	66_A.0<=D1	76_A<A/B	C6_DI2=1	0110 6
An C*	27_200m	57_D2<A0	67_A.0<=D2	77_A and B	C7_DI3=1	0111 7
Bn D*	28_500m	58_D3<A0	68_A<=D3	78_A or B	C8_DI0=0	1000 8
Dn Call	29_1s	59_PW<A	69_A<=A1	79_A xor B	C9_DI1=0	1001 9
En Return	2A_2s	5A	6A_A<=A2	7A_A not A	CA_DI2=0	1010 A
FF FF back	2B_5s	5B	6B_	7B_	CB_DI3=0	1011 B
	2C_10s	5C	6C_	7C_	CC_S1=0	1100 C
TPS MyCo	2D_20s	5D	6D_	7D_	CD_S2=0	1101 D
Instruction	2E_30s	5E	6E_	7E_	CE_S1=1	1110 E
Card	2F_60s	5F	6F_	7F_	CF_S2=1	1111 F

C* / D* if called, decrement, if 0 continue, else jump to specified address.

PAGE	ADDR	INST	DATA	IN	AN1	AN2	RA	RB	RC	RD	OUT	PWM	DLY	SKP	ALU	PGE	PC
0	0	8	0	_	_	_	X	_	_	_	_	_	_	_	_	0	_
0	1	D	8	_	_	_	_	_	_	_	_	_	_	_	_	0	8
0	2	5	4	_	_	_	X-1	_	_	_	X-1	_	_	_	_	_	_
0	3	2	9	_	_	_	_	_	_	_	_	_	9	_	_	_	_
0	4	D	8	_	_	_	_	_	_	_	_	_	_	_	_	0	8
0	5	5	4	_	_	_	X-2	_	_	_	X-2	_	_	_	_	_	_
0	6	2	8	_	_	_	_	_	_	_	_	_	8	_	_	_	_
0	7	3	7	_	_	_	_	_	_	_	_	_	_	_	_	0	0
0	8	7	2	_	_	_	A-1	_	_	_	_	_	_	_	A-1	_	_
0	9	E	0	_	_	_	_	_	_	_	_	_	_	_	_		RET
_	A			_	_	_	_	_	_	_	_	_	_	_	_	_	_
_	B			_	_	_	_	_	_	_	_	_	_	_	_	_	_
_	C			_	_	_	_	_	_	_	_	_	_	_	_	_	_
_	D			_	_	_	_	_	_	_	_	_	_	_	_	_	_
_	E			_	_	_	_	_	_	_	_	_	_	_	_	_	_

Example 26 – Listing 5.9 – the related Subroutine

Instructions: 0n 1n 2n 3n 4n 5n 6n 7n 8n 9n An Bn Cn Dn En Fn
 S1 S2   IN AN1 AN2 RA RB RC RD OUT PWM DLY SKP ALU PGE PC

Here the subroutine as shown in example 25.

NOTE: no nesting is allowed, so a subroutine cannot call another subroutine.
But a main program can call different subroutines at different times,
as any other subroutines had finished and the main program continued.

A simple calculation to find out when it makes sense:
To set up Page register: 1 instruction, to call subroutine: 1 instruction.
The so called overhead is 2 instructions.

Let us call this subroutine 20 times, meaning **40 instructions** needed – 20x2.
Plus the 2 instructions of the subroutine used 20 times: **gives 42 instructions.**
To do the 42 instruction functionality as part of the main program without
subroutines would use just **20x the 72 instruction** and no overhead.
This is not meant to show the saving - only how it works.

Now we extend the subroutine functionality from 2 to 4 instructions: 3 + Return.
Again let us call this subroutine 20 times:
As inline code and part of the main program it would be 20 x 3 lines of code;
Return would not be needed, so altogether **60 instructions.**
Using a subroutine: 20 x 2 for overhead of Page register and CALL
Again 40 lines.
Plus the 4 lines of the subroutine used 20 times gives **44 lines** of code
compared to 60 for the inline code. Here we save code – **44 compared to 60.**

08 72 Decrement contents of register A by one
09 E0 Return to the calling program

Addr	Instruction	Data	Comment	PR26
08	7	2	A <= A - 1	**Listing 5.9:**
09	E	0	Ret	**Unterprogramm-aufgerufen** The called Subrounine

TPS/MYCO - Program Execution Sheet

TPS / MyCo Instruction Card						Binary	Hex
0n NOP	20_1ms	50_A to	60_to A	70_Calc	C0_Skip if	0000	0
1n Port	21_2ms	51_B<=A	61_A<=B	71_A<A+1	C1_A>B	0001	1
2n Wait	22_5ms	52_C<=A	62_A<=C	72_A<A-1	C2_A<B	0010	2
3n JumpB	23_10ms	53_D<=A	63_A<=D	73_A<A+B	C3_A=B	0011	3
4n intoA	24_20ms	54_O<=A	64_A.0<=DI	74_A,A-B	C4_DI0=1	0100	4
8n Page	25_50ms	55_D0<A0	65_A.0<=D0	75A<A*B	C5_DI1=1	0101	5
9n Jump	26_100m	56_D1<A0	66_A.0<=D1	76_A<A/B	C6_DI2=1	0110	6
An C*	27_200m	57_D2<A0	67_A.0<=D2	77_A and B	C7_DI3=1	0111	7
Bn D*	28_500m	58_D3<A0	68_A<=D3	78_A or B	C8_DI0=0	1000	8
Dn Call	29_1s	59_PW<A	69_A<=A1	79_A xor B	C9_DI1=0	1001	9
En Return	2A_2s	5A	6A_A<=A2	7A_A not A	CA_DI2=0	1010	A
FF FF back	2B_5s	5B	6B_	7B_	CB_DI3=0	1011	B
	2C_10s	5C	6C_	7C_	CC_S1=0	1100	C
TPS MyCo	2D_20s	5D	6D_	7D_	CD_S2=0	1101	D
Instruction	2E_30s	5E	6E_	7E_	CE_S1=1	1110	E
Card	2F_60s	5F	6F_	7F_	CF_S2=1	1111	F
C* / D* if called, decrement, if 0 continue, else jump to specified address.							

PAGE	ADDR	INST	DATA	IN	AN1	AN2	RA	RB	RC	RD	OUT	PWM	DLY	SKP	ALU	PGE	PC
_	0	_	_	_	_	_	_	_	_	_	_	_	_	_	_	_	_
_	1	_	_	_	_	_	_	_	_	_	_	_	_	_	_	_	_
_	2	_	_	_	_	_	_	_	_	_	_	_	_	_	_	_	_
_	3	_	_	_	_	_	_	_	_	_	_	_	_	_	_	_	_
_	4	_	_	_	_	_	_	_	_	_	_	_	_	_	_	_	_
_	5	_	_	_	_	_	_	_	_	_	_	_	_	_	_	_	_
_	6	_	_	_	_	A	_	_	_	_	_	_	_	_	_	_	_
_	7	_	_	_	_	_	_	_	_	_	_	_	_	_	_	_	_
0	8	7	2	_	_	A-1	_	_	_	_	_	_	_	_	A-1	_	_
0	9	E	0	_	_	_	_	_	_	_	_	_	_	_	_		RET
0	8	7	2	_	_	A-2	_	_	_	_	_	_	_	_	A-1	_	_
0	9	E	0	_	_	_	_	_	_	_	_	_	_	_	_		RET
0	8	7	2	_	_	A-3	_	_	_	_	_	_	_	_	A-1	_	_
0	9	E	0	_	_	_	_	_	_	_	_	_	_	_	_		RET

Example 27 – Listing 5.10 – Counter using S1

Instructions: 0n 1n 2n 3n 4n 5n 6n 7n 8n 9n An Bn Cn Dn En Fn
S1 S2   IN AN1 AN2 RA RB RC RD OUT PWM DLY SKP ALU PGE PC

Here a subroutine at address 60 is called.

The code of the subroutine there at address 60 has been added here,
It is part of the pre-programmed code – see it all in chapter 9.

00 40 Load 0 into register A
01 54 copy the contents of register A into the OUTPUT LEDs
02 71 Increment register A   A <=A+1
03 86 prepare the Page register with 6
04 D0 and call the subroutine at address 60
05 34 after return from the subroutine at 60 jump back to address 05 – 4 = 01

60 23 wait for 10 ms
61 CE check if S1=1, skip over next instruction if this is the case
62 32   S1 is NOT 1, so jump back by 2 adresses 60 – 2 = 60, waiting loop
63 23 S1 has been released or not pushed yet, so wait for 10 ms
64 CC now check if S1=0 so pushed
65 31   if not pushed then jump back 1 line and stay in this loop until S1=0
66 E0 Return from this subroutine to the main program at address 05

Addr	Instruction	Data	Comment	PR27
00	4	0	A <= 0	**Listing 5.10:**
01	5	4	Dout <=A	**Über S1 gesteuerter Zähler**
02	7	1	A <= A + 1	
03	8	6	Page <= 6	Counting using S1
04	D	0	Call 60, button S1	
05	3	4	Jump - 4	

TPS/MYCO - Program Execution Sheet

TPS / MyCo Instruction Card						Binary Hex
0n NOP	20_1ms	50_A to	60_to A	70_Calc	C0_Skip if	0000 0
1n Port	21_2ms	51_B<=A	61_A<=B	71_A<A+1	C1_A>B	0001 1
2n Wait	22_5ms	52_C<=A	62_A<=C	72_A<A-1	C2_A<B	0010 2
3n JumpB	23_10ms	53_D<=A	63_A<=D	73_A<A+B	C3_A=B	0011 3
4n intoA	24_20ms	54_O<=A	64_A.0<=DI	74_A,A-B	C4_DI0=1	0100 4
8n Page	25_50ms	55_D0<A0	65_A.0<=D0	75A<A*B	C5_DI1=1	0101 5
9n Jump	26_100m	56_D1<A0	66_A.0<=D1	76_A<A/B	C6_DI2=1	0110 6
An C*	27_200m	57_D2<A0	67_A.0<=D2	77_A and B	C7_DI3=1	0111 7
Bn D*	28_500m	58_D3<A0	68_A<=D3	78_A or B	C8_DI0=0	1000 8
Dn Call	29_1s	59_PW<A	69_A<=A1	79_A xor B	C9_DI1=0	1001 9
En Return	2A_2s	5A	6A_A<=A2	7A_A not A	CA_DI2=0	1010 A
FF FF back	2B_5s	5B	6B_	7B_	CB_DI3=0	1011 B
	2C_10s	5C	6C_	7C_	CC_S1=0	1100 C
TPS MyCo	2D_20s	5D	6D_	7D_	CD_S2=0	1101 D
Instruction	2E_30s	5E	6E_	7E_	CE_S1=1	1110 E
Card	2F_60s	5F	6F_	7F_	CF_S2=1	1111 F

C* / D* if called, decrement, if 0 continue, else jump to specified address.

PAGE	ADDR	INST	DATA	IN	AN1	AN2	RA	RB	RC	RD	OUT	PWM	DLY	SKP	ALU	PGE	PC
0	0	4	0				0										
0	1	5	4				0				0						
0	2	7	1				1				0				A+1		
0	3	8	6													6	
0	4	D	0													6	0
0	5	3	4													0	1
6	0	2	3										3				
6	1	C	E											S1=1			
6	2	3	2											NO		6	0
6	3	2	3										3	YES			
6	4	C	C											S1=0			
6	5	3	1											NO		6	4
6	6	E	0											YES			RET

Example 28 – Listing 6.1 – Twilight w Hysteresis

Instructions: 0n 1n 2n 3n 4n 5n 6n 7n 8n 9n An Bn Cn Dn En Fn
** S1 S2   IN AN1 AN2 RA RB RC RD OUT PWM DLY SKP ALU PGE PC**

We had the twilight switch already as example 19. Here we add hysteresis.
If the value of on to off is too close, then the output can flicker. To avoid this,
switch on at level X and switch off at level Y. The input interface to the LDR at
the analog input is the same. Walk through example 19 again, continue here..

00 10 Output **0000** to the OUTPUT LEDs

01 45 Load register A with 5

02 51 Copy this value 5 from register A to register B   **0101**

03 69 get converted value of analog input 1 into register A, assume 8 **1000**

04 C1 Skip next line if A > B

05 10   A (input value) is NOT greater than B (0101), set OUTPUT to **0000**

06 49   A>B, Now load register A with 9, a higher value than 5 before **1001**

07 51   Copy again into register B, changing from 5 to 9

08 69 Get the new 4 bit value of the analog input 1 into A, assume 7 **0111**

09 C2 Compare the two again with A < B   is 7 < 9 ?

0A 1F   If B NOT greater than A then set the OUTPUT LEDS to F = **1111**

0B 3A   If B was greater than A then jump back to 0B – A – 01

Try the same code using other analog input levels, e.g. 3, 8 and A.

Addr	Instruction	Data	Comment	PR28
00	1	0	LEDs <=0000	**Listing 6.1:**
01	4	5	A <= 5	**Dämmerungsschalter mit Hysterese**
02	5	1	B <= A	
03	6	9	A <= AD1	Twilight Switch as before but
04	C	1	Skip if A>B	now with Hysteresis
05	1	0	LEDs <=0000	to avoid Flicker
06	4	9	A <= 9	between
07	5	1	B <= A	On and Off
08	6	9	A <= AD1	
09	C	2	Skip if A<B	
0A	1	F	LEDs <=1111	
0B	3	A	Jump –10 (to01)	

TPS/MYCO - Program Execution Sheet

TPS / MyCo Instruction Card						BinaryHex
0n NOP	20_1ms	50_A to	60_to A	70_Calc	C0_Skip if	0000 0
1n Port	21_2ms	51_B<=A	61_A<=B	71_A<A+1	C1_A>B	0001 1
2n Wait	22_5ms	52_C<=A	62_A<=C	72_A<A-1	C2_A<B	0010 2
3n JumpB	23_10ms	53_D<=A	63_A<=D	73_A<A+B	C3_A=B	0011 3
4n intoA	24_20ms	54_O<=A	64_A.0<=DI	74_A,A-B	C4_DI0=1	0100 4
8n Page	25_50ms	55_D0<A0	65_A.0<=D0	75A<A*B	C5_DI1=1	0101 5
9n Jump	26_100m	56_D1<A0	66_A.0<=D1	76_A<A/B	C6_DI2=1	0110 6
An C*	27_200m	57_D2<A0	67_A.0<=D2	77_A and B	C7_DI3=1	0111 7
Bn D*	28_500m	58_D3<A0	68_A<=D3	78_A or B	C8_DI0=0	1000 8
Dn Call	29_1s	59_PW<A	69_A<=A1	79_A xor B	C9_DI1=0	1001 9
En Return	2A_2s	5A	6A_A<=A2	7A_A not A	CA_DI2=0	1010 A
FF FF back	2B_5s	5B	6B_	7B_	CB_DI3=0	1011 B
	2C_10s	5C	6C_	7C_	CC_S1=0	1100 C
TPS MyCo	2D_20s	5D	6D_	7D_	CD_S2=0	1101 D
Instruction	2E_30s	5E	6E_	7E_	CE_S1=1	1110 E
Card	2F_60s	5F	6F_	7F_	CF_S2=1	1111 F

C* / D* if called, decrement, if 0 continue, else jump to specified address.

PAGE	ADDR	INST	DATA	IN	AN1	AN2	RA	RB	RC	RD	OUT	PWM	DLY	SKP	ALU	PGE	PC
_	0	1	0	_	_	_	_	_	_	_	0000	_	_	_	_	_	_
_	1	4	5	_	_	_	5	_	_	_	_	_	_	_	_	_	_
_	2	5	1	_	_	_	5	5	_	_	_	_	_	_	_	_	_
_	3	6	9	_	8	_	8	5	_	_	_	_	_	_	_	_	_
_	4	C	1	_	8	_	8	5	_	_	_	_	_	A>B	_	_	_
_	5	1	0	_	8	_	8	5	_	_	0000	_	_	NO	_	_	_
_	6	4	9	_	_	_	9	5	_	_	_	_	_	YES	_	_	_
_	7	5	1	_	_	_	9	9	_	_	_	_	_	_	_	_	_
_	8	6	9	_	7	_	7	9	_	_	_	_	_	_	_	_	_
_	9	C	2	_	_	_	_	_	_	_	_	_	_	A<B	_	_	_
_	A	1	F	_	_	_	_	_	_	_	1111	_	_	NO	_	_	_
_	B	3	A	_	_	_	_	_	_	_	_	_	_	YES	_	0	1
_	C	_	_	_	_	_	_	_	_	_	_	_	_	_	_	_	_
_	D	_	_	_	_	_	_	_	_	_	_	_	_	_	_	_	_
_	E	_	_	_	_	_	_	_	_	_	_	_	_	_	_	_	_
_	F	_	_	_	_	_	_	_	_	_	_	_	_	_	_	_	_

Example 29 – Listing 6.2 – Voltage Follower Loop

Instructions: 0n 1n 2n 3n 4n 5n 6n 7n 8n 9n An Bn Cn Dn En Fn
S1 S2   IN AN1 AN2 RA RB RC RD OUT PWM DLY SKP ALU PGE PC

Here the analog input1 sets a voltage to be achieved via a regulation loop.
The same analog input we have used before using the LDR.

Output 3 of our 4 outputs is charging a capacitor via a resistor.
If the voltage at the capacitor connected to AN2 is smaller than the given
voltage at AN1, the output is set to 1 to charge;
if the voltage at AN2 is larger that AN1, the output is switched to 0 to discharge.
Basically the voltage at the capacitor is forced to follow the one at the LDR.

```
00 69  Get the value at analog Input 1 into register A      ( assume level is 7)
01 51  Copy contents of register A to register B
02 80  Prepare the page register for later
03 6A  Get the contents of analog Input 2 into register A (here value e.g.  A )
04 C1  SKIP if A > B   - Reg A = A  and Reg B = 7  so A is larger than B
05 98    If A is NOT greater that B jump to address 08    ( reg A = A, B= 7 )
06 10   Voltage at capacitor larger that reference, so discharge with Output 0
07 37       and go back to the beginning 07 – 7 = 00
08 18    as RA is smaller then RB, output an 8 (1000) to OUTPUT, to charge
09 39    the capacitor and jump back by 9 addresses to 09 – 9 = 00
```
Try other Input voltages at analog Input 1 and analog Input 2, see differences.

Addr	Instruction	Data	Comment	PR29
00	6	9	A <= AD1	**Listing 6.2:**
01	5	1	B <= A	**Nachführung der Spannung**
02	8	0	AdrHi <= 0	
03	6	A	A <=AD2	Voltage Follower
04	C	1	Skip if A>B	Loop
05	9	8	Addr <=08	Follow Analog Input
06	1	0	LEDs 0000	with built-in Delay
07	3	7	Jump –7 **(to 00)**	
08	1	8	LEDs 1000	
09	3	9	Jump - 9 **(to 00)**	

TPS/MYCO - Program Execution Sheet

TPS / MyCo Instruction Card						BinaryHex	
0n NOP	20_1ms	50_A to	60_to A	70_Calc	C0_Skip if	0000	0
1n Port	21_2ms	51_B<=A	61_A<=B	71_A<A+1	C1_A>B	0001	1
2n Wait	22_5ms	52_C<=A	62_A<=C	72_A<A-1	C2_A<B	0010	2
3n JumpB	23_10ms	53_D<=A	63_A<=D	73_A<A+B	C3_A=B	0011	3
4n intoA	24_20ms	54_O<=A	64_A.0<=DI	74_A,A-B	C4_DI0=1	0100	4
8n Page	25_50ms	55_D0<A0	65_A.0<=D0	75A<A*B	C5_DI1=1	0101	5
9n Jump	26_100m	56_D1<A0	66_A.0<=D1	76_A<A/B	C6_DI2=1	0110	6
An C*	27_200m	57_D2<A0	67_A.0<=D2	77_A and B	C7_DI3=1	0111	7
Bn D*	28_500m	58_D3<A0	68_A<=D3	78_A or B	C8_DI0=0	1000	8
Dn Call	29_1s	59_PW<A	69_A<=A1	79_A xor B	C9_DI1=0	1001	9
En Return	2A_2s	5A	6A_A<=A2	7A_A not A	CA_DI2=0	1010	A
FF FF back	2B_5s	5B	6B_	7B_	CB_DI3=0	1011	B
	2C_10s	5C	6C_	7C_	CC_S1=0	1100	C
TPS MyCo	2D_20s	5D	6D_	7D_	CD_S2=0	1101	D
Instruction	2E_30s	5E	6E_	7E_	CE_S1=1	1110	E
Card	2F_60s	5F	6F_	7F_	CF_S2=1	1111	F

C* / D* if called, decrement, if 0 continue, else jump to specified address.

PAGE	ADDR	INST	DATA	IN	AN1	AN2	RA	RB	RC	RD	OUT	PWM	DLY	SKP	ALU	PGE	PC
	0	6	9		7		7										
	1	5	1				7	7									
	2	8	0													0	
	3	6	A			A	A	7									
	4	C	1											A>B			
	5	9	8											NO		0	8
	6	1	0								0000						
	7	3	7													0	0
0	8	1	8								1000						
	9	3	9													0	0
	A																
	B																
	C																
	D																
	E																
	F																

Example 30 – Listing 6.3 – LED Dimmer, S1 / S2

Instructions: 0n 1n 2n 3n 4n 5n 6n 7n 8n 9n An Bn Cn Dn En Fn
   S1 S2   IN AN1 AN2 RA RB RC RD OUT PWM DLY SKP ALU PGE PC

The example here shows how to write a program to control the brightness of an
LED light. We use the LED at the PWM output, which can show from 0 to 15
levels of brightness.
You can change the level of brightness via a quick push of S1 or S2, or
continuous pressing to change brightness contiuously.
If buttons are NOT pushed, the relevant instuction to increase or decrease
brightness is jumped over.
One aspect has to be taken care of: normally, after reaching 15 going up, the
next step would be 0 – this has to be avoided.
The same applies to 0, not to go to 15 afterwards but to stay at 0.

00 80 Set Page register to use later
01 59 Copy current register A contents to PWMLED, show as brightness level
02 27   Wait for200ms
03 52 Copy contents of register A to register C, A has to be free for other uses
04 4F   Load register A now with 15 (F)
05 51 Get this value F(15) in A and copy this 15 in A into B
06 62 Now get the value that was in A, but had been saved into C, back into A
07 C2 Check via C2, if the value in A is smaller that the value in B   **A<B?**
08 9B   No, A is NOT smaller than B, so jump to address 0B
09 CF **YES, A<B**, now check via CF if **S2=1** - so NOT pushed
0A 71   increase the value in register A by one **as the S2 =0, so pushed**
0B 52 Save current contents of A into C again, as A is used for other things
0C 40   Set the contents of A now to 0, the minimum brightness
0D 51   and copy this value 0 into register B
0E 62   Get the current brightness value saved into C back into A
0F C1   Check if the current value in A is larger than the 0 in register B **A>B**
10 90   IF value in A is smaller, then jump back to the beginning at 00
11 CE   As A is larger then the 0 in B, now check if S1=1, ready to decrement
12 72   IF **S1 is NOT 1, so it is pushed and 0**, so decrement register A
13 90   S1=1 was 1, skip taken, or the decrement done, now just back to 00

Addr	Instruction	Data	Comment	PR30
00	8	0	AdrHi <= 0	**Listing 6.3:**
01	5	9	PWM <= A	**Helligkeitssteuerung**
02	2	7	Wait 200 ms	
03	5	2	C <= A	LED Dimmer
04	4	F	A <= 15	S1 to increase
05	5	1	B <= A	S2 to decrease
06	6	2	A <= C	
07	C	2	Skip if A<B	
08	9	B	Jump <= 0B	
09	C	F	Skip if S2=1	
0A	7	1	A <= A + 1	
0B	5	2	C <= A	
0C	4	0	A <= 0	
0D	5	1	B <= A	
0E	6	2	A <= C	
0F	C	1	Skip if A>B	
10	9	0	Jump <=00	
11	C	E	Skip if S1 = 1	
12	7	2	A <= A - 1	
13	9	0	Jump <=00	

TPS/MYCO - Program Execution Sheet

TPS / MyCo Instruction Card						Binary	Hex
0n NOP	20_1ms	50_A to	60_to A	70_Calc	C0_Skip if	0000	0
1n Port	21_2ms	51_B<=A	61_A<=B	71_A<A+1	C1_A>B	0001	1
2n Wait	22_5ms	52_C<=A	62_A<=C	72_A<A-1	C2_A<B	0010	2
3n JumpB	23_10ms	53_D<=A	63_A<=D	73_A<A+B	C3_A=B	0011	3
4n intoA	24_20ms	54_O<=A	64_A.0<=DI	74_A,A-B	C4_DI0=1	0100	4
8n Page	25_50ms	55_D0<A0	65_A.0<=D0	75A<A*B	C5_DI1=1	0101	5
9n Jump	26_100m	56_D1<A0	66_A.0<=D1	76_A<A/B	C6_DI2=1	0110	6
An C*	27_200m	57_D2<A0	67_A.0<=D2	77_A and B	C7_DI3=1	0111	7
Bn D*	28_500m	58_D3<A0	68_A<=D3	78_A or B	C8_DI0=0	1000	8
Dn Call	29_1s	59_PW<A	69_A<=A1	79_A xor B	C9_DI1=0	1001	9
En Return	2A_2s	5A	6A_A<=A2	7A_A not A	CA_DI2=0	1010	A
FF FF back	2B_5s	5B	6B_	7B_	CB_DI3=0	1011	B
	2C_10s	5C	6C_	7C_	CC_S1=0	1100	C
TPS MyCo	2D_20s	5D	6D_	7D_	CD_S2=0	1101	D
Instruction	2E_30s	5E	6E_	7E_	CE_S1=1	1110	E
Card	2F_60s	5F	6F_	7F_	CF_S2=1	1111	F

C* / D* if called, decrement, if 0 continue, else jump to specified address.

PAGE	ADDR	INST	DATA	IN	AN1	AN2	RA	RB	RC	RD	OUT	PWM	DLY	SKP	ALU	PGE	PC
_	0	8	0	_	_	_	_	_	_	_	_	_	_	_	_	0	_
_	1	5	9	_	_	_	x	_	_	_	_	x	_	_	_	_	_
_	2	2	7	_	_	_	_	_	_	_	_	_	7	_	_	_	_
_	3	5	2	_	_	_	x	_	x	_	_	_	_	_	_	_	_
_	4	4	F	_	_	_	F	_	_	_	_	_	_	_	_	_	_
_	5	5	1	_	_	_	F	F	_	_	_	_	_	_	_	_	_
_	6	6	2	_	_	_	x	_	x	_	_	_	_	_	_	_	_
_	7	C	2	_	_	_	_	_	_	_	_	_	_	A<B	_	_	_
_	8	9	B	_	_	_	_	_	_	_	_	_	_	NO	_	0	B
_	9	C	F	_	_	_	_	_	_	_	_	_	_	S2=1	_	_	_
_	A	7	1	_	_	_	x+1	_	x	_	_	_	_	NO	A+1	_	_
_	B	5	2	_	_	_	_	_	x+1	_	_	_	_	_	_	_	_
_	C	4	0	_	_	_	0	_	_	_	_	_	_	_	_	_	_
_	D	5	1	_	_	_	0	0	_	_	_	_	_	_	_	_	_
_	E	6	2	_	_	_	x+1	_	_	_	_	_	_	_	_	_	_
_	F	C	1	_	_	_	x+1	0	x+1	_	x	_	_	A>B	_	_	_

TPS / MyCo Instruction Card						BinaryHex
0n NOP	20_1ms	50_A to	60_to A	70_Calc	C0_Skip if	0000 0
1n Port	21_2ms	51_B<=A	61_A<=B	71_A<A+1	C1_A>B	0001 1
2n Wait	22_5ms	52_C<=A	62_A<=C	72_A<A-1	C2_A<B	0010 2
3n JumpB	23_10ms	53_D<=A	63_A<=D	73_A<A+B	C3_A=B	0011 3
4n intoA	24_20ms	54_O<=A	64_A.0<=DI	74_A,A-B	C4_DI0=1	0100 4
8n Page	25_50ms	55_D0<A0	65_A.0<=D0	75A<A*B	C5_DI1=1	0101 5
9n Jump	26_100m	56_D1<A0	66_A.0<=D1	76_A<A/B	C6_DI2=1	0110 6
An C*	27_200m	57_D2<A0	67_A.0<=D2	77_A and B	C7_DI3=1	0111 7
Bn D*	28_500m	58_D3<A0	68_A<=D3	78_A or B	C8_DI0=0	1000 8
Dn Call	29_1s	59_PW<A	69_A<=A1	79_A xor B	C9_DI1=0	1001 9
En Return	2A_2s	5A	6A_A<=A2	7A_A not A	CA_DI2=0	1010 A
FF FF back	2B_5s	5B	6B_	7B_	CB_DI3=0	1011 B
	2C_10s	5C	6C_	7C_	CC_S1=0	1100 C
TPS MyCo	2D_20s	5D	6D_	7D_	CD_S2=0	1101 D
Instruction	2E_30s	5E	6E_	7E_	CE_S1=1	1110 E
Card	2F_60s	5F	6F_	7F_	CF_S2=1	1111 F

C* / D* if called, decrement, if 0 continue, else jump to specified address.

PAGE	ADDR	INST	DATA	IN	AN1	AN2	RA	RB	RC	RD	OUT	PWM	DLY	SKP	ALU	PGE	PC
1	0	9	0	_	_	_	_	_	_	_	_	_	_	NO	_	0	0
1	1	C	E	_	_	_	_	_	_	_	_	_	_	S1=1	_	_	_
1	2	7	2	_	_	_	_	_	_	_	_	_	_	NO	A-1	_	_
1	3	9	0	_	_	_	_	_	_	_	_	_	_	_	_	0	0
_	4	_	_	_	_	_	_	_	_	_	_	_	_	_	_	_	_
_	5	_	_	_	_	_	_	_	_	_	_	_	_	_	_	_	_
_	6	_	_	_	_	_	_	_	_	_	_	_	_	_	_	_	_
_	7	_	_	_	_	_	_	_	_	_	_	_	_	_	_	_	_
_	8	_	_	_	_	_	_	_	_	_	_	_	_	_	_	_	_
_	9	_	_	_	_	_	_	_	_	_	_	_	_	_	_	_	_
_	A	_	_	_	_	_	_	_	_	_	_	_	_	_	_	_	_
_	B	_	_	_	_	_	_	_	_	_	_	_	_	_	_	_	_
_	C	_	_	_	_	_	_	_	_	_	_	_	_	_	_	_	_
_	D	_	_	_	_	_	_	_	_	_	_	_	_	_	_	_	_
_	E	_	_	_	_	_	_	_	_	_	_	_	_	_	_	_	_
_	F	_	_	_	_	_	_	_	_	_	_	_	_	_	_	_	_

Example 31 – Listing 6.4 – Sound Output

Instructions: 0n 1n 2n 3n 4n 5n 6n 7n 8n 9n An Bn Cn Dn En Fn
S1 S2   IN AN1 AN2 RA RB RC RD OUT PWM DLY SKP ALU PGE PC

Here we have to imagine that we can output sound via a fast output bit on / off.
A piezo speaker is connected to Output bit 3 and Ground to generate sound.
00 80 Set Page to 0 for later use with Jump
01 4F Set register A to 15
02 94 Jump to address 04
03 45 Set register A to 5
04 53   copy the 5 in register A to register D – next are 2 instructions per line.
05 18 Set OUT Bit 3 to 1 (**1000**),   **06 10** Set OUTPUT to 0 all bits to 0 (**0000**)
07 21   Wait for 5 ms after sending the pulse 0 to 1 to 0 _| |_
08 18 Set OUT Bit 3 to 1 (**1000**),   **09 10** Set OUTPUT to 0 all bits to 0 (**0000**)
0A 21   Wait again 5 ms after sending the pulse 0 to 1 to 0
0B 18 Set OUT Bit 3 to 1 (**1000**), **0C 10** Set OUTPUT to 0 all bits to 0 (**0000**)
0D 20   Wait for 1 ms after sending the pulse 0 to 1 to 0
0E B5   Count down register C, first from 5 to 4 in the loop. Go to 05 if not 0
0F 30   If D=0 has been reached, jump back to this same location, and stop

Addr	Instruction	Data	Comment	PR31
00	8	0	Page 0 >lang	**Listing 6.4:**
01	4	F	A <= 15	**Tonausgabe**
02	9	4	Addr <=04	
03	4	5	A <= 5 >short	Output Sound
04	5	3	D <= A >vari	
05	1	8	Dout <=8	
06	1	0	Dout <=0	
07	2	1	Wait 2 ms	
08	1	8	Dout <=8	
09	1	0	Dout <=0	
0A	2	1	Wait 2 ms	
0B	1	8	Dout <=8	
0C	1	0	Dout <=0	
0D	2	0	Wait 1 ms	
0E	B	5	D-times 05	
0F	3	0	End	

TPS/MYCO - Program Execution Sheet

TPS / MyCo Instruction Card						Binary	Hex
0n NOP	20_1ms	50_A to	60_to A	70_Calc	C0_Skip if	0000	0
1n Port	21_2ms	51_B<=A	61_A<=B	71_A<A+1	C1_A>B	0001	1
2n Wait	22_5ms	52_C<=A	62_A<=C	72_A<A-1	C2_A<B	0010	2
3n JumpB	23_10ms	53_D<=A	63_A<=D	73_A<A+B	C3_A=B	0011	3
4n intoA	24_20ms	54_O<=A	64_A.0<=DI	74_A,A-B	C4_DI0=1	0100	4
8n Page	25_50ms	55_D0<A0	65_A.0<=D0	75A<A*B	C5_DI1=1	0101	5
9n Jump	26_100m	56_D1<A0	66_A.0<=D1	76_A<A/B	C6_DI2=1	0110	6
An C*	27_200m	57_D2<A0	67_A.0<=D2	77_A and B	C7_DI3=1	0111	7
Bn D*	28_500m	58_D3<A0	68_A<=D3	78_A or B	C8_DI0=0	1000	8
Dn Call	29_1s	59_PW<A	69_A<=A1	79_A xor B	C9_DI1=0	1001	9
En Return	2A_2s	5A	6A_A<=A2	7A_A not A	CA_DI2=0	1010	A
FF FF back	2B_5s	5B	6B_	7B_	CB_DI3=0	1011	B
	2C_10s	5C	6C_	7C_	CC_S1=0	1100	C
TPS MyCo	2D_20s	5D	6D_	7D_	CD_S2=0	1101	D
Instruction	2E_30s	5E	6E_	7E_	CE_S1=1	1110	E
Card	2F_60s	5F	6F_	7F_	CF_S2=1	1111	F

C* / D* if called, decrement, if 0 continue, else jump to specified address.

PAGE	ADDR	INST	DATA	IN	AN1	AN2	RA	RB	RC	RD	OUT	PWM	DLY	SKP	ALU	PGE	PC
_	0	8	0	_	_	_	_	_	_	_	_	_	_	_	_	0	_
_	1	4	F	_	_	_	F	_	_	_	_	_	_	_	_	_	_
_	2	9	4	_	_	_	_	_	_	_	_	_	_	_	_	0	4
_	3	4	5	_	_	_	5	_	_	_	_	_	_	_	_	_	_
_	4	5	3	_	_	_	5	_	_	5	_	_	_	_	_	_	_
_	5	1	8	_	_	_	_	_	_	_	1000	_	_	_	_	_	_
_	6	1	0	_	_	_	_	_	_	_	0000	_	_	_	_	_	_
_	7	2	1	_	_	_	_	_	_	_	_	_	1	_	_	_	_
_	8	1	8	_	_	_	_	_	_	_	1000	_	_	_	_	_	_
_	9	1	0	_	_	_	_	_	_	_	0000	_	_	_	_	_	_
_	A	2	1	_	_	_	_	_	_	_	_	_	1	_	_	_	_
_	B	1	8	_	_	_	_	_	_	_	1000	_	_	_	_	_	_
_	C	1	0	_	_	_	_	_	_	_	0000	_	_	_	_	_	_
_	D	2	0	_	_	_	_	_	_	_	_	_	0	_	_	_	_
_	E	B	5	_	_	_	_	_	_	D-1	_	_	_	_	_	0	5
_	F	3	0	_	_	_	_	_	_	_	_	_	_	_	_	0	F

Example 32 – Listing 6.5 – Output Morse Code

**Instructions: 0n 1n 2n 3n 4n 5n 6n 7n 8n 9n An Bn Cn Dn En Fn
  S1 S2   IN AN1 AN2 RA RB RC RD OUT PWM DLY SKP ALU PGE PC**

Here the same piezo sounder is connected. But we use the sound subroutine
in the pre-programmed code chapter 9 at address 50.for long tone and 52 short
Morse codes generated are B and K for Burkhard Kainka, the designer of TPS.
The Morse code generated is **B = long short short short K = long short long**

00 85 Prepare Page register to 5 for using tone output subroutine, first the **B**
01 D0 call tone subroutine for long at 50 **02 26** delay for 100ms short pause
03 D2 call tone subroutine for short at 52 **04 26** delay for 100ms short pause
05 D2 call tone subroutine for short at 52 **06 26** delay for 100ms short pause
07 D2 call tone subroutine for short at 52 **08 26** delay for 100ms short pause
09 27   delay for 200ms to separate the 2 letters   and now send the **K**
0A D0 call tone subroutine for long at 50 **0B 26** delay for 100ms short pause
0C D2 call tone subroutine for short at 52 **0D 26** delay for 100ms short pause
0E D0 call tone subroutine for long at 50
0F 30   and stop the program by jumping back to the same address 0F

Addr	Instruction	Data	Comment	PR32
00	8	5	AdrHi <=5	**Listing 6.5:**
01	D	0	Call 50, long	**Morseausgabe**
02	2	6	Wait 100 ms	
03	D	2	Call 52, short	Output Morse Code
04	2	6	Wait 100 ms	
05	D	2	Call 52, short	Here
06	2	6	Wait 100 ms	B K for
07	D	2	Call 52, short	Burkhard Kainka
08	2	6	Wait 100 ms	
09	2	7	Wait 200 ms	
0A	D	0	Call 50, long	
0B	2	6	Wait 100 ms	
0C	D	2	Call 52, short	
0D	2	6	Wait 100 ms	
0E	D	0	Call 50, long	
0F	3	0	End	

TPS/MYCO - Program Execution Sheet

TPS / MyCo Instruction Card						BinaryHex	
0n NOP	20_1ms	50_A to	60_to A	70_Calc	C0_Skip if	0000	0
1n Port	21_2ms	51_B<=A	61_A<=B	71_A<A+1	C1_A>B	0001	1
2n Wait	22_5ms	52_C<=A	62_A<=C	72_A<A-1	C2_A<B	0010	2
3n JumpB	23_10ms	53_D<=A	63_A<=D	73_A<A+B	C3_A=B	0011	3
4n intoA	24_20ms	54_O<=A	64_A.0<=DI	74_A,A-B	C4_DI0=1	0100	4
8n Page	25_50ms	55_D0<A0	65_A.0<=D0	75A<A*B	C5_DI1=1	0101	5
9n Jump	26_100m	56_D1<A0	66_A.0<=D1	76_A<A/B	C6_DI2=1	0110	6
An C*	27_200m	57_D2<A0	67_A.0<=D2	77_A and B	C7_DI3=1	0111	7
Bn D*	28_500m	58_D3<A0	68_A<=D3	78_A or B	C8_DI0=0	1000	8
Dn Call	29_1s	59_PW<A	69_A<=A1	79_A xor B	C9_DI1=0	1001	9
En Return	2A_2s	5A	6A_A<=A2	7A_A not A	CA_DI2=0	1010	A
FF FF back	2B_5s	5B	6B_	7B_	CB_DI3=0	1011	B
	2C_10s	5C	6C_	7C_	CC_S1=0	1100	C
TPS MyCo	2D_20s	5D	6D_	7D_	CD_S2=0	1101	D
Instruction	2E_30s	5E	6E_	7E_	CE_S1=1	1110	E
Card	2F_60s	5F	6F_	7F_	CF_S2=1	1111	F
C* / D* if called, decrement, if 0 continue, else jump to specified address.							

PAGE	ADDR	INST	DATA	IN	AN1	AN2	RA	RB	RC	RD	OUT	PWM	DLY	SKP	ALU	PGE	PC
_	0	8	5	_	_	_	_	_	_	_	_	_	_	_	_	5	_
_	1	D	0	_	_	_	_	_	_	_	_	_	_	_	_	5	0
_	2	2	6	_	_	_	_	_	_	_	_	_	6	_	_	_	_
_	3	D	2	_	_	_	_	_	_	_	_	_	_	_	_	5	2
_	4	2	6	_	_	_	_	_	_	_	_	_	6	_	_	_	_
_	5	D	2	_	_	_	_	_	_	_	_	_	_	_	_	5	2
_	6	2	6	_	_	_	_	_	_	_	_	_	6	_	_	_	_
_	7	D	2	_	_	_	_	_	_	_	_	_	_	_	_	5	2
_	8	2	6	_	_	_	_	_	_	_	_	_	6	_	_	_	_
_	9	2	7	_	_	_	_	_	_	_	_	_	7	_	_	_	_
_	A	D	0	_	_	_	_	_	_	_	_	_	_	_	_	5	0
_	B	2	6	_	_	_	_	_	_	_	_	_	6	_	_	_	_
_	C	D	2	_	_	_	_	_	_	_	_	_	_	_	_	5	2
_	D	2	6	_	_	_	_	_	_	_	_	_	6	_	_	_	_
_	E	D	0	_	_	_	_	_	_	_	_	_	_	_	_	5	0
_	F	3	0	_	_	_	_	_	_	_	_	_	_	_	_	0	F

Example 33 – Listing 6.6 – Start Stop Timer

Instructions: 0n 1n 2n 3n 4n 5n 6n 7n 8n 9n An Bn Cn Dn En Fn
  S1 S2   IN AN1 AN2 RA RB RC RD OUT PWM DLY SKP ALU PGE PC

A Start Stop Timer using the pre-programmed subroutines at 60 and 68.

The code of the pre-programmed code at address 60 and address 68
has been added as example 33a.

00 86 Prepare the Page register to 6 for subroutine call
01 D0 Call subroutine at 60
02 40 Load register A with 0
03 71 Increment register A   A<=A+1
04 54   copy register A to the OUTPUT LEDs
05 29   Delay for 1 sec
06 CD Check for S2 = 0
07 34   S2 is NOT 0, so jump to 07 – 4 = 03 and continue incrementing
08 D8   Jump to address 68
09 40 Load register A with 0
0A 54   Copy register A to the OUTPUT LEDs
0B 3B And jump back to 3B – B = 00

Addr	Instruction	Data	Comment	PR33
00	8	6	Page 6 "Stoppuhr Start/Stop"	**Listing 6.6:**
01	D	0	Call "Wait S1"	**Stoppuhr**
02	4	0	A <= 0	
03	7	1	A <= A + 1	Start Stop Timer
04	5	4	Port <= A	
05	2	9	Wait 1 s	
06	C	D	S2 = 0?	
07	3	4	Jump **- 4**	
08	D	8	Call "Wait S2"	
09	4	0	A <= 0	
0A	5	4	Port <= A	
0B	3	B	Jump **- 11 (to 00)**	

TPS/MYCO - Program Execution Sheet

TPS / MyCo Instruction Card						BinaryHex
0n NOP	20_1ms	50_A to	60_to A	70_Calc	C0_Skip if	0000 0
1n Port	21_2ms	51_B<=A	61_A<=B	71_A<A+1	C1_A>B	0001 1
2n Wait	22_5ms	52_C<=A	62_A<=C	72_A<A-1	C2_A<B	0010 2
3n JumpB	23_10ms	53_D<=A	63_A<=D	73_A<A+B	C3_A=B	0011 3
4n intoA	24_20ms	54_O<=A	64_A.0<=DI	74_A,A-B	C4_DI0=1	0100 4
8n Page	25_50ms	55_D0<A0	65_A.0<=D0	75A<A*B	C5_DI1=1	0101 5
9n Jump	26_100m	56_D1<A0	66_A.0<=D1	76_A<A/B	C6_DI2=1	0110 6
An C*	27_200m	57_D2<A0	67_A.0<=D2	77_A and B	C7_DI3=1	0111 7
Bn D*	28_500m	58_D3<A0	68_A<=D3	78_A or B	C8_DI0=0	1000 8
Dn Call	29_1s	59_PW<A	69_A<=A1	79_A xor B	C9_DI1=0	1001 9
En Return	2A_2s	5A	6A_A<=A2	7A_A not A	CA_DI2=0	1010 A
FF FF back	2B_5s	5B	6B_	7B_	CB_DI3=0	1011 B
	2C_10s	5C	6C_	7C_	CC_S1=0	1100 C
TPS MyCo	2D_20s	5D	6D_	7D_	CD_S2=0	1101 D
Instruction	2E_30s	5E	6E_	7E_	CE_S1=1	1110 E
Card	2F_60s	5F	6F_	7F_	CF_S2=1	1111 F

C* / D* if called, decrement, if 0 continue, else jump to specified address.

PAGE	ADDR	INST	DATA	IN	AN1	AN2	RA	RB	RC	RD	OUT	PWM	DLY	SKP	ALU	PGE	PC
_	0	8	6	_	_	_	_	_	_	_	_	_	_	_	_	6	_
_	1	D	0	_	_	_	_	_	_	_	_	_	_	_	_	6	0
_	2	4	0	_	_	0	_	_	_	_	_	_	_	_	_	_	_
_	3	7	1	_	_	1	_	_	_	_	_	_	_	_	A+1	_	_
_	4	5	4	_	_	1	_	_	1	_	_	_	_	_	_	_	_
_	5	2	9	_	_	_	_	_	_	_	_	_	9	_	_	_	_
_	6	C	D	_	_	_	_	_	_	_	_	_	_	S2=0	_	_	_
_	7	3	4	_	_	_	_	_	_	_	_	_	_	_	_	0	3
_	8	D	8	_	_	_	_	_	_	_	_	_	_	_	_	6	8
_	9	4	0	_	_	0	_	_	_	_	_	_	_	_	_	_	_
_	A	5	4	_	_	_	_	_	0	_	_	_	_	_	_	_	_
_	B	3	B	_	_	_	_	_	_	_	_	_	_	_	_	0	0
_	C			_	_	_	_	_	_	_	_	_	_	_	_	_	_
_	D			_	_	_	_	_	_	_	_	_	_	_	_	_	_
_	E			_	_	_	_	_	_	_	_	_	_	_	_	_	_
_	F			_	_	_	_	_	_	_	_	_	_	_	_	_	_

Example 33a – Listing 6.6 – for Start Stop Timer

Instructions: 0n 1n 2n 3n 4n 5n 6n 7n 8n 9n An Bn Cn Dn En Fn
S1 S2   IN AN1 AN2 RA RB RC RD OUT PWM DLY SKP ALU PGE PC

And here we added the subroutine from the pre-programmed code in chapter 9
that is used in example 33,
starting at addess 60, testing S1
and from address 68 for testing S2.

FF is just used as easily visible filler, not being used as instruction.

    Wait until S1 is pushed, then return
60 23 Start this subroutine and first wait for 10 ms
61 CE Now Check the status of **S1**, is it is still unpushed, so S1=1?
62 32   IF S1 is NOT 1, so S1=0/pushed, back to 60, and start again
63 23 YES, S1 was 1 so the skip happened; now wait for 10 ms again
64 CC   And check if push button S1 is pushed, S1 = 0
65 31   If S1 = 1, stay in waiting loop, jumping back to skip instruction
66 E0   As the status is S1=0 now, S1 is pushed, return to the calling program

67 FF   Just a filler , not used as instruction

    Wait until S2 is pushed,, then return
68 23   Start this subroutine and first wait for 10 ms
69 CF Now check the status of **S2**, is it is still unpushed, so **S2=1** ?
6A 32   If S2 is NOT 1, so S2 = 0/pushed, back to 68, and start again
6B 23   YES, S2 was 1 so the skip happened; now wait for 10 ms again
6C CD And check if push button S2 is pushed, **S2 = 0**
6D 31   If S2 = 1, stay in waiting loop, jumping back to skip instruction
6E E0 As status is S2=0 now and skip happened, return to calling program

6F FF Just a filler , not used as instruction

TPS/MYCO - Program Execution Sheet

TPS / MyCo Instruction Card						Binary	Hex
0n NOP	20_1ms	50_A to	60_to A	70_Calc	C0_Skip if	0000	0
1n Port	21_2ms	51_B<=A	61_A<=B	71_A<A+1	C1_A>B	0001	1
2n Wait	22_5ms	52_C<=A	62_A<=C	72_A<A-1	C2_A<B	0010	2
3n JumpB	23_10ms	53_D<=A	63_A<=D	73_A<A+B	C3_A=B	0011	3
4n intoA	24_20ms	54_O<=A	64_A.0<=DI	74_A,A-B	C4_DI0=1	0100	4
8n Page	25_50ms	55_D0<A0	65_A.0<=D0	75A<A*B	C5_DI1=1	0101	5
9n Jump	26_100m	56_D1<A0	66_A.0<=D1	76_A<A/B	C6_DI2=1	0110	6
An C*	27_200m	57_D2<A0	67_A.0<=D2	77_A and B	C7_DI3=1	0111	7
Bn D*	28_500m	58_D3<A0	68_A<=D3	78_A or B	C8_DI0=0	1000	8
Dn Call	29_1s	59_PW<A	69_A<=A1	79_A xor B	C9_DI1=0	1001	9
En Return	2A_2s	5A	6A_A<=A2	7A_A not A	CA_DI2=0	1010	A
FF FF back	2B_5s	5B	6B_	7B_	CB_DI3=0	1011	B
	2C_10s	5C	6C_	7C_	CC_S1=0	1100	C
TPS MyCo	2D_20s	5D	6D_	7D_	CD_S2=0	1101	D
Instruction	2E_30s	5E	6E_	7E_	CE_S1=1	1110	E
Card	2F_60s	5F	6F_	7F_	CF_S2=1	1111	F

C* / D* if called, decrement, if 0 continue, else jump to specified address.

PAGE	ADDR	INST	DATA	IN	AN1	AN2	RA	RB	RC	RD	OUT	PWM	DLY	SKP	ALU	PGE	PC
6	0	2	3	_	_	_	_	_	_	_	_	_	3	_	_	_	_
6	1	C	E	_	_	_	_	_	_	_	_	_	_	S1=1	_	_	_
6	2	3	2	_	_	_	_	_	_	_	_	_	_	NO	_	6	0
6	3	2	3	_	_	_	_	_	_	_	_	_	3	_	_	_	_
6	4	C	C	_	_	_	_	_	_	_	_	_	_	S1=0	_	_	_
6	5	3	1	_	_	_	_	_	_	_	_	_	_	NO	_	6	4
6	6	E	0	_	_	_	_	_	_	_	_	_	_	_	_	RET	
6	8	2	3	_	_	_	_	_	_	_	_	_	3	_	_	_	_
6	9	C	F	_	_	_	_	_	_	_	_	_	_	S2=1	_	_	_
6	A	3	2	_	_	_	_	_	_	_	_	_	_	NO	_	6	8
6	B	2	3	_	_	_	_	_	_	_	_	_	3	_	_	_	_
6	C	C	D	_	_	_	_	_	_	_	_	_	_	S2=0	_	_	_
6	D	3	1	_	_	_	_	_	_	_	_	_	_	NO	_	6	C
6	E	E	0	_	_	_	_	_	_	_	_	_	_	_	_	RET	

Example 34 – Listing 6.7 – Jump to the pre-programmed Stopwatch Code

Instructions: 0n 1n 2n 3n 4n 5n 6n 7n 8n 9n An Bn Cn Dn En Fn
S1 S2   IN AN1 AN2 RA RB RC RD OUT PWM DLY SKP ALU PGE PC

The original example only contained the jump to address 40 (see further down) where the pre-programmed Stopwatch code is.

We included here this code at 40 here for better understanding.
All of the pre-programmed code you can find in chapter 9.

The blocks of code FF FF FF FF are just fillers and not executed as instructions, but make sure the next piece of code starts at address 50.

00 84 Load Page register with 4 to prepare for later.
01 90 And now jump to address 40, where the stopwatch code is.

40 86 Set Page register to 6, to prepare for subroutine activity at address 6x
41 D0 Call subroutine at starting address 60, combined with page register 6
          What happens at 60 onwards had just been described in example 33a
42 40 Load register A with 0
43 71   and increment register A by one
44 54   Copy contents of register A to the OUTPUT and LEDs
45 23   Wait for 10 ms
46 CD Check for S2=0 / pushed
47 34   If S2=1, so open and not pushed, jump back by 4 to 43 and A=A+1
48 D8   If S2=0, so pushed, call subroutine at address 68, see example 33a
49 40   Now after return from this subroutine, load register A with 0
4A 54   and send the contents of register A to OUTPUT and LEDs
4B 3B   jump back to address 40

Addr	Instruction	Data	Comment	PR34
00	8	4	Page <=4	**Listing 6.7:**
01	9	0	Jump to 40	**Start des Stoppuhr-Demoprogramms** - Jump to pre-programmed Stopwatch Code

TPS/MYCO - Program Execution Sheet

TPS / MyCo Instruction Card						Binary	Hex
0n NOP	20_1ms	50_A to	60_to A	70_Calc	C0_Skip if	0000	0
1n Port	21_2ms	51_B<=A	61_A<=B	71_A<A+1	C1_A>B	0001	1
2n Wait	22_5ms	52_C<=A	62_A<=C	72_A<A-1	C2_A<B	0010	2
3n JumpB	23_10ms	53_D<=A	63_A<=D	73_A<A+B	C3_A=B	0011	3
4n intoA	24_20ms	54_O<=A	64_A.0<=DI	74_A,A-B	C4_DI0=1	0100	4
8n Page	25_50ms	55_D0<A0	65_A.0<=D0	75A<A*B	C5_DI1=1	0101	5
9n Jump	26_100m	56_D1<A0	66_A.0<=D1	76_A<A/B	C6_DI2=1	0110	6
An C*	27_200m	57_D2<A0	67_A.0<=D2	77_A and B	C7_DI3=1	0111	7
Bn D*	28_500m	58_D3<A0	68_A<=D3	78_A or B	C8_DI0=0	1000	8
Dn Call	29_1s	59_PW<A	69_A<=A1	79_A xor B	C9_DI1=0	1001	9
En Return	2A_2s	5A	6A_A<=A2	7A_A not A	CA_DI2=0	1010	A
FF FF back	2B_5s	5B	6B_	7B_	CB_DI3=0	1011	B
	2C_10s	5C	6C_	7C_	CC_S1=0	1100	C
TPS MyCo	2D_20s	5D	6D_	7D_	CD_S2=0	1101	D
Instruction	2E_30s	5E	6E_	7E_	CE_S1=1	1110	E
Card	2F_60s	5F	6F_	7F_	CF_S2=1	1111	F

C* / D* if called, decrement, if 0 continue, else jump to specified address.

PAGE	ADDR	INST	DATA	IN	AN1	AN2	RA	RB	RC	RD	OUT	PWM	DLY	SKP	ALU	PGE	PC
_	0	8	4													4	_
_	1	9	0													4	0
_	_	_	_													_	_
4	0	8	6													6	_
4	1	D	0													6	0
4	2	4	0			0											
4	3	7	1			1									A+1		
4	4	5	4						1								
4	5	2	3										3				
4	6	C	D											S2=0			
4	7	3	4											NO		4	3
4	8	D	8													6	8
4	9	4	0			0											
4	A	5	4						0								
4	B	3	B													4	0

Example 35 – Listing 6.8 – Input a Number

Instructions: 0n 1n 2n 3n 4n 5n 6n 7n 8n 9n An Bn Cn Dn En Fn
  S1 S2 IN AN1 AN2 RA RB RC RD OUT PWM DLY SKP ALU PGE PC

00 CC Check if S1=0, so pushed
01 31   If not pushed, so still open, jump back by 1, stay in waiting loop until S1=0
02 40   As S1=0 now, skip has happened, and **now load register A with 0**
03 54 Output register A (0000) to OUTPUT and LEDs
04 23   Wait for 10 ms
05 CE Check if S1=1 now, so not pushed anymore
06 32   If S1=0, so still pushed, jump back by 2 to 04 until S1 has been released
07 CF Now check if S2 =1
08 30   If S2=0, and so S2 pushed, jump back to the same address **08 and stop**
09 CC As S2 is open, so 1, now check for S1=0
0A 33   as S1 is NOT 0, so open, jump back by 3 addresses to address 07
0B 71   S1=1, so skip appened, and as result Increment register A by one
0C 23   and wait 10 ms
0D CC check again for S1=0, so S1 pushed
0E 31   If S1=1, so not pushed, jump back by 1 to 0D and stay in this loop
0F 3C As S1 is now 0, skip has happened, and jump back by C lines to **03**

Addr	Instruction	Data	Comment	PR35
00	C	C	S1 = 0?	**Listing 6.8:**
01	3	1	Jump - 1	**Eingabe einer Zahl**
02	4	0	A <= 0	
03	5	4	Dout <= A	Input a number –
04	2	3	Wait 10 ms	
05	C	E	S1 = 1?	
06	3	2	Addr -2 to 04	
07	C	F	S2 = 1?	
08	3	0	End	
09	C	C	S1 = 0?	
0A	3	3	to Addr 07	
0B	7	1	A <= A + 1	
0C	2	3	Wait 10 ms	
0D	C	C	S1 = 1?	
0E	3	1	to Addr 0D	
0F	3	C	to Addr 03	

TPS/MYCO - Program Execution Sheet

TPS / MyCo Instruction Card						Binary	Hex
0n NOP	20_1ms	50_A to	60_to A	70_Calc	C0_Skip if	0000	0
1n Port	21_2ms	51_B<=A	61_A<=B	71_A<A+1	C1_A>B	0001	1
2n Wait	22_5ms	52_C<=A	62_A<=C	72_A<A-1	C2_A<B	0010	2
3n JumpB	23_10ms	53_D<=A	63_A<=D	73_A<A+B	C3_A=B	0011	3
4n intoA	24_20ms	54_O<=A	64_A.0<=DI	74_A,A-B	C4_DI0=1	0100	4
8n Page	25_50ms	55_D0<A0	65_A.0<=D0	75A<A*B	C5_DI1=1	0101	5
9n Jump	26_100m	56_D1<A0	66_A.0<=D1	76_A<A/B	C6_DI2=1	0110	6
An C*	27_200m	57_D2<A0	67_A.0<=D2	77_A and B	C7_DI3=1	0111	7
Bn D*	28_500m	58_D3<A0	68_A<=D3	78_A or B	C8_DI0=0	1000	8
Dn Call	29_1s	59_PW<A	69_A<=A1	79_A xor B	C9_DI1=0	1001	9
En Return	2A_2s	5A	6A_A<=A2	7A_A not A	CA_DI2=0	1010	A
FF FF back	2B_5s	5B	6B_	7B_	CB_DI3=0	1011	B
	2C_10s	5C	6C_	7C_	CC_S1=0	1100	C
TPS MyCo	2D_20s	5D	6D_	7D_	CD_S2=0	1101	D
Instruction	2E_30s	5E	6E_	7E_	CE_S1=1	1110	E
Card	2F_60s	5F	6F_	7F_	CF_S2=1	1111	F

C* / D* if called, decrement, if 0 continue, else jump to specified address.

PAGE	ADDR	INST	DATA	IN	AN1	AN2	RA	RB	RC	RD	OUT	PWM	DLY	SKP	ALU	PGE	PC
_	0	C	C	_	_	_	_	_	_	_	_	_	_	S1=0	_	_	_
_	1	3	1	_	_	_	_	_	_	_	_	_	_	NO	_	0	0
_	2	4	0	_	_	0	_	_	_	_	_	_	_	_	_	_	_
_	3	5	4	_	_	_	_	_	_	0	_	_	_	_	_	_	_
_	4	2	3	_	_	_	_	_	_	_	_	_	3	_	_	_	_
_	5	C	E	_	_	_	_	_	_	_	_	_	_	S1=1	_	_	_
_	6	3	2	_	_	_	_	_	_	_	_	_	_	NO	_	0	4
_	7	C	F	_	_	_	_	_	_	_	_	_	_	S2=1	_	_	_
_	8	3	0	_	_	_	_	_	_	_	_	_	_	NO	_	0	8
_	9	C	C	_	_	_	_	_	_	_	_	_	_	S1=0	_	_	_
_	A	3	3	_	_	_	_	_	_	_	_	_	_	NO	_	0	7
_	B	7	1	_	1	_	_	_	_	_	_	_	_	_	A+1	_	_
_	C	2	3	_	_	_	_	_	_	_	_	_	3	_	_	_	_
_	D	C	C	_	_	_	_	_	_	_	_	_	_	S1=0	_	_	_
_	E	3	1	_	_	_	_	_	_	_	_	_	_	NO	_	0	D
_	F	3	C	_	_	_	_	_	_	_	_	_	_	_	_	0	3

Example 36 – Listing 6.9 – Combination Lock

Instructions: 0n 1n 2n 3n 4n 5n 6n 7n 8n 9n An Bn Cn Dn En Fn
S1 S2 IN AN1 AN2 RA RB RC RD OUT PWM DLY SKP ALU PGE PC

Using the subroutine of the pre-programed code in chapter 9,
    to get the number via the code generated there
and use the numbers to unlock a combination lock

The secret number in this example is 3 5 2

Modify the code to try out your own secret number.
The 4 LEDS are not really used here, but could show correct number 1 2 3
Modify the 3 instructions   10 to   11   12   14

00 87 Set Page register to 7 for later use
01 43 Load register A with **3 - our first secret number**
02 51   and copy this value 3 in register A to register B for later comparison
03 D0   Call subroutine at location 70 to get an input number
04 C3   returing from the subroutine, now check if A=B
05 30   if A is NOT B then stop here by jumping back 0 locations, **stay at 05**
06 10   OUTPUT 0 to OUTPUT and LEDs
07 45 Now load register A with the number **5 – our second secret number**
08 51   Copy this number 5 in register A to register B for later comparison
09 D0   Call subroutine at location 70 to get the second Input
0A C3   returning from the subroutine, check if A=B
0B 30   if A is NOT B then stop here by jumping back 0 locations, **stay at 0B**
0C 10   if A was the same as B, then send 0 to the OUTPUT and LEDs
0D 42 Now load register A with the number **2 – our third secret number**
0E 51   Copy this number 2 in register A to register B for later comparison
0F D0   Call subroutine at location 70 to get the third secet number input
10 C3   returing from the subroutine, check if A=B
11 30   if A is NOT B then stop here by jumping back 0 locations, **stay at 11**
12 10   if A was the same as B, then send 0 to the OUTPUT and LEDs
13 4F Now load register A with F
14 59   send the F in register A to the PWM output, brightest level **- success**
15 30   stop here at address 15 by jumping back to the same location **15**

Addr	Instruction	Data	Comment	PR36
00	8	7	Page <=7	**Listing 6.9:**
01	4	3	A <= **3**	**Das Zahlenschloss**
02	5	1	B <= A	
03	D	0	Call 70	Combination Lock
04	C	3	Skip if A=B	
05	3	0	**End**	
06	1	0	LEDs off	
07	4	5	A <= **5**	
08	5	1	B <= A	
09	D	0	Call 70	
0A	C	3	Skip if A=B	
0B	3	0	End	
0C	1	0	LEDs off	
0D	4	2	A <= **2**	
0E	5	1	B <= A	
0F	D	0	Call 70	
10	C	3	Skip if A=B	
11	3	0	End	
12	1	0	LEDs aus	
13	4	F	A <= 15	
14	5	9	**PWM <=A**	
15	3	0	End	

TPS/MYCO - Program Execution Sheet

TPS / MyCo Instruction Card						Binary	Hex
0n NOP	20_1ms	50_A to	60_to A	70_Calc	C0_Skip if	0000	0
1n Port	21_2ms	51_B<=A	61_A<=B	71_A<A+1	C1_A>B	0001	1
2n Wait	22_5ms	52_C<=A	62_A<=C	72_A<A-1	C2_A<B	0010	2
3n JumpB	23_10ms	53_D<=A	63_A<=D	73_A<A+B	C3_A=B	0011	3
4n intoA	24_20ms	54_O<=A	64_A.0<=DI	74_A,A-B	C4_DI0=1	0100	4
8n Page	25_50ms	55_D0<A0	65_A.0<=D0	75A<A*B	C5_DI1=1	0101	5
9n Jump	26_100m	56_D1<A0	66_A.0<=D1	76_A<A/B	C6_DI2=1	0110	6
An C*	27_200m	57_D2<A0	67_A.0<=D2	77_A and B	C7_DI3=1	0111	7
Bn D*	28_500m	58_D3<A0	68_A<=D3	78_A or B	C8_DI0=0	1000	8
Dn Call	29_1s	59_PW<A	69_A<=A1	79_A xor B	C9_DI1=0	1001	9
En Return	2A_2s	5A	6A_A<=A2	7A_A not A	CA_DI2=0	1010	A
FF FF back	2B_5s	5B	6B_	7B_	CB_DI3=0	1011	B
	2C_10s	5C	6C_	7C_	CC_S1=0	1100	C
TPS MyCo	2D_20s	5D	6D_	7D_	CD_S2=0	1101	D
Instruction	2E_30s	5E	6E_	7E_	CE_S1=1	1110	E
Card	2F_60s	5F	6F_	7F_	CF_S2=1	1111	F

C* / D* if called, decrement, if 0 continue, else jump to specified address.

PAGE	ADDR	INST	DATA	IN	AN1	AN2	RA	RB	RC	RD	OUT	PWM	DLY	SKP	ALU	PGE	PC
_	0	8	7	_	_	_	_	_	_	_	_	_	_	_	_	7	_
_	1	4	3	_	_	_	3	_	_	_	_	_	_	_	_	_	_
_	2	5	1	_	_	_	_	3	_	_	_	_	_	_	_	_	_
_	3	D	0	_	_	_	_	_	_	_	_	_	_	_	_	7	0
_	4	C	3	_	_	_	_	_	_	_	_	_	_	A=B	_	_	_
_	5	3	0	_	_	_	_	_	_	_	_	_	_	NO	_	0	5
_	6	1	0	_	_	_	_	_	_	_	0000	_	_	_	_	_	_
_	7	4	5	_	_	_	5	_	_	_	_	_	_	_	_	_	_
_	8	5	1	_	_	_	_	5	_	_	_	_	_	_	_	_	_
_	9	D	0	_	_	_	_	_	_	_	_	_	_	_	_	7	0
_	A	C	3	_	_	_	_	_	_	_	_	_	_	A=B	_	_	_
_	B	3	0	_	_	_	_	_	_	_	_	_	_	NO	_	0	B
_	C	1	0	_	_	_	_	_	_	_	0000	_	_	_	_	_	_
_	D	4	2	_	_	_	2	_	_	_	_	_	_	_	_	_	_
_	E	5	1	_	_	_	_	2	_	_	_	_	_	_	_	_	_
_	F	D	0	_	_	_	_	_	_	_	_	_	_	_	_	7	0

TPS / MyCo Instruction Card						BinaryHex
0n NOP	20_1ms	50_A to	60_to A	70_Calc	C0_Skip if	0000 0
1n Port	21_2ms	51_B<=A	61_A<=B	71_A<A+1	C1_A>B	0001 1
2n Wait	22_5ms	52_C<=A	62_A<=C	72_A<A-1	C2_A<B	0010 2
3n JumpB	23_10ms	53_D<=A	63_A<=D	73_A<A+B	C3_A=B	0011 3
4n intoA	24_20ms	54_O<=A	64_A.0<=DI	74_A,A-B	C4_DI0=1	0100 4
8n Page	25_50ms	55_D0<A0	65_A.0<=D0	75A<A*B	C5_DI1=1	0101 5
9n Jump	26_100m	56_D1<A0	66_A.0<=D1	76_A<A/B	C6_DI2=1	0110 6
An C*	27_200m	57_D2<A0	67_A.0<=D2	77_A and B	C7_DI3=1	0111 7
Bn D*	28_500m	58_D3<A0	68_A<=D3	78_A or B	C8_DI0=0	1000 8
Dn Call	29_1s	59_PW<A	69_A<=A1	79_A xor B	C9_DI1=0	1001 9
En Return	2A_2s	5A	6A_A<=A2	7A_A not A	CA_DI2=0	1010 A
FF FF back	2B_5s	5B	6B_	7B_	CB_DI3=0	1011 B
	2C_10s	5C	6C_	7C_	CC_S1=0	1100 C
TPS MyCo	2D_20s	5D	6D_	7D_	CD_S2=0	1101 D
Instruction	2E_30s	5E	6E_	7E_	CE_S1=1	1110 E
Card	2F_60s	5F	6F_	7F_	CF_S2=1	1111 F

C* / D* if called, decrement, if 0 continue, else jump to specified address.

PAGE	ADDR	INST	DATA	IN	AN1	AN2	RA	RB	RC	RD	OUT	PWM	DLY	SKP	ALU	PGE	PC
1	0	C	3											A=B			
1	1	3	0											NO		1	1
1	2	1	0								0000						
1	3	4	F			F											
1	4	5	9									F					
1	5	3	0													1	5
	6																
	7																
	8																
	9																
	A																
	B																
	C																
	D																
	E																
	F																

Example 36a – Listing 6.9 – Combination Lock

Instructions: 0n 1n 2n 3n 4n 5n 6n 7n 8n 9n An Bn Cn Dn En Fn
  S1 S2   IN AN1 AN2 RA RB RC RD OUT PWM DLY SKP ALU PGE PC

This subroutine counts the number of pushes of S1 and returns with a number
in register A.

This subroutine is at address 70 in the pre-programmed code, see chapter 9,
used in example 36 and needs some explanation.:

```
70  CC Check if S1=0  so pushed
71  31     if not S1=0, jump back by one address and wait for S1=0
72  40       As S1 is 0 now, load register A with 0
73  54          Copy the contents of register A into OUTPUT and LEDs
74  23            Wait for 10 ms
75  CE Check if S1=1  and has been released
76  32       if not S1=1, so S1 still 0, jump back by 2 addresses to 74 and wait
77  CF          As S1=1 now, check if S2 is 1
78  E0             if S2 is not 1, so 0 and pushed, return from subroutine
79  CC  As S2 is still 1, and skip has been executed, check if S1=0
7A  33             if S1 is NOT 0, jump back by 3 addresses to 77, waiting loop
7B  71  and as S1 is 0, so pushed, increment register A, our counting register
7C  23     Wait for 10 ms
7D  CC check again if S1 is 0
7E  31      if not 0 stay in waiting loop jumping back by one address
7F  3C  and jump back by C addresses to 73
```

TPS/MYCO - Program Execution Sheet

TPS / MyCo Instruction Card						Binary	Hex
0n NOP	20_1ms	50_A to	60_to A	70_Calc	C0_Skip if	0000	0
1n Port	21_2ms	51_B<=A	61_A<=B	71_A<A+1	C1_A>B	0001	1
2n Wait	22_5ms	52_C<=A	62_A<=C	72_A<A-1	C2_A<B	0010	2
3n JumpB	23_10ms	53_D<=A	63_A<=D	73_A<A+B	C3_A=B	0011	3
4n intoA	24_20ms	54_O<=A	64_A.0<=DI	74_A,A-B	C4_DI0=1	0100	4
8n Page	25_50ms	55_D0<A0	65_A.0<=D0	75A<A*B	C5_DI1=1	0101	5
9n Jump	26_100m	56_D1<A0	66_A.0<=D1	76_A<A/B	C6_DI2=1	0110	6
An C*	27_200m	57_D2<A0	67_A.0<=D2	77_A and B	C7_DI3=1	0111	7
Bn D*	28_500m	58_D3<A0	68_A<=D3	78_A or B	C8_DI0=0	1000	8
Dn Call	29_1s	59_PW<A	69_A<=A1	79_A xor B	C9_DI1=0	1001	9
En Return	2A_2s	5A	6A_A<=A2	7A_A not A	CA_DI2=0	1010	A
FF FF back	2B_5s	5B	6B_	7B_	CB_DI3=0	1011	B
	2C_10s	5C	6C_	7C_	CC_S1=0	1100	C
TPS MyCo	2D_20s	5D	6D_	7D_	CD_S2=0	1101	D
Instruction	2E_30s	5E	6E_	7E_	CE_S1=1	1110	E
Card	2F_60s	5F	6F_	7F_	CF_S2=1	1111	F

C* / D* if called, decrement, if 0 continue, else jump to specified address.

PAGE	ADDR	INST	DATA	IN	AN1	AN2	RA	RB	RC	RD	OUT	PWM	DLY	SKP	ALU	PGE	PC
7	0	C	C											S1=0			
7	1	3	1											NOT		7	0
7	2	4	0				0										
7	3	5	4				0				0						
7	4	2	3								0		3				
7	5	C	E											S1=1			
7	6	3	2											NOT		7	4
7	7	C	F											S2=1			
7	8	E	0											NOT		RET	
7	9	C	C											S1=0			
7	A	3	3											NOT		7	7
7	B	7	1												A+1		
7	C	2	3										3				
7	D	C	C											S1=0			
7	E	3	1											NO		7	D
7	F	3	C													7	3

Example 37 – NEW from 2020 – Throwing Dice

Examples 37 to 40 are NOT yet part of the downloadable material online. I got permission from Franzis Verlag to include them in this book or in updates of older versions of the translated material.

Instructions: 0n 1n 2n 3n 4n 5n 6n 7n 8n 9n An Bn Cn Dn En Fn
** S1 S2 IN AN1 AN2 RA RB RC RD OUT PWM DLY SKP ALU PGE PC**

Throw dice using S1.
The random number betwen 1 and 6 is generated by the length of pushing S1.
The length of pushing S1 basically works like a random number generator.

As long as the number is smaller than 7 register A is incremented . when 7 has been reached, we start again at 1

00 47 Load register A with 7 , basically the maximum of 6 plus 1
01 51   Copy this contents of A (7) into register B for later comparison
02 41 Now load register A with 1, the first number on our dice.
03 C2 Check if A<B; at the beginning here now it is A=1 and B=7
04 41   If A is NOT smaller than B later, load A with 1 again: A was 7
05 54   Now send the current contents of A to the OUTPUT LEDs
06 CE Check if S1=1; only if S1=0 is pushed, random number counter active
07 71   As S1 is NOT 1, so button pushed, increment register A by 1
08 35   and jump back by 5 addresses from 08 – 5 = 03

Addr	Instruction	Data	Comment	PR37
00	4	7	A <=7	**NEU -**
01	5	1	B <= A	**Wuerfelprogramm**
02	4	1	A <= 1	NEW
03	C	2	Skip if A<B	Throwing Dice
04	4	1	A <= 1	
05	5	4	LEDs <= A	
06	C	E	Skip if S1=1	
07	7	1	A <= A + 1	
08	3	5	Jump – **5 (to 03)**	

TPS/MYCO - Program Execution Sheet

TPS / MyCo Instruction Card						BinaryHex	
0n NOP	20_1ms	50_A to	60_to A	70_Calc	C0_Skip if	0000	0
1n Port	21_2ms	51_B<=A	61_A<=B	71_A<A+1	C1_A>B	0001	1
2n Wait	22_5ms	52_C<=A	62_A<=C	72_A<A-1	C2_A<B	0010	2
3n JumpB	23_10ms	53_D<=A	63_A<=D	73_A<A+B	C3_A=B	0011	3
4n intoA	24_20ms	54_O<=A	64_A.0<=DI	74_A,A-B	C4_DI0=1	0100	4
8n Page	25_50ms	55_D0<A0	65_A.0<=D0	75A<A*B	C5_DI1=1	0101	5
9n Jump	26_100m	56_D1<A0	66_A.0<=D1	76_A<A/B	C6_DI2=1	0110	6
An C*	27_200m	57_D2<A0	67_A.0<=D2	77_A and B	C7_DI3=1	0111	7
Bn D*	28_500m	58_D3<A0	68_A<=D3	78_A or B	C8_DI0=0	1000	8
Dn Call	29_1s	59_PW<A	69_A<=A1	79_A xor B	C9_DI1=0	1001	9
En Return	2A_2s	5A	6A_A<=A2	7A_A not A	CA_DI2=0	1010	A
FF FF back	2B_5s	5B	6B_	7B_	CB_DI3=0	1011	B
	2C_10s	5C	6C_	7C_	CC_S1=0	1100	C
TPS MyCo	2D_20s	5D	6D_	7D_	CD_S2=0	1101	D
Instruction	2E_30s	5E	6E_	7E_	CE_S1=1	1110	E
Card	2F_60s	5F	6F_	7F_	CF_S2=1	1111	F

C* / D* if called, decrement, if 0 continue, else jump to specified address.

PAGE	ADDR	INST	DATA	IN	AN1	AN2	RA	RB	RC	RD	OUT	PWM	DLY	SKP	ALU	PGE	PC
_	0	4	7	_	_	_	7	_	_	_	_	_	_	_	_	_	_
_	1	5	1	_	_	_	_	7	_	_	_	_	_	_	_	_	_
_	2	4	1	_	_	_	1	_	_	_	_	_	_	_	_	_	_
_	3	C	2	_	_	_	_	_	_	_	_	_	_	A<B	_	_	_
_	4	4	1	_	_	_	1	_	_	_	_	_	_	NO	_	_	_
_	5	5	4	_	_	_	_	_	_	_	0001	_	_	_	_	_	_
_	6	C	E	_	_	_	_	_	_	_	_	_	_	S1=1	_	_	_
_	7	7	1	_	_	_	_	_	_	_	_	_	_	NO	A+1	_	_
_	8	3	5	_	_	_	_	_	_	_	_	_	_	_	_	0	3
_	9			_	_	_	_	_	_	_	_	_	_	_	_	_	_
_	A			_	_	_	_	_	_	_	_	_	_	_	_	_	_
_	B			_	_	_	_	_	_	_	_	_	_	_	_	_	_
_	C			_	_	_	_	_	_	_	_	_	_	_	_	_	_
_	D			_	_	_	_	_	_	_	_	_	_	_	_	_	_
_	E			_	_	_	_	_	_	_	_	_	_	_	_	_	_
_	F			_	_	_	_	_	_	_	_	_	_	_	_	_	_

Example 38 – NEW from 2020 – Reaction Test

Instructions: 0n 1n 2n 3n 4n 5n 6n 7n 8n 9n An Bn Cn Dn En Fn
 S1 S2   IN AN1 AN2 RA RB RC RD OUT PWM DLY SKP ALU PGE PC

After a random time, LEDs start counting up. Push S1 to stop as quickly as possible.
As long as S1 pushed the number stays. Steps are N x 50ms. For example 4=200ms.
After test, the system waits for 1 to 2.5 secs until a new reaction test will be started.

00 40 Load register A with 0
01 54   copy this contents of register A (here first 0) to the OUTPUT LEDs
02 25   and wait for 50ms
03 71 Now increment register A   A= A+1
04 CC and check for S1=0, so if you reacted and pushed S1 to 0
05 34   no, not pushed, so S1=1, jump back by 4 from 05 to 01,
06 71   else increment register A by one
07 CE Now check, if S1=1, so released
08 32   if S1 is still 0, so pushed, jump back by 2 to 06, stay in increment loop
09 52   S=1 now, so copy contents of register A to register C
0A 10 Load OUTPUT LEDs with 0 = 0000
0B 26   wait for 100ms
0C AB Decrement register C, jump to address B if contents of C is NOT 0 yet
0D 29   if contents of register C is now 0, wait for 1 second
0E 3E and close the loop by jumping to location 0E – E = 00

Addr	Instruction	Data	Comment	PR38
00	4	0	A <=0	**NEU**
01	5	4	LEDs <= A	**Reaktionstest**
02	2	5	Wait 50 ms	NEW
03	7	1	A <= A + 1	Reaction Test
04	C	C	Skip if S1 = 0	
05	3	4	Jump **-4 (to 01)**	
06	7	1	A <= A + 1	
07	C	E	Skip if S1 = 1	
08	3	2	Jump **-2 (to 06)**	
09	5	2	C <= A	
0A	1	0	LEDs <= 0	
0B	2	6	Wait 100 ms	
0C	A	B	C -times 0B	
0D	2	9	Wait 1 s	
0E	3	E	Jump-14 (to 00)	

TPS/MYCO - Program Execution Sheet

TPS / MyCo Instruction Card						BinaryHex
0n NOP	20_1ms	50_A to	60_to A	70_Calc	C0_Skip if	0000 0
1n Port	21_2ms	51_B<=A	61_A<=B	71_A<A+1	C1_A>B	0001 1
2n Wait	22_5ms	52_C<=A	62_A<=C	72_A<A-1	C2_A<B	0010 2
3n JumpB	23_10ms	53_D<=A	63_A<=D	73_A<A+B	C3_A=B	0011 3
4n intoA	24_20ms	54_O<=A	64_A.0<=DI	74_A,A-B	C4_DI0=1	0100 4
8n Page	25_50ms	55_D0<A0	65_A.0<=D0	75A<A*B	C5_DI1=1	0101 5
9n Jump	26_100m	56_D1<A0	66_A.0<=D1	76_A<A/B	C6_DI2=1	0110 6
An C*	27_200m	57_D2<A0	67_A.0<=D2	77_A and B	C7_DI3=1	0111 7
Bn D*	28_500m	58_D3<A0	68_A<=D3	78_A or B	C8_DI0=0	1000 8
Dn Call	29_1s	59_PW<A	69_A<=A1	79_A xor B	C9_DI1=0	1001 9
En Return	2A_2s	5A	6A_A<=A2	7A_A not A	CA_DI2=0	1010 A
FF FF back	2B_5s	5B	6B_	7B_	CB_DI3=0	1011 B
	2C_10s	5C	6C_	7C_	CC_S1=0	1100 C
TPS MyCo	2D_20s	5D	6D_	7D_	CD_S2=0	1101 D
Instruction	2E_30s	5E	6E_	7E_	CE_S1=1	1110 E
Card	2F_60s	5F	6F_	7F_	CF_S2=1	1111 F

C* / D* if called, decrement, if 0 continue, else jump to specified address.

PAGE	ADDR	INST	DATA	IN	AN1	AN2	RA	RB	RC	RD	OUT	PWM	DLY	SKP	ALU	PGE	PC
0	0	4	0				0										
0	1	5	4								0						
	2	2	5										5				
	3	7	1			1									A+1		
	4	C	C											S1=0			
	5	3	4											NO		0	1
0	6	7	1			2									A+1		
	7	C	E											S1=1			
	8	3	2											NO		0	6
	9	5	2				2		2								
	A	1	0								0000						
0	B	2	6										6				
	C	A	B						C-1							0	B
	D	2	9										9				
	E	3	E													0	0
	F																

Example 39 – NEW from 2020 – PingPong

Instructions: 0n 1n 2n 3n 4n 5n 6n 7n 8n 9n An Bn Cn Dn En Fn
S1 S2   IN AN1 AN2 RA RB RC RD OUT PWM DLY SKP ALU PGE PC

In this PingPong game there are 4 ball positions (8, 4, 2, 1) and we start with 1.
The right player uses S2 to hit the ball going to the left (from 1 to 2, 4, then 8)
The left player then has to hit back at the right time via S1, when the "ball position" is 8. At the left end. Hit at the right time, the ball flies back 4 2 1 …

If the Ball is not yet in the right position and S1 or S2 are pushed at the wong time, the game stops.

With some experience you can keep the ball "flying" from left to right and back. Continually.

00 11 Output 1 (**0001**) to the LEDs, to show ball position on the right
01 27   Now wait for 200ms
02 CD And check, if S2 has been pushed to hit the ball to move to the left
03 31   No, not hit yet, wait until ball has been hit and starts moving to the left
04 12 Ball had been hit via pushing S2, ball moves from 0001 to position **0010**
05 27   Delay for 200 ms
06 14   and move ball position again by sending **0100** to the OUTPUT LEDs
07 27   Delay for another 200 ms
08 CE Check if S1=1, has not been pushed, this would be too early
09 31   No, S1 = 0 has been hit, so wait in this loop
0A 18 As S1 is still 1, so not pushed, change ball position to **1000**
0B 27   and wait for another 200ms
0C CC Check again if S1 = 0, as now we have to hit the ball back to the right
0D 31   no, S1=1, so missed hitting it, wait until S1=0
0E 14 Ball was hit at the right time, so now going to the right, position is **0100**
0F 27   delay for 200 ms
10 12 change ball position to **0010**
11 27   delay for 200 ms
12 CF Check if S2=1, so not trying to hit too early
13 31   S2 is 0, so wait in loop until released
14 80 Now load page register to 0
15 90 And jump back to **00**

Addr	Instruction	Data	Comment	PR39
00	1	1	LEDs <= 1	**NEU:**
01	2	7	Wait 200 ms	**Pingpong**
02	C	D	Skip if S2 = 0	
03	3	1	Jump -1	**NEW**
04	1	2	LEDs <= 2	Pingpong
05	2	7	Wait 200 ms	
06	1	4	LEDs <= 4	
07	2	7	Wait 200 ms	
08	C	E	Skip if S1 = 1	
09	3	1	Jump **-1**	
0A	1	8	LEDs<=8(1000)	
0B	2	7	Wait 200 ms	
0C	C	C	Skip if S1 = 0	
0D	3	1	Jump **-1**	
0E	1	4	LEDs<=4(0100)	
0F	2	7	Wait 200 ms	
10	1	2	LEDs<=2(0010)	
11	2	7	Wait 200 ms	
12	C	F	Skip if S2 = 1	
13	3	1	Springe **-1**	
14	8	0	Page <=0	
15	9	0	Jump 00	

TPS/MYCO - Program Execution Sheet

TPS / MyCo Instruction Card						Binary	Hex
0n NOP	20_1ms	50_A to	60_to A	70_Calc	C0_Skip if	0000	0
1n Port	21_2ms	51_B<=A	61_A<=B	71_A<A+1	C1_A>B	0001	1
2n Wait	22_5ms	52_C<=A	62_A<=C	72_A<A-1	C2_A<B	0010	2
3n JumpB	23_10ms	53_D<=A	63_A<=D	73_A<A+B	C3_A=B	0011	3
4n intoA	24_20ms	54_O<=A	64_A.0<=DI	74_A,A-B	C4_DI0=1	0100	4
8n Page	25_50ms	55_D0<A0	65_A.0<=D0	75A<A*B	C5_DI1=1	0101	5
9n Jump	26_100m	56_D1<A0	66_A.0<=D1	76_A<A/B	C6_DI2=1	0110	6
An C*	27_200m	57_D2<A0	67_A.0<=D2	77_A and B	C7_DI3=1	0111	7
Bn D*	28_500m	58_D3<A0	68_A<=D3	78_A or B	C8_DI0=0	1000	8
Dn Call	29_1s	59_PW<A	69_A<=A1	79_A xor B	C9_DI1=0	1001	9
En Return	2A_2s	5A	6A_A<=A2	7A_A not A	CA_DI2=0	1010	A
FF FF back	2B_5s	5B	6B_	7B_	CB_DI3=0	1011	B
	2C_10s	5C	6C_	7C_	CC_S1=0	1100	C
TPS MyCo	2D_20s	5D	6D_	7D_	CD_S2=0	1101	D
Instruction	2E_30s	5E	6E_	7E_	CE_S1=1	1110	E
Card	2F_60s	5F	6F_	7F_	CF_S2=1	1111	F

C* / D* if called, decrement, if 0 continue, else jump to specified address.

PAGE	ADDR	INST	DATA	IN	AN1	AN2	RA	RB	RC	RD	OUT	PWM	DLY	SKP	ALU	PGE	PC
0	0	1	1	_	_	_	_	_	_	_	0000	_	_	_	_	_	_
0	1	2	7	_	_	_	_	_	_	_	_	_	7	_	_	_	_
0	2	C	D	_	_	_	_	_	_	_	_	_	_	S2=0	_	_	_
0	3	3	1	_	_	_	_	_	_	_	_	_	_	NO	_	0	2
0	4	1	2	_	_	_	_	_	_	_	0010	_	_	_	_	_	_
0	5	2	7	_	_	_	_	_	_	_	_	_	7	_	_	_	_
0	6	1	4	_	_	_	_	_	_	_	0100	_	_	_	_	_	_
0	7	2	7	_	_	_	_	_	_	_	_	_	7	_	_	_	_
0	8	C	E	_	_	_	_	_	_	_	_	_	_	S1=1	_	_	_
0	9	3	1	_	_	_	_	_	_	_	_	_	_	NO	_	0	8
0	A	1	8	_	_	_	_	_	_	_	1000	_	_	_	_	_	_
0	B	2	7	_	_	_	_	_	_	_	_	_	7	_	_	_	_
0	C	C	C	_	_	_	_	_	_	_	_	_	_	S1=0	_	_	_
0	D	3	1	_	_	_	_	_	_	_	_	_	_	NO	_	0	C
0	E	1	4	_	_	_	_	_	_	_	0100	_	_	_	_	_	_
0	F	2	7	_	_	_	_	_	_	_	_	_	7	_	_	_	_

TPS / MyCo Instruction Card						Binary	Hex
0n NOP	20_1ms	50_A to	60_to A	70_Calc	C0_Skip if	0000	0
1n Port	21_2ms	51_B<=A	61_A<=B	71_A<A+1	C1_A>B	0001	1
2n Wait	22_5ms	52_C<=A	62_A<=C	72_A<A-1	C2_A<B	0010	2
3n JumpB	23_10ms	53_D<=A	63_A<=D	73_A<A+B	C3_A=B	0011	3
4n intoA	24_20ms	54_O<=A	64_A.0<=DI	74_A,A-B	C4_DI0=1	0100	4
8n Page	25_50ms	55_D0<A0	65_A.0<=D0	75A<A*B	C5_DI1=1	0101	5
9n Jump	26_100m	56_D1<A0	66_A.0<=D1	76_A<A/B	C6_DI2=1	0110	6
An C*	27_200m	57_D2<A0	67_A.0<=D2	77_A and B	C7_DI3=1	0111	7
Bn D*	28_500m	58_D3<A0	68_A<=D3	78_A or B	C8_DI0=0	1000	8
Dn Call	29_1s	59_PW<A	69_A<=A1	79_A xor B	C9_DI1=0	1001	9
En Return	2A_2s	5A	6A_A<=A2	7A_A not A	CA_DI2=0	1010	A
FF FF back	2B_5s	5B	6B_	7B_	CB_DI3=0	1011	B
	2C_10s	5C	6C_	7C_	CC_S1=0	1100	C
TPS MyCo	2D_20s	5D	6D_	7D_	CD_S2=0	1101	D
Instruction	2E_30s	5E	6E_	7E_	CE_S1=1	1110	E
Card	2F_60s	5F	6F_	7F_	CF_S2=1	1111	F

C* / D* if called, decrement, if 0 continue, else jump to specified address.

PAGE	ADDR	INST	DATA	IN	AN1	AN2	RA	RB	RC	RD	OUT	PWM	DLY	SKP	ALU	PGE	PC
1	0	1	2	_	_	_	_	_	_	_	0010	_	_	_	_	_	_
1	1	2	7	_	_	_	_	_	_	_	_	_	7	_	_	_	_
1	2	C	F	_	_	_	_	_	_	_	_	_	_	S2=1	_	_	_
1	3	3	1	_	_	_	_	_	_	_	_	_	_	NO	_	1	2
1	4	8	0	_	_	_	_	_	_	_	_	_	_	_	_	0	_
1	5	9	0	_	_	_	_	_	_	_	_	_	_	_	_	0	0
_	6	_	_	_	_	_	_	_	_	_	_	_	_	_	_	_	_
_	7	_	_	_	_	_	_	_	_	_	_	_	_	_	_	_	_
_	8	_	_	_	_	_	_	_	_	_	_	_	_	_	_	_	_
_	9	_	_	_	_	_	_	_	_	_	_	_	_	_	_	_	_
_	A	_	_	_	_	_	_	_	_	_	_	_	_	_	_	_	_
_	B	_	_	_	_	_	_	_	_	_	_	_	_	_	_	_	_
_	C	_	_	_	_	_	_	_	_	_	_	_	_	_	_	_	_
_	D	_	_	_	_	_	_	_	_	_	_	_	_	_	_	_	_
_	E	_	_	_	_	_	_	_	_	_	_	_	_	_	_	_	_
_	F	_	_	_	_	_	_	_	_	_	_	_	_	_	_	_	_

Example 40 – NEW in 2020 – Whack a Mole

Instructions: 0n 1n 2n 3n 4n 5n 6n 7n 8n 9n An Bn Cn Dn En Fn
S1 S2   IN AN1 AN2 RA RB RC RD OUT PWM DLY SKP ALU PGE PC

This program shows an electronic version of the old game.
A mole is suddenly visible here via one of the 4 LEDs – one LED is on.
   In the real game there is a soft hammer that hits the mole – so does not hurt
      If you hit the right location, the mole disappears and turns up
         at another of the 4 possible locations.
Pushing S1 starts the game
If you do not hit the right LED, the mole waits for 2 more secs, then disppears.

00 41 Load register A with 1   (**0001**)
01 CE Now check if S1=1
02 9D   If not 1, so 0 and S1 is pushed, then jump to 0D
03 42   As S1=1, the skip to this address happened, now load 2 (**0010**)
04 CE check again if S1 = 1
05 9D   If not 1, so 0 and S1 is pushed, then jump to 0D
06 44   As S1=1, the skip to this address happened, now load 2 (**0100**)
07 CE check again if S1 = 1
08 9D   If not 1, so 0 and S1 is pushed, then jump to 0D
09 48   As S1=1, the skip to this address happened, now load 2 (**1000**)
0A CE check again if S1 = 1
0B 9D   If not 1, so 0 and S1 is pushed, then jump to 0D
0C 3C As S1=1, the skip to this address happened, now jump back to 00
0D 28   Wait for 500 ms
0E 54   Output the current contents of register A to the LEDs; 1, 2, 4, 8
0F 28   Wait another 500 ms
10 27   and another 200 ms
11 51 Copy contents of register A into register B
12 64 Get status of the 4 Input bits into register A, overwriting what was there
13 7A   Invert the contents of register A, so e.g. bit 0 shortened 1110 is 0001
14 C3 Check if A=B, so OUT LED on is the same as the wire shortened input
15 2A   delay for 2 seconds   if not, show position of mole for 2 seconds
16 10   send 0000 to the OUTPUT, so switch all LEDs off, mole hiding
17 80 Load Page register with 0
18 90 And jump to address 00 to start the same again

For the electronic kit version, a wire is soldered to ground/minus of the system. At the other end of the wire, about 1 cm of insulation is stripped off, a piece of blank wire, that will simulate the hammer. When needed, this end of the wire has to touch the correct input position, where the mole is at the outputs and connect to E1, E2, E3 or E4.

So, the wire showing where the position of the mole is – or should be.

In this design and described before, the 4 Inputs have so-called pull-ups inside the microcontroller. And the Input Level of these 4 is HIGH / 1 when open. When the "hammer" connects to one of the 4 inputs, this input will be pulled from 1 (open) to 0; the "hammer" indicates which position is "hit".

Addr	Instruction	Data	Comment	PR40
00	4	1	A $\leq$ 1	**NEU:**
01	C	E	Skip if S1 = 1	**Hau den Maulwurf**
02	9	D	Jump $\leq$ 0D	**NEW**
03	4	2	A $\leq$ 2	**Whack a Mole**
04	C	E	Skip if S1 = 1	Hit the position seen
05	9	D	Jump $\leq$ 0D	as the mole position
06	4	4	A $\leq$ 4	of one of the 4 LEDs
07	C	E	Skip if S1=1	via Target Input 1...4
08	9	D	Jump $\leq$ 0D	
09	4	8	A $\leq$ 8	
0A	C	E	Skip if S1 = 1	
0B	9	D	Jump $\leq$ 0D	
0C	3	C	Jump -12	
0D	2	8	Wait 500 ms	
0E	5	4	LEDs $\leq$ A	
0F	2	8	Wait 500 ms	
10	2	7	Wait 200 ms	
11	5	1	B $\leq$ A	
12	6	4	A $\leq$ Din	
13	7	A	A $\leq$ Not A	
14	C	3	Skip if A = B	
15	2	A	Wait 2 s	
16	1	0	LEDs $\leq$ 0	
17	8	0	Page $\leq$ 0	
18	9	0	Jump $\leq$ 00	

TPS/MYCO - Program Execution Sheet

TPS / MyCo Instruction Card

						Binary	Hex
0n NOP	20_1ms	50_A to	60_to A	70_Calc	C0_Skip if	0000	0
1n Port	21_2ms	51_B<=A	61_A<=B	71_A<A+1	C1_A>B	0001	1
2n Wait	22_5ms	52_C<=A	62_A<=C	72_A<A-1	C2_A<B	0010	2
3n JumpB	23_10ms	53_D<=A	63_A<=D	73_A<A+B	C3_A=B	0011	3
4n intoA	24_20ms	54_O<=A	64_A.0<=DI	74_A,A-B	C4_DI0=1	0100	4
8n Page	25_50ms	55_D0<A0	65_A.0<=D0	75A<A*B	C5_DI1=1	0101	5
9n Jump	26_100m	56_D1<A0	66_A.0<=D1	76_A<A/B	C6_DI2=1	0110	6
An C*	27_200m	57_D2<A0	67_A.0<=D2	77_A and B	C7_DI3=1	0111	7
Bn D*	28_500m	58_D3<A0	68_A<=D3	78_A or B	C8_DI0=0	1000	8
Dn Call	29_1s	59_PW<A	69_A<=A1	79_A xor B	C9_DI1=0	1001	9
En Return	2A_2s	5A	6A_A<=A2	7A_A not A	CA_DI2=0	1010	A
FF FF back	2B_5s	5B	6B_	7B_	CB_DI3=0	1011	B
	2C_10s	5C	6C_	7C_	CC_S1=0	1100	C
TPS MyCo	2D_20s	5D	6D_	7D_	CD_S2=0	1101	D
Instruction	2E_30s	5E	6E_	7E_	CE_S1=1	1110	E
Card	2F_60s	5F	6F_	7F_	CF_S2=1	1111	F

C* / D* if called, decrement, if 0 continue, else jump to specified address.

PAGE	ADDR	INST	DATA	IN	AN1	AN2	RA	RB	RC	RD	OUT	PWM	DLY	SKP	ALU	PGE	PC
0	0	4	1	_	_	_	1	_	_	_	_	_	_	_	_	_	_
0	1	C	E	_	_	_	_	_	_	_	_	_	_	S1=1	_	_	_
0	2	9	D	_	_	_	_	_	_	_	_	_	_	NO	_	0	D
0	3	4	2	_	_	_	2	_	_	_	_	_	_	_	_	_	_
0	4	C	E	_	_	_	_	_	_	_	_	_	_	S1=1	_	_	_
0	5	9	D	_	_	_	_	_	_	_	_	_	_	NO	_	0	D
0	6	4	4	_	_	_	4	_	_	_	_	_	_	_	_	_	_
0	7	C	E	_	_	_	_	_	_	_	_	_	_	S1=1	_	_	_
0	8	9	D	_	_	_	_	_	_	_	_	_	_	NO	_	0	D
0	9	4	8	_	_	_	8	_	_	_	_	_	_	_	_	_	_
0	A	C	E	_	_	_	_	_	_	_	_	_	_	S1=1	_	_	_
0	B	9	D	_	_	_	_	_	_	_	_	_	_	NO	_	0	D
0	C	3	C	_	_	_	_	_	_	_	_	_	_	_	_	0	0
0	D	2	8	_	_	_	_	_	_	_	_	_	8	_	_	_	_
0	E	5	4	_	_	_	_	_	_	_	1000	_	_	_	_	_	_
0	F	2	8	_	_	_	_	_	_	_	_	_	8	_	_	_	_

TPS/MYCO - Program Execution Sheet

TPS / MyCo Instruction Card						BinaryHex
0n NOP	20_1ms	50_A to	60_to A	70_Calc	C0_Skip if	0000 0
1n Port	21_2ms	51_B<=A	61_A<=B	71_A<A+1	C1_A>B	0001 1
2n Wait	22_5ms	52_C<=A	62_A<=C	72_A<A-1	C2_A<B	0010 2
3n JumpB	23_10ms	53_D<=A	63_A<=D	73_A<A+B	C3_A=B	0011 3
4n intoA	24_20ms	54_O<=A	64_A.0<=DI	74_A,A-B	C4_DI0=1	0100 4
8n Page	25_50ms	55_D0<A0	65_A.0<=D0	75A<A*B	C5_DI1=1	0101 5
9n Jump	26_100m	56_D1<A0	66_A.0<=D1	76_A<A/B	C6_DI2=1	0110 6
An C*	27_200m	57_D2<A0	67_A.0<=D2	77_A and B	C7_DI3=1	0111 7
Bn D*	28_500m	58_D3<A0	68_A<=D3	78_A or B	C8_DI0=0	1000 8
Dn Call	29_1s	59_PW<A	69_A<=A1	79_A xor B	C9_DI1=0	1001 9
En Return	2A_2s	5A	6A_A<=A2	7A_A not A	CA_DI2=0	1010 A
FF FF back	2B_5s	5B	6B_	7B_	CB_DI3=0	1011 B
	2C_10s	5C	6C_	7C_	CC_S1=0	1100 C
TPS MyCo	2D_20s	5D	6D_	7D_	CD_S2=0	1101 D
Instruction	2E_30s	5E	6E_	7E_	CE_S1=1	1110 E
Card	2F_60s	5F	6F_	7F_	CF_S2=1	1111 F

C* / D* if called, decrement, if 0 continue, else jump to specified address.

PAGE	ADDR	INST	DATA	IN	AN1	AN2	RA	RB	RC	RD	OUT	PWM	DLY	SKP	ALU	PGE	PC
1	0	2	7										7				
1	1	5	1				8	8									
1	2	6	4	xxxx			xxxx	8									
1	3	7	A				yyyy	8							AnotA		
1	4	C	3											A=B			
1	5	2	A										A	NO			
1	6	1	0								0000						
1	7	8	0													0	
1	8	9	0													0	0
	9																
	A																
	B																
	C																
	D																
	E																
	F																

6 - TPS/MYCO - Program Execution Sheet

TPS / MyCo Instruction Card						BinaryHex
0n NOP	20_1ms	50_A to	60_to A	70_Calc	C0_Skip if	0000 0
1n Port	21_2ms	51_B<=A	61_A<=B	71_A<A+1	C1_A>B	0001 1
2n Wait	22_5ms	52_C<=A	62_A<=C	72_A<A-1	C2_A<B	0010 2
3n JumpB	23_10ms	53_D<=A	63_A<=D	73_A<A+B	C3_A=B	0011 3
4n intoA	24_20ms	54_O<=A	64_A.0<=DI	74_A,A-B	C4_DI0=1	0100 4
8n Page	25_50ms	55_D0<A0	65_A.0<=D0	75A<A*B	C5_DI1=1	0101 5
9n Jump	26_100m	56_D1<A0	66_A.0<=D1	76_A<A/B	C6_DI2=1	0110 6
An C*	27_200m	57_D2<A0	67_A.0<=D2	77_A and B	C7_DI3=1	0111 7
Bn D*	28_500m	58_D3<A0	68_A<=D3	78_A or B	C8_DI0=0	1000 8
Dn Call	29_1s	59_PW<A	69_A<=A1	79_A xor B	C9_DI1=0	1001 9
En Return	2A_2s	5A	6A_A<=A2	7A_A not A	CA_DI2=0	1010 A
FF FF back	2B_5s	5B	6B_	7B_	CB_DI3=0	1011 B
	2C_10s	5C	6C_	7C_	CC_S1=0	1100 C
TPS MyCo	2D_20s	5D	6D_	7D_	CD_S2=0	1101 D
Instruction	2E_30s	5E	6E_	7E_	CE_S1=1	1110 E
Card	2F_60s	5F	6F_	7F_	CF_S2=1	1111 F

C* / D* if called, decrement, if 0 continue, else jump to specified address.

PAGE	ADDR	INST	DATA	IN	AN1	AN2	RA	RB	RC	RD	OUT	PWM	DLY	SKP	ALU	PGE	PC
_	0	_	_	_	_	_	_	_	_	_	_	_	_	_	_	_	_
_	1	_	_	_	_	_	_	_	_	_	_	_	_	_	_	_	_
_	2	_	_	_	_	_	_	_	_	_	_	_	_	_	_	_	_
_	3	_	_	_	_	_	_	_	_	_	_	_	_	_	_	_	_
_	4	_	_	_	_	_	_	_	_	_	_	_	_	_	_	_	_
_	5	_	_	_	_	_	_	_	_	_	_	_	_	_	_	_	_
_	6	_	_	_	_	_	_	_	_	_	_	_	_	_	_	_	_
_	7	_	_	_	_	_	_	_	_	_	_	_	_	_	_	_	_
_	8	_	_	_	_	_	_	_	_	_	_	_	_	_	_	_	_
_	9	_	_	_	_	_	_	_	_	_	_	_	_	_	_	_	_
_	A	_	_	_	_	_	_	_	_	_	_	_	_	_	_	_	_
_	B	_	_	_	_	_	_	_	_	_	_	_	_	_	_	_	_
_	C	_	_	_	_	_	_	_	_	_	_	_	_	_	_	_	_
_	D	_	_	_	_	_	_	_	_	_	_	_	_	_	_	_	_
_	E	_	_	_	_	_	_	_	_	_	_	_	_	_	_	_	_
_	F	_	_	_	_	_	_	_	_	_	_	_	_	_	_	_	_

TPS/MYCO - Program Execution Sheet

TPS / MyCo Instruction Card						BinaryHex
0n NOP	20_1ms	50_A to	60_to A	70_Calc	C0_Skip if	0000 0
1n Port	21_2ms	51_B<=A	61_A<=B	71_A<A+1	C1_A>B	0001 1
2n Wait	22_5ms	52_C<=A	62_A<=C	72_A<A-1	C2_A<B	0010 2
3n JumpB	23_10ms	53_D<=A	63_A<=D	73_A<A+B	C3_A=B	0011 3
4n intoA	24_20ms	54_O<=A	64_A.0<=DI	74_A,A-B	C4_DI0=1	0100 4
8n Page	25_50ms	55_D0<A0	65_A.0<=D0	75A<A*B	C5_DI1=1	0101 5
9n Jump	26_100m	56_D1<A0	66_A.0<=D1	76_A<A/B	C6_DI2=1	0110 6
An C*	27_200m	57_D2<A0	67_A.0<=D2	77_A and B	C7_DI3=1	0111 7
Bn D*	28_500m	58_D3<A0	68_A<=D3	78_A or B	C8_DI0=0	1000 8
Dn Call	29_1s	59_PW<A	69_A<=A1	79_A xor B	C9_DI1=0	1001 9
En Return	2A_2s	5A	6A_A<=A2	7A_A not A	CA_DI2=0	1010 A
FF FF back	2B_5s	5B	6B_	7B_	CB_DI3=0	1011 B
	2C_10s	5C	6C_	7C_	CC_S1=0	1100 C
TPS MyCo	2D_20s	5D	6D_	7D_	CD_S2=0	1101 D
Instruction	2E_30s	5E	6E_	7E_	CE_S1=1	1110 E
Card	2F_60s	5F	6F_	7F_	CF_S2=1	1111 F

C* / D* if called, decrement, if 0 continue, else jump to specified address.

PAGE	ADDR	INST	DATA	IN	AN1	AN2	RA	RB	RC	RD	OUT	PWM	DLY	SKP	ALU	PGE	PC
_	0	_	_	_	_	_	_	_	_	_	_	_	_	_	_	_	_
_	1	_	_	_	_	_	_	_	_	_	_	_	_	_	_	_	_
_	2	_	_	_	_	_	_	_	_	_	_	_	_	_	_	_	_
_	3	_	_	_	_	_	_	_	_	_	_	_	_	_	_	_	_
_	4	_	_	_	_	_	_	_	_	_	_	_	_	_	_	_	_
_	5	_	_	_	_	_	_	_	_	_	_	_	_	_	_	_	_
_	6	_	_	_	_	_	_	_	_	_	_	_	_	_	_	_	_
_	7	_	_	_	_	_	_	_	_	_	_	_	_	_	_	_	_
_	8	_	_	_	_	_	_	_	_	_	_	_	_	_	_	_	_
_	9	_	_	_	_	_	_	_	_	_	_	_	_	_	_	_	_
_	A	_	_	_	_	_	_	_	_	_	_	_	_	_	_	_	_
_	B	_	_	_	_	_	_	_	_	_	_	_	_	_	_	_	_
_	C	_	_	_	_	_	_	_	_	_	_	_	_	_	_	_	_
_	D	_	_	_	_	_	_	_	_	_	_	_	_	_	_	_	_
_	E	_	_	_	_	_	_	_	_	_	_	_	_	_	_	_	_
_	F	_	_	_	_	_	_	_	_	_	_	_	_	_	_	_	_

7 - Cheat Sheet TPS/MYCO Franzis Kit Board

Binary	HEX
0000	0
0001	1
0010	2
0011	3
0100	4
0101	5
0110	6
0111	7
1000	8
1001	9
1010	10(A)
1011	11(B)
1100	12(C)
1101	13(D)
1110	14(E)
1111	15(F)

```
Our TPS / MyCo  Board  -   Top View
_____________________________________________________
|    ----LEDs----     Connections                    |
|    8   4   2   1    A1  A2  A3  A4   PWM   Vcc GND  |
|    O   O   O   O                                    |
|                                  PWM LED  O         |
|                              o  RESET Button        |
|  o S1 ( Count )                      o   S2 ( Step )|
|       E4 E3 E2 E1   AD2 AD1   GND Vcc               |
|____________________________________________________|
```

RESET   back to program counter 0 and start program when released

RESET + S2   S2 down, release RESET switch into Programming Mode

S2 steps through the program

show Instruction first – and data then then next address

S1 to increment contents of current CODE or DATA contents,

next S2 stores and increments, shows addresss shortly

PAGE	ADDR	INST	DATA	IN	AN1	AN2	RA	RB	RC	RD	OUT	PWM	DLY	SKP	ALU	PGE	PC
–	0	–	–	–	–	–	–	–	–	–	–	–	–	–	–	–	–
–	1	–	–	–	–	–	–	–	–	–	–	–	–	–	–	–	–
–	2	–	–	–	–	–	–	–	–	–	–	–	–	–	–	–	–
–	3	–	–	–	–	–	–	–	–	–	–	–	–	–	–	–	–
–	4	–	–	–	–	–	–	–	–	–	–	–	–	–	–	–	–
–	5	–	–	–	–	–	–	–	–	–	–	–	–	–	–	–	–
–	6	–	–	–	–	–	–	–	–	–	–	–	–	–	–	–	–
–	7	–	–	–	–	–	–	–	–	–	–	–	–	–	–	–	–
–	8	–	–	–	–	–	–	–	–	–	–	–	–	–	–	–	–
–	9	–	–	–	–	–	–	–	–	–	–	–	–	–	–	–	–
–	A	–	–	–	–	–	–	–	–	–	–	–	–	–	–	–	–
–	B	–	–	–	–	–	–	–	–	–	–	–	–	–	–	–	–
–	C	–	–	–	–	–	–	–	–	–	–	–	–	–	–	–	–
–	D	–	–	–	–	–	–	–	–	–	–	–	–	–	–	–	–
–	E	–	–	–	–	–	–	–	–	–	–	–	–	–	–	–	–
–	F	–	–	–	–	–	–	–	–	–	–	–	–	–	–	–	–

7 - Cheat Sheet TPS/MYCO Franzis Kit Board

Binary HEX

| Our TPS / MyCo Board - Top View |

Binary	HEX
0000	0
0001	1
0010	2
0011	3
0100	4
0101	5
0110	6
0111	7
1000	8
1001	9
1010	10(A)
1011	11(B)
1100	12(C)
1101	13(D)
1110	14(E)
1111	15(F)

```
 ____________________________________________________
|                                                     |
|   ----LEDs----      Connections                     |
|   8   4   2   1     A1  A2  A3  A4   PWM   Vcc GND   |
|   o   o   o   o                                      |
|                                  PWM LED  o          |
|                                       o  RESET Button|
|   o S1 ( Count )                          o   S2 ( Step ) |
|        E4  E3  E2  E1   AD2  AD1   GND  Vcc          |
|_____________________________________________________|
```

RESET back to program counter 0 and start program when released

RESET + S2 S2 down, release RESET switch into Programming Mode

S2 steps through the program

show Instruction first – and data then then next address

S1 to increment contents of current CODE or DATA contents,

next S2 stores and increments, shows addresss shortly

PAGE	ADDR	INST	DATA	IN	AN1	AN2	RA	RB	RC	RD	OUT	PWM	DLY	SKP	ALU	PGE	PC
_	0	_	_	_	_	_	_	_	_	_	_	_	_	_	_	_	_
_	1	_	_	_	_	_	_	_	_	_	_	_	_	_	_	_	_
_	2	_	_	_	_	_	_	_	_	_	_	_	_	_	_	_	_
_	3	_	_	_	_	_	_	_	_	_	_	_	_	_	_	_	_
_	4	_	_	_	_	_	_	_	_	_	_	_	_	_	_	_	_
_	5	_	_	_	_	_	_	_	_	_	_	_	_	_	_	_	_
_	6	_	_	_	_	_	_	_	_	_	_	_	_	_	_	_	_
_	7	_	_	_	_	_	_	_	_	_	_	_	_	_	_	_	_
_	8	_	_	_	_	_	_	_	_	_	_	_	_	_	_	_	_
_	9	_	_	_	_	_	_	_	_	_	_	_	_	_	_	_	_
_	A	_	_	_	_	_	_	_	_	_	_	_	_	_	_	_	_
_	B	_	_	_	_	_	_	_	_	_	_	_	_	_	_	_	_
_	C	_	_	_	_	_	_	_	_	_	_	_	_	_	_	_	_
_	D	_	_	_	_	_	_	_	_	_	_	_	_	_	_	_	_
_	E	_	_	_	_	_	_	_	_	_	_	_	_	_	_	_	_
_	F	_	_	_	_	_	_	_	_	_	_	_	_	_	_	_	_

8 - TPS/MyCo Table including Willie's Extensions

TPS / MyCo - A 4-Bit SPS to learn Programming – in SW only or Arduino http://wk-music.de/Ar

	0	1	2	3	4	5	6	7	8	9	A	B	C	D	E	F
	n.n.	Port	Delay	Ju <- rel	A=	„=A"	A=	A=Calculations	Page	X9	X10	X11	Skip if		Call /Ret	Byte Instr.
0	NOP	0	1ms	0	0	A<->B			0	0	0	0	A=0	0	Ret	A=ADC.0
1		1	2ms	1	1	B=A	A=B	A=A + 1	1	1	1	1	A>B	1	Call1	A=ADC.1
2		2	5ms	2	2	C=A	A=C	A=A - 1	2	2	2	2	A<B	2	Call2	A=RCin.0
3		3	10ms	3	3	D=A	A=D	A=A + B	3	3	3	3	A=B	3	Call3	A=RCin.1
4		4	20ms	4	4	Dout=A	Din	A=A - B	4	4	4	4	Din.0=1	4	Call4	PWM.0=A
5		5	50ms	5	5	Dout.0=A.0	Din.0	A=A * B	5	5	5	5	Din.1=1	5	Call5	PWM.1=A
6		6	100ms	6	6	Dout.1=A.0	Din.1	A=A / B	6	6	6	6	Din.2=1	6	Call6	Servo.0=A
7		7	200ms	7	7	Dout.2=A.0	Din.2	A=A AND B	7	7	7	7	Din.3=1	7		Servo.1=A
8		8	500ms	8	8	Dout.3=A.0	Din.3	A=A OR B	8	8	8	8	Din.0=0	8	Def1	
9		9	1s	9	9	PWM.0=A	ADC.0	A=A XOR B	9	9	9	9	Din.1=0	9	Def2	
A		10	2s	10	10	PWM.1=A	ADC.1	A= NOT A	10	10	10	10	Din.2=0	10	Def3	
B		11	5s	11	11	Servo.0=A	RCin.0	A= A % B (Rest)	11	11	11	11	Din.3=0	11	Def4	
C		12	10s	12	12	Servo.1=A	RCin.1	A= A + 16 * B	12	12	12	12	S_PRG=0	12	Def5	
D		13	20s	13	13	E=A	A=E	A= B - A	13	13	13	13	S_SEL=0	13	Def6	
E		14	30s	14	14	F=A	A=F		14	14	14	14	S_PRG=1	14		
F		15	60s	15	15	Push A	Pop A		15	15	15	15	S_SEL=1	15	Restart	PrgEnd

X9 Jump absolut (#+16*page),   X10 C* C>0: C=C-1; # + (16*page)   X11 D*D>0:D=D-1; # + (16*page)   XD Call # + (16*Page)

And Instruction Table as used before – original Holtek version, no extensions as comparison

TPS / MyCo Instruction Card						BinaryHex
0n NOP	20_1ms	50_A to	60_to A	70_Calc	C0_Skip if	0000 0
1n Port	21_2ms	51_B<=A	61_A<=B	71_A<A+1	C1_A>B	0001 1
2n Wait	22_5ms	52_C<=A	62_A<=C	72_A<A-1	C2_A<B	0010 2
3n JumpB	23_10ms	53_D<=A	63_A<=D	73_A<A+B	C3_A=B	0011 3
4n intoA	24_20ms	54_O<=A	64_A.0<=DI	74_A,A-B	C4_DI0=1	0100 4
8n Page	25_50ms	55_D0<A0	65_A.0<=D0	75A<A*B	C5_DI1=1	0101 5
9n Jump	26_100m	56_D1<A0	66_A.0<=D1	76_A<A/B	C6_DI2=1	0110 6
An C*	27_200m	57_D2<A0	67_A.0<=D2	77_A and B	C7_DI3=1	0111 7
Bn D*	28_500m	58_D3<A0	68_A<=D3	78_A or B	C8_DI0=0	1000 8
Dn Call	29_1s	59_PW<A	69_A<=A1	79_A xor B	C9_DI1=0	1001 9
En Return	2A_2s	5A	6A_A<=A2	7A_A not A	CA_DI2=0	1010 A
FF FF back	2B_5s	5B	6B_	7B_	CB_DI3=0	1011 B
	2C_10s	5C	6C_	7C_	CC_S1=0	1100 C
TPS MyCo	2D_20s	5D	6D_	7D_	CD_S2=0	1101 D
Instruction	2E_30s	5E	6E_	7E_	CE_S1=1	1110 E
Card	2F_60s	5F	6F_	7F_	CF_S2=1	1111 F

C* / D* if called, decrement, if 0 continue, else jump to specified address.

TPS/MyCo Instruction Table including Extensions / Function Blocks

TPS / MyCo - A 4-Bit SPS to learn Programming – in SW only or Arduino http://wk-music.de/Ar

	0	1	2	3	4	5	6	7	8	9	A	B	C	D	E	F
	n.n.	Port	Delay	Ju <- rel	A=	„=A"	A=	A=Calculations	Page	X9	X10	X11	Skip if		Call /Ret	Byte Instr.
0	NOP	0	1ms	0	0	A<->B			0	0	0	0	A=0	0	Ret	A=ADC.0
1		1	2ms	1	1	B=A	A=B	A=A + 1	1	1	1	1	A>B	1	Call1	A=ADC.1
2		2	5ms	2	2	C=A	A=C	A=A - 1	2	2	2	2	A<B	2	Call2	A=RCin.0
3		3	10ms	3	3	D=A	A=D	A=A + B	3	3	3	3	A=B	3	Call3	A=RCin.1
4		4	20ms	4	4	Dout=A	Din	A=A - B	4	4	4	4	Din.0=1	4	Call4	PWM.0=A
5		5	50ms	5	5	Dout.0=A.0	Din.0	A=A * B	5	5	5	5	Din.1=1	5	Call5	PWM.1=A
6		6	100ms	6	6	Dout.1=A.0	Din.1	A=A / B	6	6	6	6	Din.2=1	6	Call6	Servo.0=A
7		7	200ms	7	7	Dout.2=A.0	Din.2	A=A AND B	7	7	7	7	Din.3=1	7		Servo.1=A
8		8	500ms	8	8	Dout.3=A.0	Din.3	A=A OR B	8	8	8	8	Din.0=0	8	Def1	
9		9	1s	9	9	PWM.0=A	ADC.0	A=A XOR B	9	9	9	9	Din.1=0	9	Def2	
A		10	2s	10	10	PWM.1=A	ADC.1	A= NOT A	10	10	10	10	Din.2=0	10	Def3	
B		11	5s	11	11	Servo.0=A	RCin.0	A= A % B (Rest)	11	11	11	11	Din.3=0	11	Def4	
C		12	10s	12	12	Servo.1=A	RCin.1	A= A + 16 * B	12	12	12	12	S_PRG=0	12	Def5	
D		13	20s	13	13	E=A	A=E	A= B - A	13	13	13	13	S_SEL=0	13	Def6	
E		14	30s	14	14	F=A	A=F		14	14	14	14	S_PRG=1	14		
F		15	60s	15	15	Push A	Pop A		15	15	15	15	S_SEL=1	15	Restart	PrgEnd

X9 Jump absolut (#+16*page),   X10 C* C>0: C=C-1; # + (16*page)   X11 D*D>0:D=D-1; # + (16*page)   XD Call # + (16*Page)

And Instruction Table as used before – original Holtek version, no extensions as comparison

TPS / MyCo Instruction Card						BinaryHex	
0n NOP	20_1ms	50_A to	60_to A	70_Calc	C0_Skip if	0000	0
1n Port	21_2ms	51_B<=A	61_A<=B	71_A<A+1	C1_A>B	0001	1
2n Wait	22_5ms	52_C<=A	62_A<=C	72_A<A-1	C2_A<B	0010	2
3n JumpB	23_10ms	53_D<=A	63_A<=D	73_A<A+B	C3_A=B	0011	3
4n intoA	24_20ms	54_O<=A	64_A.0<=DI	74_A,A-B	C4_DI0=1	0100	4
8n Page	25_50ms	55_D0<A0	65_A.0<=D0	75A<A*B	C5_DI1=1	0101	5
9n Jump	26_100m	56_D1<A0	66_A.0<=D1	76_A<A/B	C6_DI2=1	0110	6
An C*	27_200m	57_D2<A0	67_A.0<=D2	77_A and B	C7_DI3=1	0111	7
Bn D*	28_500m	58_D3<A0	68_A<=D3	78_A or B	C8_DI0=0	1000	8
Dn Call	29_1s	59_PW<A	69_A<=A1	79_A xor B	C9_DI1=0	1001	9
En Return	2A_2s	5A	6A_A<=A2	7A_A not A	CA_DI2=0	1010	A
FF FF back	2B_5s	5B	6B_	7B_	CB_DI3=0	1011	B
	2C_10s	5C	6C_	7C_	CC_S1=0	1100	C
TPS MyCo	2D_20s	5D	6D_	7D_	CD_S2=0	1101	D
Instruction	2E_30s	5E	6E_	7E_	CE_S1=1	1110	E
Card	2F_60s	5F	6F_	7F_	CF_S2=1	1111	F
C* / D* if called, decrement, if 0 continue, else jump to specified address.							

9 - Listing of pre-programmed Sample Code

Address	Instruction	Data	Comment
00	6	4	A <= Din
01	5	1	B <= A
02	4	E	A <= 1110
03	8	0	Page 0
04	C	3	A = B?
05	9	8	Jump to 08
06	8	2	Set page to 2
07	9	5	Jump to 05 , so address 25
08	4	D	A <= 1101
09	8	0	Set to Page 0
0A	C	3	A = B?
0B	9	E	Jump back E addresses
0C	8	2	Set to Page 2
0D	9	A	Jump forward 2A, AD/PWM
0E	4	B	A <= 1011
0F	8	1	Set to Page 1

64 51 4E 80 C3 98 82 95 4D 80 C3 9E 82 9A 4B 81

Page 0 of the EEPROM, and starting from 00 after Reset:
based on Input value the selected example program will start.
     1110   1101   1011   0111 one line pulled down.
The sequence of the hexadecimal 2 digit numbers underneath
shows the instruction sequence as a short script.
This shortened code sequence had been added in the other books as
part of the examples, but we left it out here for clarity.

There are 16 of these 2 digit numbers as one page, the same as the
Lines of Instructions plus Data but just with the address left out.
See first line 00   6 4   is shortened to 64.

There are 8 pages of 16 bytes each :

00 to 07,   10 to 1F,   20 to 2F,   30 to 3F,

40 to 4F,   50 to 5F,   60 to 6F and 70 to 7F

Address	Instruction	Data	Comment
10	C	3	A = B?
11	9	4	Jump 4 forward
12	8	3	Set to Page 3
13	9	0	Jump to 30, "Random"
14	4	7	A <= 0111
15	8	1	Set to Page1
16	C	3	Is A =B?
17	9	A	Jump A forward
18	8	3	Set to Page 3
19	9	4	Jump 4 forward, "Stop S1"
1A	4	3	A <= 0011
1B	8	2	Set to 2
1C	C	3	Is A =B?
1D	9	0	Jump by0 "LED blink"
1E	8	4	Set to Page 4
1F	9	0	Jump forward 0 "Stop S1/S2"

C3 94 83 90 47 81 C3 9A 83 94 43 82 C3 90 84 90

Page 1: Select and run the example programs

Address	Instruction	Data	Comment
20	1	1	Output 0001 "2 LED Blink"
21	2	8	Wait for 500 ms
22	1	8	Output 1000
23	2	8	Wait for 500 ms
24	3	4	Jump 4 back 4
25	7	1	A <= A + 1 "Count"
26	5	4	Port <= A
27	5	9	PWM <= A
28	2	6	Wait for100 ms
29	3	4	Jump – 4
2A	6	9	A <= AD1 "AD/PWM"
2B	5	4	Port <= A
2C	5	9	PWM <= A
2D	2	6	Wait for 100 ms
2E	3	4	Jump by – 4
2F	F	F	–

11 28 18 28 34 71 54 59 26 34 69 54 59 26 34 FF

Page 2: Example programs: alternate flashing, counting, AD / PWM

Address	Instruction	Data	Comment
30	5	4	Port <= A "Random"
31	C	E	S1 <= 1?
32	7	1	A <= A + 1
33	3	3	Jump – 3
34	2	2	Wait for 5 ms "Stop on S1"
35	C	C	Is S1 = 0?
36	3	2	Jump by –2
37	4	0	A <= 0
38	2	2	Wait for 5 ms
39	7	1	A <= A + 1
3A	5	4	Port <= A
2B	C	E	S1 = 1?
3C	3	4	Jump by – 4
3D	3	9	Jump by – 9
3E	F	F	–
3F	F	F	–

54 CE 71 33 22 CC 32 40 22 71 54 CE 34 39 FF FF

Page 3: Example programs: random number, stopwatch S1

Address	Instruction	Data	Comment
40	8	6	Set to Page 6 "Start/Stop"
41	D	0	Call "Wait S1"
42	4	0	A <= 0
43	7	1	A <= A + 1
44	5	4	Port <= A
45	2	3	Wait for10 ms
46	C	D	Is S2 = 0?
47	3	4	Jump by – 4
48	D	8	Call "Wait for S2"
49	4	0	A <= 0
4A	5	4	Port <= A
4B	3	B	Jump by – 11
4C	F	F	–
4D	F	F	–
4E	F	F	–
4F	F	F	–

86 D0 40 71 54 23 CD 34 D8 40 54 3B FF FF FF FF

Page 4: Example program stop watch start / stop

Address	Instruction	Data	Comment
50	4	F	A<=15 "Sound long"
51	9	3	Jump to Addr 03
52	4	5	A<=5 "Sound short"
53	5	3	D<=A "Sound variable"
54	1	9	A4 <= 1
55	1	1	A4 <= 0
56	2	1	2 ms delay
57	1	9	A4 <= 1
58	1	1	A4 <= 0
59	2	1	2 ms
5A	1	9	A4 <= 1
5B	1	1	A4 <= 0
5C	2	0	delay 1 ms
5D	B	4	D times 04
5E	1	0	Dout <=0
5F	E	0	Return

`4F 93 45 53 19 11 21 19 11 21 19 11 20 B4 10 E0`

Page 5: Subroutine sound output

Address	Instruction	Data	Comment
60	2	3	Wait 10 ms "Wait S1"
61	C	E	S1 = 1?
62	3	2	Jump to - 2
63	2	3	Wait for 10 ms
64	C	C	S1 = 0?
65	3	1	Jump to - 1
66	E	0	Return
67	F	F	-
68	2	3	Wait for 10 ms "Wait S2"
69	C	F	S2 = 1?
6A	3	2	Jump to - 2
6B	2	3	Wait for 10 ms
6C	C	D	S2 = 0?
6D	3	1	Jump to - 1
6E	E	0	Return
6F	F	F	-

23 CE 32 23 CC 31 E0 FF 23 CF 32 23 CD 31 E0 FF

Page 6: Subroutines waiting for S1 and for S2

Address	Instruction	Data	Comment
70	C	C	S1 = 0? "Switch Input"
71	3	1	Jump to – 1
72	4	0	A = 0
73	5	4	Port = A
74	2	3	Wait for 10 ms
75	C	E	S1 = 1?
76	3	2	Jump to – 2
77	C	F	S2 = 1?
78	E	0	Return
79	C	C	S1 = 0?
7A	3	3	Jump to – 3
7B	7	1	A = A + 1
7C	2	3	Wait for 10 ms
7D	C	C	S1 = 1?
7E	3	1	Jump to – 1
7F	3	C	Jump to – 12

CC 31 40 54 23 CE 32 CF E0 CC 33 71 23 CC 31 3C

Page 7: Subroutine for switch input to generate a number

Alternative Small Coding Sheet

0	1	2	3	4	5	6	7
50_	51_B<+A	52_C<=A	53_D<=A	54_O<=A	55_D0<A0	56_D1,A0	57_D2<A0
58_D3<A0	59_PW<A	5A	5B_	5C_	5D_	5E_	5F_
60_	61_A<=B	62_A<=C	63_A<=D	64_A<=DI	65_A<=D0	66_A<=D1	67_A<=D2
68_A<=D3	69_A<=A1	6A_A<=A2	6B_	6C_	6D_	6E_	6F_
70_	71_A<A+1	72_A<A-1	73_A<A+B	74_A,A-B	75A<A*B	76_A<A/B	77_A AND B
78_A OR B	79_A XOR B	7A_A not A	7B_	7C_	7D_	7E_	7F_
C0_	C1_A>B	C2_A<B	C3_A=B	C4_DI0=1	C5_DI1=1	C6_DI2=1	C7_DI3=1
C8_DI0=0	C9_DI1=0	CA_DI2=0	CB_DI3=0	CC_S1=0	CD_S2=0	CE_S1=1	CF_S2=1
0x_Tone	1x_Port	2x_Wait	3x_JMPB	4x_to_A	8x_Page	9x_JMP	Dx_C Ex_R
Ax_C*				Bx_D*			

Function Blocks

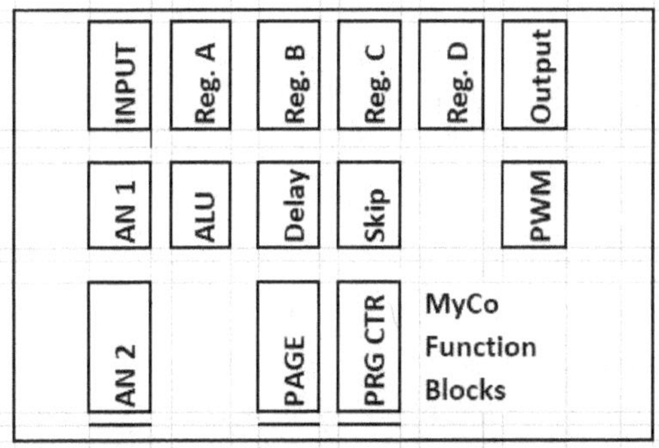

BINARY HEX Decimal

BINARY				HEX	Decimal
1	1	1	1	F	15
1	1	1	0	E	14
1	1	0	1	D	13
1	1	0	0	C	12
1	0	1	1	B	11
1	0	1	0	A	10
1	0	0	1	9	9
1	0	0	0	8	8
0	1	1	1	7	7
0	1	1	0	6	6
0	1	0	1	5	5
0	1	0	0	4	4
0	0	1	1	3	3
0	0	1	0	2	2
0	0	0	1	1	1
0	0	0	0	0	0

142

0	1	2	3	4	5	6	7
50_	51_B<+A	52_C<=A	53_D<=A	54_O<=A	55_D0<A0	56_D1,A0	57_D2<A0
58_D3<A0	59_PW<A	5A	5B_	5C_	5D_	5E_	5F_
60_	61_A<=B	62_A<=C	63_A<=D	64_A<=DI	65_A<=D0	66_A<=D1	67_A<=D2
68_A<=D3	69_A<=A1	6A_A<=A2	6B_	6C_	6D_	6E_	6F_
70_	71_A<A+1	72_A<A-1	73_A<A+B	74_A,A-B	75A<A*B	76_A<A/B	77_A AND B
78_A OR B	79_A XOR B	7A_A not A	7B_	7C_	7D_	7E_	7F_
C0_	C1_A>B	C2_A<B	C3_A=B	C4_DI0=1	C5_DI1=1	C6_DI2=1	C7_DI3=1
C8_DI0=0	C9_DI1=0	CA_DI2=0	CB_DI3=0	CC_S1=0	CD_S2=0	CE_S1=1	CF_S2=1
0x_Tone	1x_Port	2x_Wait	3x_JMPB	4x_to_A	8x_Page	9x_JMP	Dx_C Ex_R
Ax_C*				Bx_D*			

INPUT   Reg. A   Reg. B   Reg. C   Reg. D   Output

AN 1   ALU   Delay   Skip   PWM

AN 2   PAGE   PRG CTR   MyCo Function Blocks

BINARY				HEX	Decimal
1	1	1	1	F	15
1	1	1	0	E	14
1	1	0	1	D	13
1	1	0	0	C	12
1	0	1	1	B	11
1	0	1	0	A	10
1	0	0	1	9	9
1	0	0	0	8	8
0	1	1	1	7	7
0	1	1	0	6	6
0	1	0	1	5	5
0	1	0	0	4	4
0	0	1	1	3	3
0	0	1	0	2	2
0	0	0	1	1	1
0	0	0	0	0	0

10 - TPS = Tastenprogrammierbare Steuerung
- now as v2 available from Franzis Verlag this year
TPS changed in English to MyCo = My Computer
as TPS could not be translated easily

This is a German project designed by Burkhard Kainka, so the initial language was German.

I liked this idea of a **very basic processor with interface** and to be able to understand what happens inside a computer.

No Editor, no Assembler, no Compiler or PC – just this board and a battery 3V or better 4.5V.

The interface is very minimal:

    3 Push Buttons as "Keyboard",

    4 LEDs as "Display", plus another LED as simulated analog output

    some **lines of input and some lines of outputto** control with software.

Why is such a system useful?

Often the difficult parts are hidden in such a system for the beginner, but here it is all exposed.

Let's start with a list of existing links – some go back a few years, but still apply to this new kit released by Franzis Verlag Germany recently in 2020, the examples have just been extended, are included here:

The booklet that came with the **new kit** at the time and now available partially as PDF:

1   https://www.franzis.de/media/pdf/18/e1/de/65135-6-LP-Mikrocontroller-programmieren.pdf

Unfortunately available in German only. This triggered the book here.

But **the full text of the older version is available on Burkhard's website** as Teil 1 and Teil 2. Google translate helps:

2   http://www.elektronik-labor.de/Lernpakete/TPS/TPS0.html

Conrad is selling a Kit, and there you can find a similar **documentation in many languages**

https://www.conrad.de/de/p/conrad-components-10104-profi-mikrocontroller-elektronik-lernpaket-ab-14-jahre-192286.html

Some data is at AK-Modul, where you can buy the **Pre-Programmed Holtek Chip** as well for your own projects.

3   http://www.ak-modul-bus.de/stat_deu/tps_lernpaket_mikrocontroller_programmie.html

click on **Zubehoer**, and you see a blank chip – for your own flashing, and the pre-programmed chip of the kit.

4   http://www.ak-modul-bus.de/stat_deu/tps_lernpaket_mikrocontroller_programmie.html

and a link there to documentation, going back to Burkhard's website.

5   http://www.elektronik-labor.de/Lernpakete/TPS/TPS0.html

Click on the Conrad link, and you find the parts of the kit there, but no box, no printed booklet.

6   https://www.conrad.de/de/p/conrad-components-10104-profi-mikrocontroller-lernpaket-ab-14-192286.html

But a description in many languages, just scroll down

As there was no printed booklet in English at the time, I asked Franzis Verlag, if I could do a translation with some extensions and got the ok: The shortened version of the book in English with all of the examples then available you can here:

7   http://www.elektronik-labor.de/Literatur/MyCo.html

Here you find some more information in English.

The link to the eBook

8   https://www.amazon.de/Learning-Programming-MyCo-easily-independent-ebook/dp/B00K6N87UG

Until now this had only been released as eBook,

but now as well as print book and extended quite a bit

9

https://www.amazon.co.uk/gp/product/1731232535/ref=dbs_a_def_rwt_hsch_vapi_tu00_p2_i9

And on Burkhard's web page you find the link to a shortened version of the book just showing the diagrams and example software

10 http://www.elektronik-labor.de/Literatur/MyCo2014.pdf

Wilfried Klaas liked the idea of such a system as well and programmed TPS/MyCo as a Sketch for Arduino Uno / nano with very nice extensions:

11 https://wkla.no-ip.biz/gogs/Willie/ArduinoSPS

and

12 https://github.com/willie68/ArduinoSPS

Wilfried as well wrote an Emulator software for download, where you can execute the programs just on your PC screen – no Hardware required.

Will there be a Javascript version, so no download required either, all online? Let's see and fingers crossed.

Willie had agreed, that I can include his code and descriptions into an extended version of the eBook – now as Print Book – available on amazon:

13

https://www.amazon.co.uk/gp/product/1731232535/ref=dbs_a_def_rwt_bi bl_vppi_i28

The cover of the book shows the screen print of the "system" on the front page and the listing of an example on the back page, with pictures of some real hardware in the middle.

At the time we wanted as well easy access to the instructions on our desk, a solution was a Custom Mug with the Instruction Table.

The lower cost option is available for everybody:

 just print the PDF/JPEG, a bit of sticky tape and the result is similar.

And we did a custom mouse pad for fun, showing in the picture Willie's Custom Arduino TPS Boards for Atmel 328 / ATTINY84.

In white the Stadard Instructions, in yellow Willie's additions like driving servos.

With Willie's custom 328 board in the middle.

At the time I could convince Michael Kalus to write an implementation of the TPS functionality in the language Forth.

The code and some more information can be found at

14 https://forth-ev.de/wiki/en:projects:myco:start

And the code is **as well part of the extended book version.**

Juergen Pintaske, October 2020

11 Real Hardware – Interface for the Arduino nano

Just to see what the hardware interface with the Arduino nano could look like:

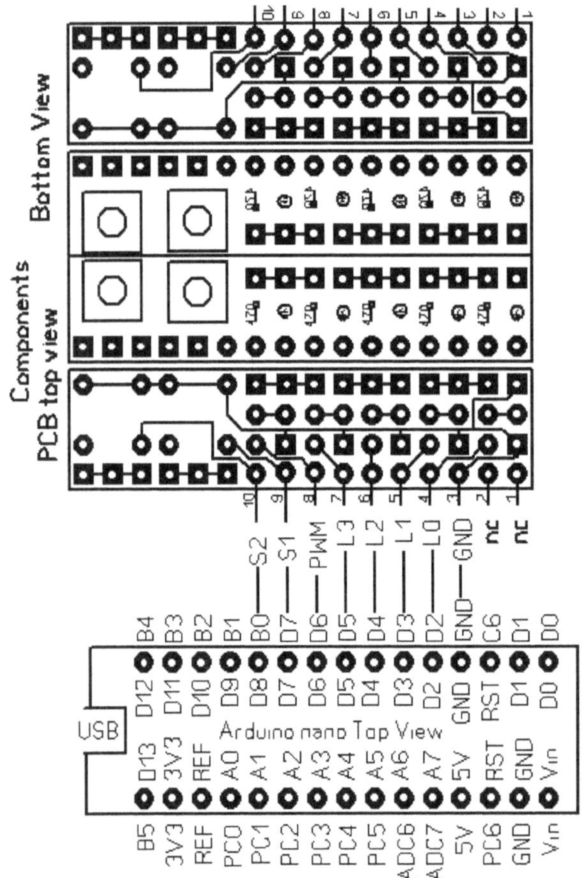

And a link to Willie;s TPS activities

https://wkla.no-ip.biz/gogs/Willie/ArduinoSPS

12 - A page that can be cut out while using the book

TPS / MyCo - A 4-Bit SPS to learn Programming – in SW only or Arduino http://wk-music.de/ArduinoWiki/

	0	1	2	3	4	5	6	7	8	9	A	B	C	D	E	F
	n.n.	Port	Delay	Ju <- rel	A=	„=A"	A=	A=Calculations	Page	X9	X10	X11	Skip if		Call /Ret	Byte Instr.
0	NOP	0	1ms	0	0	A<->B			0	0	0	0	A=0	0	Ret	A=ADC.0
1		1	2ms	1	1	B=A	A=B	A=A + 1	1	1	1	1	A>B	1	Call1	A=ADC.1
2		2	5ms	2	2	C=A	A=C	A=A - 1	2	2	2	2	A<B	2	Call2	A=RCin.0
3		3	10ms	3	3	D=A	A=D	A=A + B	3	3	3	3	A=B	3	Call3	A=RCin.1
4		4	20ms	4	4	Dout=A	Din	A=A - B	4	4	4	4	Din.0=1	4	Call4	PWM.0=A
5		5	50ms	5	5	Dout.0=A.0	Din.0	A=A * B	5	5	5	5	Din.1=1	5	Call5	PWM.1=A
6		6	100ms	6	6	Dout.1=A.0	Din.1	A=A / B	6	6	6	6	Din.2=1	6	Call6	Servo.0=A
7		7	200ms	7	7	Dout.2=A.0	Din.2	A=A AND B	7	7	7	7	Din.3=1	7		Servo.1=A
8		8	500ms	8	8	Dout.3=A.0	Din.3	A=A OR B	8	8	8	8	Din.0=0	8	Def1	
9		9	1s	9	9	PWM.0=A	ADC.0	A=A XOR B	9	9	9	9	Din.1=0	9	Def2	
A		10	2s	10	10	PWM.1=A	ADC.1	A= NOT A	10	10	10	10	Din.2=0	10	Def3	
B		11	5s	11	11	Servo.0=A	RCin.0	A= A % B (Rest)	11	11	11	11	Din.3=0	11	Def4	
C		12	10s	12	12	Servo.1=A	RCin.1	A= A + 16 * B	12	12	12	12	S_PRG=0	12	Def5	
D		13	20s	13	13	E=A	A=E	A= B - A	13	13	13	13	S_SEL=0	13	Def6	
E		14	30s	14	14	F=A	A=F		14	14	14	14	S_PRG=1	14		
F		15	60s	15	15	Push A	Pop A		15	15	15	15	S_SEL=1	15	Restart	PrgEnd

X9 Jump absolut (#+16*page),   X10 C* C>0: C=C-1; # + (16*page)   X11 D*D>0:D=D-1; # + (16*page)   XD Call # + (16*Page)

SPS

	3 2 1 0
INPUT	
Reg A	
Reg B	
ALU	
Reg C	
Reg D	
Reg E	
Reg F	
OUT	
PageReg	
Prog.Ctr	
Delay	
Skip	
	3 2 1 0

TPS / MyCo Instruction Card						BinaryHex
0n NOP	20_1ms	50_A to	60_to A	70_Calc	C0_Skip if	0000 0
1n Port	21_2ms	51_B<=A	61_A<=B	71_A<A+1	C1_A>B	0001 1
2n Wait	22_5ms	52_C<=A	62_A<=C	72_A<A-1	C2_A<B	0010 2
3n JumpB	23_10ms	53_D<=A	63_A<=D	73_A<A+B	C3_A=B	0011 3
4n intoA	24_20ms	54_O<=A	64_A.0<=DI	74_A,A-B	C4_DI0=1	0100 4
8n Page	25_50ms	55_D0<A0	65_A.0<=D0	75A<A*B	C5_DI1=1	0101 5
9n Jump	26_100m	56_D1<A0	66_A.0<=D1	76_A<A/B	C6_DI2=1	0110 6
An C*	27_200m	57_D2<A0	67_A.0<=D2	77_A and B	C7_DI3=1	0111 7
Bn D*	28_500m	58_D3<A0	68_A<=D3	78_A or B	C8_DI0=0	1000 8
Dn Call	29_1s	59_PW<A	69_A<=A1	79_A xor B	C9_DI1=0	1001 9
En Return	2A_2s	5A	6A_A<=A2	7A_A not A	CA_DI2=0	1010 A
FF FF back	2B_5s	5B	6B_	7B_	CB_DI3=0	1011 B
	2C_10s	5C	6C_	7C_	CC_S1=0	1100 C
TPS MyCo	2D_20s	5D	6D_	7D_	CD_S2=0	1101 D
Instruction	2E_30s	5E	6E_	7E_	CE_S1=1	1110 E
Card	2F_60s	5F	6F_	7F_	CF_S2=1	1111 F

C* / D* if called, decrement, if 0 continue, else jump to specified address.

Function Blocks

INPUT	REG1	REG2	REG3	REG4	PWM	OUTPUT
ANIN1	ANIN2	DELAY	SKIP	ALU	PAGE	PRG CTR

Instruction Sheet to cut out while learning

TPS / MyCo - A 4-Bit SPS to learn Programming – in SW only or Arduino http://wk-music.de/ArduinoWiki/

	0	1	2	3	4	5	6	7	8	9	A	B	C	D	E	F
	n.n.	Port	Delay	Ju <- rel	A=	„=A"	A=	A=Calculations	Page	X9	X10	X11	Skip if		Call /Ret	Byte Instr.
0	NOP	0	1ms	0	0	A<->B			0	0	0	0	A=0	0	Ret	A=ADC.0
1		1	2ms	1	1	B=A	A=B	A=A + 1	1	1	1	1	A>B	1	Call1	A=ADC.1
2		2	5ms	2	2	C=A	A=C	A=A - 1	2	2	2	2	A<B	2	Call2	A=RCin.0
3		3	10ms	3	3	D=A	A=D	A=A + B	3	3	3	3	A=B	3	Call3	A=RCin.1
4		4	20ms	4	4	Dout=A	Din	A=A - B	4	4	4	4	Din.0=1	4	Call4	PWM.0=A
5		5	50ms	5	5	Dout.0=A.0	Din.0	A=A * B	5	5	5	5	Din.1=1	5	Call5	PWM.1=A
6		6	100ms	6	6	Dout.1=A.0	Din.1	A=A / B	6	6	6	6	Din.2=1	6	Call6	Servo.0=A
7		7	200ms	7	7	Dout.2=A.0	Din.2	A=A AND B	7	7	7	7	Din.3=1	7		Servo.1=A
8		8	500ms	8	8	Dout.3=A.0	Din.3	A=A OR B	8	8	8	8	Din.0=0	8	Def1	
9		9	1s	9	9	PWM.0=A	ADC.0	A=A XOR B	9	9	9	9	Din.1=0	9	Def2	
A		10	2s	10	10	PWM.1=A	ADC.1	A= NOT A	10	10	10	10	Din.2=0	10	Def3	
B		11	5s	11	11	Servo.0=A	RCin.0	A= A % B (Rest)	11	11	11	11	Din.3=0	11	Def4	
C		12	10s	12	12	Servo.1=A	RCin.1	A= A + 16 * B	12	12	12	12	S PRG=0	12	Def5	
D		13	20s	13	13	E=A	A=E	A= B - A	13	13	13	13	S SEL=0	13	Def6	
E		14	30s	14	14	F=A	A=F		14	14	14	14	S PRG=1	14		
F		15	60s	15	15	Push A	Pop A		15	15	15	15	S SEL=1	15	Restart	PrgEnd

SPS
3 2 1 0
INPUT
Reg A
Reg B
ALU
Reg C
Reg D
Reg E
Reg F
OUT
PageReg
Prog Ctr
Delay
Skip
3 2 1 0

X9 Jump absolut (#+16*page),   X10 C* C>0: C=C-1; # + (16*page)   X11 D*D>0:D=D-1; # + (16*page)   XD Call # + (16*Page)

TPS / MyCo Instruction Card						BinaryHex
0n NOP	20_1ms	50_A to	60_to A	70_Calc	C0_Skip if	0000 0
1n Port	21_2ms	51_B<=A	61_A<=B	71_A<A+1	C1_A>B	0001 1
2n Wait	22_5ms	52_C<=A	62_A<=C	72_A<A-1	C2_A<B	0010 2
3n JumpB	23_10ms	53_D<=A	63_A<=D	73_A<A+B	C3_A=B	0011 3
4n intoA	24_20ms	54_O<=A	64_A.0<=DI	74_A,A-B	C4_DI0=1	0100 4
8n Page	25_50ms	55_D0<A0	65_A.0<=D0	75A<A*B	C5_DI1=1	0101 5
9n Jump	26_100m	56_D1<A0	66_A.0<=D1	76_A<A/B	C6_DI2=1	0110 6
An C*	27_200m	57_D2<A0	67_A.0<=D2	77_A and B	C7_DI3=1	0111 7
Bn D*	28_500m	58_D3<A0	68_A<=D3	78_A or B	C8_DI0=0	1000 8
Dn Call	29_1s	59_PW<A	69_A<=A1	79_A xor B	C9_DI1=0	1001 9
En Return	2A_2s	5A	6A_A<=A2	7A_A not A	CA_DI2=0	1010 A
FF FF back	2B_5s	5B	6B_	7B_	CB_DI3=0	1011 B
	2C_10s	5C	6C_	7C_	CC_S1=0	1100 C
TPS MyCo	2D_20s	5D	6D_	7D_	CD_S2=0	1101 D
Instruction	2E_30s	5E	6E_	7E_	CE_S1=1	1110 E
Card	2F_60s	5F	6F_	7F_	CF_S2=1	1111 F

C* / D* if called, decrement, if 0 continue, else jump to specified address.

Function Blocks

INPUT	REG1	REG2	REG3	REG4	PWM	OUTPUT
ANIN1	ANIN2	DELAY	SKIP	ALU	PAGE	PRG CTR

13 – TPS / SPS Emulator

http://wkla.no-ip.biz/ArduinoWiki/doku.php?id=arduino:arduinosps:spsemu

NEW FEATURE 2020: SAVE AS … save variants of the same code you are working on

Switch top left to English if needed. Copied from Willie's website

For the TPS PLC (and my extensions) I once wrote an emulator as a fun project. Here the result.

The complete project is programmed in Lazarus (Freepascal).

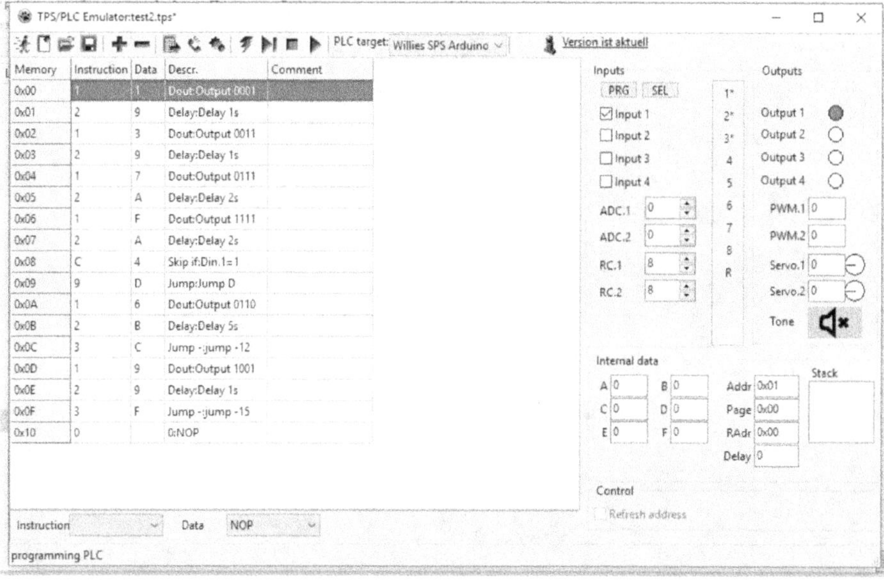

The emulator can work with the different instruction sets of different TPS versions.

On the left you can see the programming window.

This can either be typed in directly or generated via the two combo boxes below.

There you can select the possible commands – dependent on the target selected of the included versions.

The commands can then be executed via the 4 buttons in the top center block.

The first button tests the currently selected command (jumps are not carried out)

The second button executes the program in single-step mode.

The third button stops single-step mode

The fourth button is Start-Stop, to run at maximum speed.

In the left window you make the entries and the right part shows the results as you step through the program.

14 The Emulator and the Row of Buttons

|-- EXIT the program
| |-- CREATE a NEW program (Control+N)
| | |-- OPEN a file (Control+O)
| | | |-- SAVE the actual program (Control + S)
| | | | |-- ADD a new line to the program
| | | | | |-- DELETE the actual line
| | | | | | |-- SHOW the actual programming file
| | | | | | | |-- UPLOAD the program to the target (Control+U)
| | | | | | | | |-- CREATE a HEX file
| | | | | | | | | |-- EXECUTE a single instruction (F5)
| | | | | | | | | | |-- Execute the next step (F8)
| | | | | | | | | | | |-- STOP the debug program execution (F6)
| | | | | | | | | | | | | -- START / STOP program execution (F9)
| | | | | | | | | | | | | |-SELECT target Holtek-Mega8-TINY84-Arduino

Memory: Showing the memory locations where the instructions are stored

Instruction: Instruction to be executed at the memory execution

Data: Data related to the instruction

Description: Automatically added description

Comment: Own comment to be added

Instruction: Instruction to be inserted into the current memory location

Data: Then open Data and select related number or function

Note: the new Save As function has not been included here.

15 – The Function Window right hand side

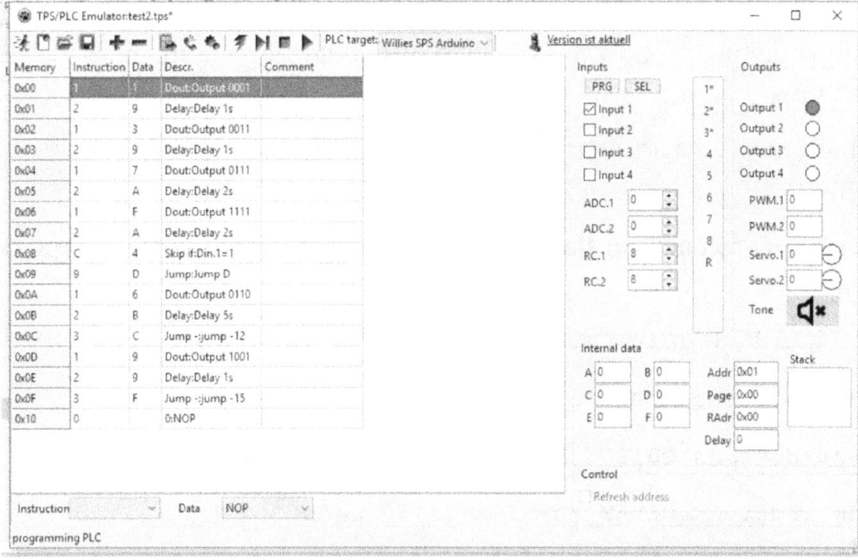

PRG / Program **SEL** / Select

INPUTS:

Input 1 – 4	The four inputs to be set by mouse click
ADC 1, 2	Two simulated analog inputs – input a number between 0 … 255
RC1, 2	Two simulated RC servo outputs – input a number between 0 … 255

OUTPUTS:

Output 1 – 4	The four output bits sent by the PLC – Programmable Logic Controller
PWM 1, 2	Pulse Width Modulated outputs, an ON / OFF rectangular output signal
Servo 1, 2	RC servo outputs, simulating the angle by showing a number plus icon
Tone:	A sound to be output – to be added later

INTERNAL DATA of this PLC:

The inputs are fed via the instructions into registers
RA, RB, RC, RD, (RE, RF) and processed

Addr	The current memory location addressed
Page	Each memory block page consists of 16 locations, the page display changes accordingly. And JUMPs will setting up a PAGE number if different
Radr	**RETURN ADDRESS** – if subroutine is called, return address is shown here
DELAY	Showing time is a delay instruction is executed
(SKIP	If a skip decision is executed, 1 indicates jump over next instruction) **tbd**

PWM NOTE: Emulator increments PWM in steps of 16, as some functions are 8 bit

16 - Test Programs for Willie's Emulator to step through the Instructions

The following pages show the simulator printout of executing the instructions.

Use single step - the arrow right - in the emulator to see what happens internally.

Do not forget to click on the square when finished to stop the debug session.

```
Here first a quick overview of the instructions

0n Instructions NOP - no operation

1n Instructions OUTPUT set from 0000 to 1111

2n Instructions DELAY for 1ms to 60 secs

3n Instructions JUMP BACK by 0 to F locations

4n Instructions SET REGISTER A to 0 … F

5n Instructions COPY Contents of A to other Blocks

6n Instructions TRANSFER Data to A from other Blocks

7n Instructions Calculations and Logic Functions

8n Instructions SET PAGE REGISTER to 0 … 7

9n Instructions JUMP to Address 0…F (combined with page)

An Instructions DECREMENT REGISTER C and JUMP if not Zero

Bn Instructions DECREMENT REGISTER D and JUMP if not Zero

Cn Instructions SKIP Instructions regarding A,B,IN, S1,S2

Dn Instructions CALL SUBROUTINE at Location n -no nesting

En Instructions RETURN from Subroutine

Fn Instructions not used in Holtek Variant of TPS/MyCo
```

On Instructions - NOP

```
Addr    BD    Inst. Data        Comment
0x00:   81    X000  000X        Page:Page 1       ,"set page where test
                                                    code starts"
0x01:   90    X00X  0000        Jump:Jump 0       ,"set start address , so start
                                                    program execution at
                                                    address 10"
0x02:   00    0000  0000        0:                ,""
0x03:   00    0000  0000        0:                ,"Testing On Instructions   "
0x04:   00    0000  0000        0:                ,""
0x05:   00    0000  0000        0:                ,"NOP - No Operation, just
                                                    continue to next
                                                    instruction"
0x06:   00    0000  0000        0:                ,""
0x07:   00    0000  0000        0:                ,"Used to fill gaps or where
                                                    other instructions will be
                                                    put later"
0x08:   00    0000  0000        0:                ,""
0x09:   00    0000  0000        0:                ,""
0x0A:   00    0000  0000        0:                ,""
0x0B:   00    0000  0000        0:                ,""
0x0C:   00    0000  0000        0:                ,""
0x0D:   00    0000  0000        0:                ,""
0x0E:   00    0000  0000        0:                ,""
0x0F:   00    0000  0000        0:                ,""
0x10:   00    0000  0000        0:                ," Start of test program with
                                                    On - 00"
0x11:   01    0000  000X        0:                ,""
0x12:   02    0000  00X0        0:                ,""
0x13:   03    0000  00XX        0:                ,""
0x14:   04    0000  0X00        0:                ," ALL ON INSTRUCTIONS DO THE
                                                    SAME: NO OPERATION"
0x15:   05    0000  0X0X        0:                ,""
0x16:   06    0000  0XX0        0:                ,""
0x17:   07    0000  0XXX        0:                ,""
0x18:   08    0000  X000        0:                ,""
0x19:   09    0000  X00X        0:                ,""
0x1A:   0A    0000  X0X0        0:                ,""
0x1B:   0B    0000  X0XX        0:                ,""
0x1C:   0C    0000  XX00        0:                ,""
0x1D:   0D    0000  XX0X        0:                ,""
0x1E:   0E    0000  XXX0        0:                ,""
0x1F:   0F    0000  XXXX        0:                ,""
0x20:   81    X000  000X        Page:Page 1       ," All 16 NOPs executed, now
                                                    set page to 1 to prepare
                                                    for jump to 1x"
0x21:   90    X00X  0000        Jump:Jump 0       ," Jump to 0, so in
                                                    combination with 1 contents
                                                    of page to 10, "
0x22:   00    0000  0000        0:                ," " and execute the same On
                                                    instructions again"
0x23:   00    0000  0000        0:                ,""
```

1n Instructions - OUTPUT 0 to F

```
Addr    BD    Inst. Data      Comment
0x00:   10    000X  0000      Dout:Output 0000    ,"1n Instruction test
                                                   using single step of
                                                   Icon 12, then icon 14 "
0x01:   29    00X0  X00X      Delay:Delay 1s      ,"Execute each
                                                   instruction  and add a
                                                   delay of 1 sec "
0x02:   11    000X  000X      Dout:Output 0001    ,"1       0001"
0x03:   29    00X0  X00X      Delay:Delay 1s      ,""
0x04:   12    000X  00X0      Dout:Output 0010    ,"2       0010"
0x05:   29    00X0  X00X      Delay:Delay 1s      ,""
0x06:   13    000X  00XX      Dout:Output 0011    ,"3       0011"
0x07:   29    00X0  X00X      Delay:Delay 1s      ,""
0x08:   14    000X  0X00      Dout:Output 0100    ,"4       0100"
0x09:   29    00X0  X00X      Delay:Delay 1s      ,""
0x0A:   15    000X  0X0X      Dout:Output 0101    ,"5       0101"
0x0B:   29    00X0  X00X      Delay:Delay 1s      ,""
0x0C:   16    000X  0XX0      Dout:Output 0110    ,"6       0110"
0x0D:   29    00X0  X00X      Delay:Delay 1s      ,""
0x0E:   17    000X  0XXX      Dout:Output 0111    ,"7       0111"
0x0F:   29    00X0  X00X      Delay:Delay 1s      ,""
0x10:   18    000X  X000      Dout:Output 1000    ,"8       1000"
0x11:   29    00X0  X00X      Delay:Delay 1s      ,""
0x12:   19    000X  X00X      Dout:Output 1001    ,"9       1001"
0x13:   29    00X0  X00X      Delay:Delay 1s      ,""
0x14:   1A    000X  X0X0      Dout:Output 1010    ,"A       1010"
0x15:   29    00X0  X00X      Delay:Delay 1s      ,""
0x16:   1B    000X  X0XX      Dout:Output 1011    ,"B       1011"
0x17:   29    00X0  X00X      Delay:Delay 1s      ,""
0x18:   1C    000X  XX00      Dout:Output 1100    ,"C       1100"
0x19:   29    00X0  X00X      Delay:Delay 1s      ,""
0x1A:   1D    000X  XX0X      Dout:Output 1101    ,"D       1101"
0x1B:   29    00X0  X00X      Delay:Delay 1s      ,""
0x1C:   1E    000X  XXX0      Dout:Output 1110    ,"E       1110"
0x1D:   29    00X0  X00X      Delay:Delay 1s      ,""
0x1E:   1F    000X  XXXX      Dout:Output 1111    ,"F       1111"
0x1F:   2A    00X0  X0X0      Delay:Delay 2s      ,"DELAY FOR 2 SECS"
0x20:   80    X000  0000      Page:Page 0         ,"Load PAGE register
                                                   with 0"
0x21:   90    X00X  0000      Jump:Jump 0         ,"JUMP to address 0 0 and
                                                   repeat the same test
                                                   program endlessly "
0x22:   00    0000  0000       0:    ,""
```

2n Instructions - DELAY by 1ms to 1 min

```
Addr      BD    Inst. Data      Comment
0x00:    10    000X  0000      Dout:Output 0000      ,"Check Delay window
                                                       display to see the
                                                       running time counting
                                                       down"
0x01:    20    00X0  0000      Delay:Delay 1ms       ,"Testing Instruction 2n
                                                       in single step Icon
                                                       12 or continuous
                                                       icon 14"
0x02:    11    000X  000X      Dout:Output 0001      ,""
0x03:    21    00X0   000X      Delay:Delay 2ms      ,"using single
step,too fast up to about 200 ms to see steps"
0x04:    12    000X   00X0      Dout:Output 0010     ,""
0x05:    22    00X0   00X0      Delay:Delay 5ms      ,""
0x06:    13    000X   00XX      Dout:Output 0011     ,""
0x07:    23    00X0   00XX      Delay:Delay 10ms     ,""
0x08:    14    000X   0X00      Dout:Output 0100     ,""
0x09:    24    00X0   0X00      Delay:Delay 20ms     ,""
0x0A:    15    000X   0X0X      Dout:Output 0101     ,""
0x0B:    25    00X0   0X0X      Delay:Delay 50ms     ,""
0x0C:    16    000X   0XX0      Dout:Output 0110     ,""
0x0D:    26    00X0   0XX0      Delay:Delay 100ms    ,""
0x0E:    17    000X   0XXX      Dout:Output 0111     ,""
0x0F:    27    00X0   0XXX      Delay:Delay 200ms    ,"using single step
                                                       from here, the
                                                       delay is visible to
                                                       be executed "

0x10:    18    000X   X000      Dout:Output 1000     ,""
0x11:    28    00X0   X000      Delay:Delay 500ms    ,""
0x12:    19    000X   X00X      Dout:Output 1001     ,""
0x13:    29    00X0   X00X      Delay:Delay 1s       ,""
0x14:    1A    000X   X0X0      Dout:Output 1010     ,""
0x15:    2A    00X0   X0X0      Delay:Delay 2s       ,""
0x16:    1B    000X   X0XX      Dout:Output 1011     ,""
0x17:    2B    00X0   X0XX      Delay:Delay 5s       ,""
0x18:    1C    000X   XX00      Dout:Output 1100     ,""
0x19:    2C    00X0   XX00      Delay:Delay 10s      ,""
0x1A:    1D    000X   XX0X      Dout:Output 1101     ,""
0x1B:    2D    00X0   XX0X      Delay:Delay 20s      ,""
0x1C:    1E    000X   XXX0      Dout:Output 1110     ,""
0x1D:    2E    00X0   XXX0      Delay:Delay 30s      ,""
0x1E:    1F    000X   XXXX      Dout:Output 1111     ,""
0x1F:    2F    00X0   XXXX      Delay:Delay 60s      ,""
0x20:    80    X000   0000      Page:Page 0          ," Set PAGE to 0"
0x21:    90    X00X   0000      Jump:Jump 0          ," JUMP to 0 0 "
0x22:    00    0000   0000      0:                   ,""
0x27:    00    0000   0000      0:                   ,""
```

3n Instructions - Jump Back 0 to F locations

```
Addr    BD    Inst. Data        Comment
0x00:   87    X000  0XXX        Page:Page 7    ,"Set page to 7  (does not
                                                show until address is set,
                                                not executed )"
0x01:   9F    X00X  XXXX        Jump:Jump F    ,"and Program Counter to F -
                                                so jump to 7F"
0x02:   00    0000  0000        0:             ,"Testing the 3n Instruction
                                                jump Back 0 to F addresses"
0x03:   00    0000  0000        0:             ,"Just a quick view how the 3n
                                                Instructions jump back"
0x04:   00    0000  0000        0:             ,"PAGE register stays at 07 as
                                                set - has no influence
                                                here"
0x05:   00    0000  0000        0:             ,"all other instructions are
                                                NOP(00), but could be any
                                                instruction"
0x06:   00    0000  0000        0:             ,""
0x07:   30    00XX  0000        Jump -:jump -0 ,"Jump back 0  locations -
                                                basically a STOP
                                                instruction"
0x08:   31    00XX  000X        Jump -:jump -1 ,"Jump back  1 location"
0x09:   00    0000  0000        0:     ,""
0x0A:   32    00XX  00X0        Jump -:jump -2 ,"Jump back 2  locations"
0x0B:   00    0000  0000        0:             ,""
0x0C:   00    0000  0000        0:             ,""
0x0D:   33    00XX  00XX        Jump -:jump -3 ,"Jump back 3  locations"
0x0E:   00    0000  0000        0:             ,""
0x0F:   00    0000  0000        0:             ,""
0x10:   00    0000  0000        0:             ,""
0x11:   34    00XX  0X00        Jump -:jump -4 ,"Jump back 4  locations"
0x12:   00    0000  0000        0:             ,""
0x13:   00    0000  0000        0:             ,""
0x14:   00    0000  0000        0:             ,""
0x15:   00    0000  0000        0:             ,""
0x16:   35    00XX  0X0X        Jump -:jump -5 ,"Jump back 5  locations"
0x17:   00    0000  0000        0:             ,""
0x18:   00    0000  0000        0:             ,""
0x19:   00    0000  0000        0:             ,""
0x1A:   00    0000  0000        0:             ,""
0x1B:   00    0000  0000        0:             ,""
0x1C:   36    00XX  0XX0        Jump -:jump -6 ,"Jump back 6  locations"
0x1D:   00    0000  0000        0:             ,""
0x1E:   00    0000  0000        0:             ,""
0x1F:   00    0000  0000        0:             ,""
0x20:   00    0000  0000        0:             ,""
0x21:   00    0000  0000        0:             ,""
0x22:   00    0000  0000        0:             ,""
0x23:   37    00XX  0XXX        Jump -:jump -7 ,"Jump back 7  locations"
0x24:   00    0000  0000        0:             ,""
0x25:   00    0000  0000        0:             ,""
0x26:   00    0000  0000        0:             ,""
0x27:   00    0000  0000        0:             ,""
0x28:   00    0000  0000        0:             ,""
0x29:   00    0000  0000        0:             ,""
0x2A:   00    0000  0000        0:             ,""
0x2B:   38    00XX  X000        Jump -:jump -8 ,"Jump back 8  locations"
0x2C:   00    0000  0000        0:             ,""
0x2D:   00    0000  0000        0:             ,""
```

```
0x2E:   00    0000   0000      0:                    ,""
0x2F:   00    0000   0000      0:                    ,""
0x30:   00    0000   0000      0:                    ,""
0x31:   00    0000   0000      0:                    ,""
0x32:   00    0000   0000      0:                    ,""
0x33:   00    0000   0000      0:                    ,""
0x34:   39    00XX   X00X      Jump -:jump -9  ,"Jump back 9  locations"
0x35:   00    0000   0000      0:                    ,""
0x36:   00    0000   0000      0:                    ,""
0x37:   00    0000   0000      0:                    ,""
0x38:   00    0000   0000      0:                    ,""
0x39:   00    0000   0000      0:                    ,""
0x3A:   00    0000   0000      0:                    ,""
0x3B:   00    0000   0000      0:                    ,""
0x3C:   00    0000   0000      0:                    ,""
0x3D:   00    0000   0000      0:                    ,""
0x3E:   3A    00XX   X0X0      Jump -:jump -10 ,"Jump back A ( 10 )
                                                     locations"
0x3F:   00    0000   0000      0:                    ,""
0x40:   00    0000   0000      0:                    ,""
0x41:   00    0000   0000      0:                    ,""
0x42:   00    0000   0000      0:                    ,""
0x43:   00    0000   0000      0:                    ,""
0x44:   00    0000   0000      0:                    ,""
0x45:   00    0000   0000      0:                    ,""
0x46:   00    0000   0000      0:                    ,""
0x47:   00    0000   0000      0:                    ,""
0x48:   00    0000   0000      0:                    ,""
0x49:   3B    00XX   X0XX      Jump -:jump -11 ,"Jump back B ( 11 )
                                                     locations"
0x4A:   00    0000   0000      0:                    ,""
0x4B:   00    0000   0000      0:                    ,""
0x4C:   00    0000   0000      0:                    ,""
0x4D:   00    0000   0000      0:                    ,""
0x4E:   00    0000   0000      0:                    ,""
0x4F:   00    0000   0000      0:                    ,""
0x50:   00    0000   0000      0:                    ,""
0x51:   00    0000   0000      0:                    ,""
0x52:   00    0000   0000      0:                    ,""
0x53:   00    0000   0000      0:                    ,""
0x54:   00    0000   0000      0:                    ,""
0x55:   3C    00XX   XX00      Jump -:jump -12 ,"Jump back C ( 12 )
                                                     locations"
0x56:   00    0000   0000      0:                    ,""
0x57:   00    0000   0000      0:                    ,""
0x58:   00    0000   0000      0:                    ,""
0x59:   00    0000   0000      0:                    ,""
0x5A:   00    0000   0000      0:                    ,""
0x5B:   00    0000   0000      0:                    ,""
0x5C:   00    0000   0000      0:                    ,""
0x5D:   00    0000   0000      0:                    ,""
0x5E:   00    0000   0000      0:                    ,""
0x5F:   00    0000   0000      0:                    ,""
0x60:   00    0000   0000      0:                    ,""
0x61:   00    0000   0000      0:                    ,""
0x62:   3D    00XX   XX0X      Jump -:jump -13 ,"Jump back D ( 13 )
                                                     locations"
0x63:   00    0000   0000      0:                    ,""
0x64:   00    0000   0000      0:                    ,""
0x65:   00    0000   0000      0:                    ,""
```

```
0x66:   00   0000  0000      0:                    ,""
0x67:   00   0000  0000      0:                    ,""
0x68:   00   0000  0000      0:                    ,""
0x69:   00   0000  0000      0:                    ,""
0x6A:   00   0000  0000      0:                    ,""
0x6B:   00   0000  0000      0:                    ,""
0x6C:   00   0000  0000      0:                    ,""
0x6D:   00   0000  0000      0:                    ,""
0x6E:   00   0000  0000      0:                    ,""
0x6F:   00   0000  0000      0:                    ,""
0x70:   3E   00XX  XXX0      Jump -:jump -14 ,"Jump back E ( 14 )
                                              locations"
0x71:   00   0000  0000      0:                    ,""
0x72:   00   0000  0000      0:                    ,""
0x73:   00   0000  0000      0:                    ,""
0x74:   00   0000  0000      0:                    ,""
0x75:   00   0000  0000      0:                    ,""
0x76:   00   0000  0000      0:                    ,""
0x77:   00   0000  0000      0:                    ,""
0x78:   00   0000  0000      0:                    ,""
0x79:   00   0000  0000      0:                    ,""
0x7A:   00   0000  0000      0:                    ,""
0x7B:   00   0000  0000      0:                    ,""
0x7C:   00   0000  0000      0:                    ,""
0x7D:   00   0000  0000      0:                    ,""
0x7E:   00   0000  0000      0:                    ,""
0x7F:   3f   00XX  XXXX      Jump -:jump -15 ,"Jump back F ( 15 )
                                              locations"
0x80:   00   0000  0000      0:                    ,""
```

4n Instructions - SET Register A to 0 … F

Addr	BD	Inst.	Data	Comment	
0x00:	40	0X00	0000	A=#:A=0	,"Test 4n instructions A <=n"
0x01:	29	00X0	X00X	Delay:Delay 1s	,"either single step using icon 12 or continuous via icon 14"
0x02:	41	0X00	000X	A=#:A=1	,"check how Register A changes at Internal Data A"
0x03:	29	00X0	X00X	Delay:Delay 1s	,""
0x04:	42	0X00	00X0	A=#:A=2	,""
0x05:	29	00X0	X00X	Delay:Delay 1s	,""
0x06:	43	0X00	00XX	A=#:A=3	,""
0x07:	29	00X0	X00X	Delay:Delay 1s	,""
0x08:	44	0X00	0X00	A=#:A=4	,""
0x09:	29	00X0	X00X	Delay:Delay 1s	,""
0x0A:	45	0X00	0X0X	A=#:A=5	,""
0x0B:	29	00X0	X00X	Delay:Delay 1s	,""
0x0C:	46	0X00	0XX0	A=#:A=6	,""
0x0D:	29	00X0	X00X	Delay:Delay 1s	,""
0x0E:	47	0X00	0XXX	A=#:A=7	,""
0x0F:	29	00X0	X00X	Delay:Delay 1s	,""
0x10:	48	0X00	X000	A=#:A=8	,""
0x11:	29	00X0	X00X	Delay:Delay 1s	,""
0x12:	49	0X00	X00X	A=#:A=9	,""
0x13:	29	00X0	X00X	Delay:Delay 1s	,""
0x14:	4a	0X00	X0X0	A=#:A=10	,""
0x15:	29	00X0	X00X	Delay:Delay 1s	,""
0x16:	4B	0X00	X0XX	A=#:A=11	,""
0x17:	29	00X0	X00X	Delay:Delay 1s	,""
0x18:	4C	0X00	XX00	A=#:A=12	,""
0x19:	29	00X0	X00X	Delay:Delay 1s	,""
0x1A:	4D	0X00	XX0X	A=#:A=13	,""
0x1B:	29	00X0	X00X	Delay:Delay 1s	,""
0x1C:	4E	0X00	XXX0	A=#:A=14	,""
0x1D:	29	00X0	X00X	Delay:Delay 1s	,""
0x1E:	4F	0X00	XXXX	A=#:A=15	,""
0x1F:	29	00X0	X00X	Delay:Delay 1s	,""
0x20:	80	X000	0000	Page:Page 0	,"Set PAGE to 0"
0x21:	90	X00X	0000	Jump:Jump 0	,"Jump to 0 0 "
0x22:	00	0000	0000	0:	,""
0x23:	00	0000	0000	0:	,""
0x24:	00	0000	0000	0:	,""

5n Instruction - Copy Contents of A to other Blocks

Addr	BD	Inst.	Data	Comment	
0x00:	81	X000	000X	Page:Page 1	,"Set PAGE to 1"
0x01:	90	X00X	0000	Jump:Jump 0	," Jump to 1 0"
0x02:	00	0000	0000	0:	," leave the addresses in between here filled with NOP or use as playground"
0x03:	00	0000	0000	0:	,"Testing Instructions 5n, send contents of A to other blocks"
0x04:	00	0000	0000	0:	,""
0x05:	00	0000	0000	0:	,"If 55, 56, 57, 58 act like OUTPUT Bit Set/Reset, other bits uneffected"
0x06:	00	0000	0000	0:	,""
0x07:	00	0000	0000	0:	,""
0x08:	00	0000	0000	0:	,""
0x09:	00	0000	0000	0:	,""
0x0A:	00	0000	0000	0:	,""
0x0B:	00	0000	0000	0:	,""
0x0C:	00	0000	0000	0:	,""
0x0D:	00	0000	0000	0:	,""
0x0E:	00	0000	0000	0:	,""
0x0F:	00	0000	0000	0:	,""
0x10:	50	0X0X	0000	=A:	,"not used, so just acts like NOP"
0x11:	45	0X00	0X0X	A=#:A=5	,"Set A register to 5 to see how contents changes "
0x12:	2A	00X0	X0X0	Delay:Delay 2s	,""
0x13:	51	0X0X	000X	=A:B=A	,""
0x14:	2A	00X0	X0X0	Delay:Delay 2s	,""
0x15:	52	0X0X	00X0	=A:C=A	,""
0x16:	2A	00X0	X0X0	Delay:Delay 2s	,""
0x17:	53	0X0X	00XX	=A:D=A	,""
0x18:	2A	00X0	X0X0	Delay:Delay 2s	,""
0x19:	54	0X0X	0X00	=A:Dout=A	,""
0x1A:	2A	00X0	X0X0	Delay:Delay 2s	,""
0x1B:	10	000X	0000	Dout:Output 0000	,"Set OUT Bits to 0 to make next instructions visible"
0x1C:	2A	00X0	X0X0	Delay:Delay 2s	,""
0x1D:	55	0X0X	0X0X	=A:Dout.1=A.0	,""
0x1E:	2A	00X0	X0X0	Delay:Delay 2s	,""
0x1F:	56	0X0X	0XX0	=A:Dout.2=A.0	,""
0x20:	2A	00X0	X0X0	Delay:Delay 2s	,""
0x21:	57	0X0X	0XXX	=A:Dout.3=A.0	,""
0x22:	2A	00X0	X0X0	Delay:Delay 2s	,""
0x23:	58	0X0X	X000	=A:Dout.4=A.0	,""
0x24:	2A	00X0	X0X0	Delay:Delay 2s	,""
0x25:	59	0X0X	X00X	=A:PWM.1=A	,"Here contents of PWM will be 80 as 5 x 16 - see other TPS variants"
0x26:	2A	00X0	X0X0	Delay:Delay 2s	,""
0x27:	80	X000	0000	Page:Page 0	,"Set PAGE to 0"
0x28:	90	X00X	0000	Jump:Jump 0	,"Jump to 0 0 "
0x29:	00	0000	0000	0:	,""
0x2A:	00	0000	0000	0:	,""
0x2B:	00	0000	0000	0:	,""

6n Instructions - Transfer Data into A from other Blocks

```
Addr    BD    Inst. Data      Comment
0x00:   81    X000  000X      Page:Page 1      ,"Set Page to 1"
0x01:   90    X00X  0000      Jump:Jump 0      ,"and jump to then 10"
0x02:   00    0000  0000      0:               ,"The addresses in between are
                                                  NOP ( 00 )  or used as
                                                  playground"
0x03:   00    0000  0000      0:               ,"by adapting 8x and 9x
                                                  accordingly"
0x04:   00    0000  0000      0:               ,""
0x05:   00    0000  0000      0:               ,"Testing 6n Instructions"
0x06:   00    0000  0000      0:               ,""
0x07:   00    0000  0000      0:               ,""
0x08:   00    0000  0000      0:               ,""
0x09:   00    0000  0000      0:               ,""
0x0A:   00    0000  0000      0:               ,""
0x0B:   00    0000  0000      0:               ,""
0x0C:   00    0000  0000      0:               ,""
0x0D:   00    0000  0000      0:               ,""
0x0E:   00    0000  0000      0:               ,""
0x0F:   00    0000  0000      0:               ,""
0x10:   60    0XX0  0000      A=:              ,"not used, so acts like NOP"
0x11:   46    0X00  0XX0      A=#:A=6          ,"Set Registers A to 5, set B
                                                  to 6 , set C to 7 , set D
                                                  to 8"
0x12:   51    0X0X  000X      =A:B=A           ,"Load A with 6 and transfer
                                                  to B"
0x13:   47    0X00  0XXX      A=#:A=7          ,"Load A with 7 and transfer
                                                  to C"
0x14:   52    0X0X  00X0      =A:C=A           ,""
0x15:   48    0X00  X000      A=#:A=8          ,"Load A with 8 and transfer
                                                  to D"
0x16:   53    0X0X  00XX      =A:D=A           ,""
0x17:   45    0X00  0X0X      A=#:A=5          ,"Load 5 into B"
0x18:   00    0000  0000      0:               ,"After these preparations
                                                  test 6n instructions"
0x19:   61    0XX0  000X      A=:A=B           ,"Copy contents of B into
                                                  Register A ( overwriting
                                                  the 5 there )"
0x1A:   2A    00X0  X0X0      Delay:Delay 2s   ,""
0x1B:   62    0XX0  00X0      A=:A=C           ,"Copy contents of C into
                                                  Register A ( overwriting
                                                  the data  there )"
0x1C:   2A    00X0  X0X0      Delay:Delay 2s   ,""
0x1D:   63    0XX0  00XX      A=:A=D           ,"Copy contents of D into
                                                  Register A ( overwriting
                                                  the data  there )"
0x1E:   2A    00X0  X0X0      Delay:Delay 2s   ,""
0x1F:   64    0XX0  0X00      A=:A=Din         ,"Input 1 to 4 into A ( set
                                                  bits there, as the
                                                  default in 0000 )"
0x20:   2A    00X0  X0X0      Delay:Delay 2s   ,""
0x21:   65    0XX0  0X0X      A=:A=Din.1       ,"Read Input Bit 1 into A (
                                                  set Bit 1 to 1 before to
                                                  show )"
0x22:   2A    00X0  X0X0      Delay:Delay 2s   ,""
0x23:   66    0XX0  0XX0      A=:A=Din.2       ,"Read Input Bit 2 into A
                                                  (set Bit 2 to 0 before to
                                                  show difference in A)"
```

```
0x24:   2A   00X0   X0X0   Delay:Delay 2s   ,""
0x25:   67   0XX0   0XXX   A=:A=Din.3       ,"Read Input Bit 3 into A
                                             (set Bit 3 to 1 before to
                                             show difference in A)"
0x26:   2A   00X0   X0X0   Delay:Delay 2s   ,""
0x27:   68   0XX0   X000   A=:A=Din.4       ,"Read Input Bit 4 into A
                                             (set Bit 4 to 0 before to
                                             show difference in A)"
0x28:   2A   00X0   X0X0   Delay:Delay 2s   ,""
0x29:   69   0XX0   X00X   A=:A=ADC.1       ,"Read Analog Input 1 into
                                             A (set a value in ADC 1
                                             first)"
0x2A:   2A   00X0   X0X0   Delay:Delay 2s   ,""
0x2B:   6A   0XX0   X0X0   A=:A=ADC.2       ,"Read Analog Input 2 into
                                             A ( set a value in ADC 2
                                             first )"
0x2C:   2A   00X0   X0X0   Delay:Delay 2s   ,""
0x2D:   00   0000   0000   0:               ,""
0x2E:   81   X000   000X   Page:Page 1      ,"Set Page to 1"
0x2F:   90   X00X   0000   Jump:Jump 0      ,"Jump to 1 0"
0x30:   00   0000   0000   0:               ,""
0x31:   00   0000   0000   0:               ,"Instructions 6B, 6C,
                                             6D,6E,6F ARE NOT USED,
                                             AND ACT LIKE NOP"
0x32:   00   0000   0000   0:               ,""
0x33:   00   0000   0000   0:               ,""
0x34:   00   0000   0000   0:               ,""
```

7n Instructions - Calculations and Logic Functions

Addr	BD	Inst.	Data	Comment	
0x00:	81	X000	000X	Page:Page 1	,"Start 7n Examples at location 10"
0x01:	90	X00X	0000	Jump:Jump 0	,""
0x02:	00	0000	0000	0:	,""
0x03:	00	0000	0000	0:	,"Calculations and LOGIC, results into A"
0x04:	00	0000	0000	0:	,"A+1, A-1, A+B, A-B, A*B, A/B, "
0x05:	00	0000	0000	0:	,"A and B, A or B, A xor B; A not A"
0x06:	00	0000	0000	0:	,""
0x07:	00	0000	0000	0:	,""
0x08:	00	0000	0000	0:	,""
0x09:	00	0000	0000	0:	,""
0x0A:	00	0000	0000	0:	,""
0x0B:	00	0000	0000	0:	,""
0x0C:	00	0000	0000	0:	,""
0x0D:	00	0000	0000	0:	,""
0x0E:	00	0000	0000	0:	,""
0x0F:	00	0000	0000	0:	,""
0x10:	70	0XXX	0000	A=Calculation:	,"70 - is not used, so acts like NOP"
0x11:	47	0X00	0XXX	A=#:A=7	,"Set register A to 7 to use in next instructions"
0x12:	71	0XXX	000X	A=Calculation:A=A+1	,"71 - Increment register A"
0x13:	2A	00X0	X0X0	Delay:Delay 2s	,""
0x14:	71	0XXX	000X	A=Calculation:A=A+1	,"71 - Increment again"
0x15:	2A	00X0	X0X0	Delay:Delay 2s	,""
0x16:	72	0XXX	00X0	A=Calculation:A=A-1	,"72 - Decrement register A"
0x17:	2A	00X0	X0X0	Delay:Delay 2s	,""
0x18:	72	0XXX	00X0	A=Calculation:A=A-1	,"72 - Decrement register A AGAIN"
0x19:	2A	00X0	X0X0	Delay:Delay 2s	,""
0x1A:	72	0XXX	00X0	A=Calculation:A=A-1	,"72 - Decrement register A again"
0x1B:	2A	00X0	X0X0	Delay:Delay 2s	,""
0x1C:	43	0X00	00XX	A=#:A=3	,"Load A with 3 for next instruction"
0x1D:	51	0X0X	000X	=A:B=A	,"Copy contents of A (3) into B"
0x1E:	73	0XXX	00XX	A=Calculation:A=A+B	,"73 - Add A and B, result into A"
0x1F:	29	00X0	X00X	Delay:Delay 1s	,""
0x20:	74	0XXX	0X00	A=Calculation:A=A-B	,"74 - Subtract A from register B, result into A"
0x21:	2A	00X0	X0X0	Delay:Delay 2s	,"Prepare reg A and reg B for A * B (change to test other numbers)"
0x22:	45	0X00	0X0X	A=#:A=5	,"5 into A"
0x23:	51	0X0X	000X	=A:B=A	,"A copied into B"
0x24:	42	0X00	00X0	A=#:A=2	,"2 into A and

					next calculate 2 * 5"
0x25:	75	0XXX	0X0X	A=Calculation:A=A*B	,"75 - A * B and result into A (here 2 * 5 = A)"
0x26:	2A	00X0	X0X0	Delay:Delay 2s	,"Now prepare A and B for division"
0x27:	43	0X00	00XX	A=#:A=3	,"Load A with 3"
0x28:	51	0X0X	000X	=A:B=A	,"Copy into B"
0x29:	4A	0X00	X0X0	A=#:A=10	,"Now load number A (10) into register A"
0x2A:	76	0XXX	0XX0	A=Calculation:A=A/B	,"76 - Divide A by B"
0x2B:	2A	00X0	X0X0	Delay:Delay 2s	,""
0x2C:	00	0000	0000	0:	,""
0x2D:	00	0000	0000	0:	,""
0x2E:	00	0000	0000	0:	,"Now the logic Instructions AND, OR, XOR, NOT, they work per Bit"
0x2F:	00	0000	0000	0:	,"Prepare reg A and B, modify YOURSELF to try other combinations"
0x30:	43	0X00	00XX	A=#:A=3	,"Load register A with (3) 0 0 1 1"
0x31:	51	0X0X	000X	=A:B=A	,"copy into B"
0x32:	45	0X00	0X0X	A=#:A=5	,"Load 5 (0101) into A"
0x33:	77	0XXX	0XXX	A=Calculation:A=A And B	,"77 - A and B; Result per Bit: 0 0=0, 0 1=0, 1 0=0, 1 1=1"
0x34:	2A	00X0	X0X0	Delay:Delay 2s	,""
0x35:	43	0X00	00XX	A=#:A=3	,""
0x36:	51	0X0X	000X	=A:B=A	,""
0x37:	45	0X00	0X0X	A=#:A=5	,""
0x38:	78	0XXX	X000	A=Calculation:A=A Or B	,"78 - A or B; Result per Bit: 0 0=0, 0 1=1, 1 0=1, 1 1=1"
0x39:	2A	00X0	X0X0	Delay:Delay 2s	,""
0x3A:	43	0X00	00XX	A=#:A=3	,""
0x3B:	51	0X0X	000X	=A:B=A	,""
0x3C:	45	0X00	0X0X	A=#:A=5	,""
0x3D:	79	0XXX	X00X	A=Calculation:A=A Xor B	,"79 - A xor B; Result per Bit: 0 0=0, 0 1=1, 1 0=1, 1 1=0"
0x3E:	2A	00X0	X0X0	Delay:Delay 2s	,""
0x3F:	43	0X00	00XX	A=#:A=3	,""

```
0x40:  7a   0XXX   X0X0   A=Calculation:A=Not A    ,"7A -  A not A
                                                    Invert all bits
                                                      0=>1,  1=> 0"
0x41:  2A   00X0   X0X0   Delay:Delay 2s           ,""
0x42:  81   X000   000X   Page:Page 1              ,"SET PAGE TO
                                                    JUMP TO
                                                    BEGINNING OF
                                                    EXAMPLE"
0x43:  90   X00X   0000   Jump:Jump 0              ,"Jump back to
                                                    the beginning
                                              of the examples"
0x44:  00   0000   0000   0:                       ,""
```


```
0x40:  7a   0XXX   X0X0   A=Calculation:A=Not A    ,"7A -  A not A
                                                    Invert all bits
                                                      0=>1,  1=> 0"
0x41:  2A   00X0   X0X0   Delay:Delay 2s           ,""
0x42:  81   X000   000X   Page:Page 1              ,"SET PAGE TO
                                                    JUMP TO
                                                    BEGINNING OF
                                                    EXAMPLE"
0x43:  90   X00X   0000   Jump:Jump 0              ,"Jump back to
                                                    the beginning
                                              of the examples"
0x44:  00   0000   0000   0:                       ,""
```

8n Instructions   -   SET PAGE REGISTER to 0 … 7

Addr	BD	Inst.	Data	Comment	
0x00:	81	X000	000X	Page:Page 1	," Set Page to 1"
0x01:	90	X00X	0000	Jump:Jump 0	," Jump to 1 0"
0x02:	00	0000	0000	0:	,""
0x03:	00	0000	0000	0:	,"Exetuting 8n Instructions to set the PAGE value"
0x04:	00	0000	0000	0:	,""
0x05:	00	0000	0000	0:	,"See PAGE value change at Internal data Page"
0x06:	00	0000	0000	0:	,""
0x07:	00	0000	0000	0:	,""
0x08:	00	0000	0000	0:	,""
0x09:	00	0000	0000	0:	,""
0x0A:	00	0000	0000	0:	,""
0x0B:	00	0000	0000	0:	,""
0x0C:	00	0000	0000	0:	,""
0x0D:	00	0000	0000	0:	,""
0x0E:	00	0000	0000	0:	,""
0x0F:	00	0000	0000	0:	,""
0x10:	80	X000	0000	Page:Page 0	,""
0x11:	2A	00X0	X0X0	Delay:Delay 2s	,""
0x12:	81	X000	000X	Page:Page 1	,""
0x13:	2A	00X0	X0X0	Delay:Delay 2s	,""
0x14:	82	X000	00X0	Page:Page 2	,""
0x15:	2A	00X0	X0X0	Delay:Delay 2s	,""
0x16:	83	X000	00XX	Page:Page 3	,""
0x17:	2A	00X0	X0X0	Delay:Delay 2s	,""
0x18:	84	X000	0X00	Page:Page 4	,""
0x19:	2A	00X0	X0X0	Delay:Delay 2s	,""
0x1A:	85	X000	0X0X	Page:Page 5	,""
0x1B:	2A	00X0	X0X0	Delay:Delay 2s	,""
0x1C:	86	X000	0XX0	Page:Page 6	,""
0x1D:	2A	00X0	X0X0	Delay:Delay 2s	,""
0x1E:	87	X000	0XXX	Page:Page 7	,""
0x1F:	2A	00X0	X0X0	Delay:Delay 2s	,""
0x20:	80	X000	0000	Page:Page 0	,""
0x21:	90	X00X	0000	Jump:Jump 0	,""
0x22:	88	X000	X000	Page:	,"Instructions 88 to 8F should be like NOP in Holtek, do not use"
0x23:	8A	X000	X0X0	Page:	,""
0x24:	8B	X000	X0XX	Page:	,""
0x25:	8C	X000	XX00	Page:	,""
0x26:	8D	X000	XX0X	Page:	,""
0x27:	8E	X000	XXX0	Page:	,""
0x28:	8F	X000	XXXX	Page:	,""
0x29:	00	0000	0000	0:	,""
0x2A:	00	0000	0000	0:	,""
0x2B:	00	0000	0000	0:	,""
0x2C:	00	0000	0000	0:	,""

9n Instructions - JUMP to Address 0 … F

```
Addr    BD    Inst. Data      Comment
0x00:   81    X000  000X      Page:Page 1     ," Set PAGE to 1"
0x01:   90    X00X  0000      Jump:Jump 0     ," JUMP to 1 0"
0x02:   00    0000  0000      0:              ,""
0x03:   00    0000  0000      0:              ,""
0x04:   00    0000  0000      0:              ,""
0x05:   00    0000  0000      0:              ,""
0x06:   00    0000  0000      0:              ,""
0x07:   00    0000  0000      0:              ,""
0x08:   00    0000  0000      0:              ,""
0x09:   00    0000  0000      0:              ,""
0x0A:   00    0000  0000      0:              ,""
0x0B:   00    0000  0000      0:              ,""
0x0C:   00    0000  0000      0:              ,""
0x0D:   00    0000  0000      0:              ,""
0x0E:   00    0000  0000      0:              ,"Jump 0 left out here just at
                                               address 01, means jump to 0
                                               on the set page"
0x0F:   00    0000  0000      0:              ,""
0x10:   91    X00X  000X      Jump:Jump 1 ,"Jump from here
                                            to location 1"
0x11:   92    X00X  00X0      Jump:Jump 2 ,"Jump from here to location
                                            2  and so on"
0x12:   93    X00X  00XX      Jump:Jump 3 ,""
0x13:   94    X00X  0X00      Jump:Jump 4 ,""
0x14:   95    X00X  0X0X      Jump:Jump 5 ,""
0x15:   96    X00X  0XX0      Jump:Jump 6 ,""
0x16:   97    X00X  0XXX      Jump:Jump 7 ,""
0x17:   98    X00X  X000      Jump:Jump 8 ,""
0x18:   99    X00X  X00X      Jump:Jump 9 ,""
0x19:   9A    X00X  X0X0      Jump:Jump A ,""
0x1A:   9B    X00X  X0XX      Jump:Jump B ,""
0x1B:   9C    X00X  XX00      Jump:Jump C ,""
0x1C:   9D    X00X  XX0X      Jump:Jump D ,""
0x1D:   9E    X00X  XXX0      Jump:Jump E ,""
0x1E:   9F    X00X  XXXX      Jump:Jump F ,""
0x1F:   3F    00XX  XXXX      Jump -:jump -15 ,"Back to 10  to execute
                                               Jump 1 again and so on"
0x20:   00    0000  0000      0:              ,""
0x21:   00    0000  0000      0:              ,""
0x22:   0E    0000  XXX0      0:              ,""
0x23:   00    0000  0000      0:              ,""
```

An Instructions - DECREMENT REGISTER and JUMP if not Zero

```
Addr    BD    Inst. Data        Comment
0x00:   81    X000  000X        Page:Page 1      ,"Set Page to 1"
0x01:   90    X00X  0000        Jump:Jump 0      ,"Jump to 10 for Examples"
0x02:   00    0000  0000        0:               ,""
0x03:   00    0000  0000        0:               ,"An - using C register"
0x04:   00    0000  0000        0:               ,"Load Register with a loop
                                                    number to count down"
0x05:   00    0000  0000        0:               ,"An then counts down C
                                                    register by 1, "
0x06:   00    0000  0000        0:               ,"   if 0 just continue"
0x07:   00    0000  0000        0:               ,"   else jump to address
                                                    given in Date, ensure PAGE
                                                    is set"
0x08:   00    0000  0000        0:               ,"The Jump can be backwards"
0x09:   00    0000  0000        0:               ,"         or forwards"
0x0A:   00    0000  0000        0:               ,""
0x0B:   00    0000  0000        0:               ,"It is important to
                                                    understand that 2 numbers
                                                    are involved with this
                                                    instruction:"
0x0C:   00    0000  0000        0:               ,"   Prepare the loop count
                                                       number, get it intoA
                                                       and transfer to C"
0x0D:   00    0000  0000        0:               ,"   Instruction first counts
                                                       down by one, then tests
                                                       if 0. "
0x0E:   00    0000  0000        0:               ,"     If NOT zero, jump to
                                                         location x  - ensure
                                                         the PAGE has been set
                                                         correctly"
0x0F:   00    0000  0000        0:               ,"     if 0 continue with
                                                         program flow."
0x10:   45    0X00  0X0X        A=#:A=5          ,"Load A registyer with 5"
0x11:   52    0X0X  00X0        =A:C=A           ,"T    Copy from A to C,
                                                    C register is prepared now"
0x12:   00    0000  0000        0:               ,""
0x13:   15    000X  0X0X        Dout:Output 0101 ,"Set port to 5
                                                    ( 01010 )"
0x14:   28    00X0  X000        Delay:Delay 500ms ,"Delay for 500 ms"
0x15:   1A    000X  X0X0        Dout:Output 1010 ,"Set Port to  to A
                                                    ( 1010 )"
0x16:   28    00X0  X000        Delay:Delay 500ms ,"Delay for 500 ms"
0x17:   81    X000  000X        Page:Page 1      ,"set page to 1 for Jump"
0x18:   A3    X0X0  00XX        C*:C 3           ,"Decrement Register C by
                                                    one.If NOT 0, jump
                                                    (back) to address 01,
                                                    else continue"
0x19:   2A    00X0  X0X0        Delay:Delay 2s   ,"DELAY FOR 2 SECONDS
                                                    BEFORE EXECUTING THE
                                                    NEXT EXAMPLE"
0x1A:   00    0000  0000        0:               ,""
0x1B:   47    0X00  0XXX        A=#:A=7          ,"as above load A with a
                                                    number, here with 7"
0x1C:   52    0X0X  00X0        =A:C=A           ,"transfer this 7 from A
                                                    to C, so C is ready to
                                                    be counted down and
                                                    compared"
```

Addr	Hex			Instruction	Comment
0x1D:	82	X000	00X0	Page:Page 2	,"Prepare page to 2 for jump later"
0x1E:	A0	X0X0	0000	C*:C 0	,"Count down from 7 to 6 for now, not 0 yet, so jump to 20"
0x1F:	30	00XX	0000	Jump -:jump -0	,"Stop program by jumping back to the same location"
0x20:	19	000X	X00X	Dout:Output 1001	,"Output 1001"
0x21:	28	00X0	X000	Delay:Delay 500ms	,"Wait for 500 ms"
0x22:	16	000X	0XX0	Dout:Output 0110	,"Output 0110"
0x23:	28	00X0	X000	Delay:Delay 500ms	,"Wait for 500 ms"
0x24:	36	00XX	0XX0	Jump -:jump -6	,"Jump back to An Instruction count down, compare and jump if not 0"
0x25:	00	0000	0000	0:	,""

Bn Instructions - DECREMENT REGISTER and JUMP if not Zero

```
Addr    BD    Inst. Data      Comment
0x00:   81    X000  000X      Page:Page 1      ,"Set Page to 1"
0x01:   90    X00X  0000      Jump:Jump 0      ,"Jump to 10 for Examples"
0x02:   00    0000  0000      0:               ,""
0x03:   00    0000  0000      0:               ,"Bn - using D register"
0x04:   00    0000  0000      0:               ,"Load Register with a loop
                                                  number to count down"
0x05:   00    0000  0000      0:               ,"An then counts down D
                                                  register by 1, "
0x06:   00    0000  0000      0:               ,"  if 0 just continue"
0x07:   00    0000  0000      0:      ,"        else jump to address given
                                                  in Date, ensure PAGE is
                                                  correctly set"
0x08:   00    0000  0000      0:               ,"The Jump can be backwards"
0x09:   00    0000  0000      0:               ,"       or forwards"
0x0A:   00    0000  0000      0:               ,""
0x0B:   00    0000  0000      0:               ,"It is important to
                                                  understand that 2 numbers
                                                  are involved with this
                                                  instruction:"
0x0C:   00    0000  0000      0:               ,"     Prepare the loop count
                                                  number, get it into A
                                                  and transfer to D"
0x0D:   00    0000  0000      0:               ," Instruction first counts
                                                  down by one,
                                                  then tests if 0. "
0x0E:   00    0000  0000      0:               ,"   If NOT zero, jump to
                                                  location x  - ensure the
                                                  PAGE has been set
                                                  correctly"
0x0F:   00    0000  0000      0:               ,"   if 0 continue with
                                                  program flow."
0x10:   45    0X00  0X0X      A=#:A=5           ,"Load A register with
                                                  5"
0x11:   53    0X0X  00XX      =A:D=A            ,"  Copy from A to D,
                                                  D register is
                                                  prepared now"
0x12:   00    0000  0000      0:               ,""
0x13:   15    000X  0X0X      Dout:Output 0101  ,"Set port to 5 ( 01010 )"
0x14:   28    00X0  X000      Delay:Delay 500ms ,"Delay for 500 ms"
0x15:   1A    000X  X0X0      Dout:Output 1010  ,"Set Port to A ( 1010 )"
0x16:   28    00X0  X000      Delay:Delay 500ms ,"Delay for 500 ms"
0x17:   81    X000  000X      Page:Page 1       ,"set page to 1 for Jump"
0x18:   B3    X0XX  00XX      D*:D 3            ,"Decrement Reg D by one.
                                                  If NOT 0, jump (back)
                                                  to address 01, else
                                                  continue"
0x19:   2A    00X0  X0X0      Delay:Delay 2s    ,"DELAY FOR 2 SECONDS
                                                  BEFORE EXECUTING THE
                                                  NEXT EXAMPLE"
0x1A:   00    0000  0000      0:               ,""
0x1B:   47    0X00  0XXX      A=#:A=7           ,"as above load A with a
                                                  number, here with 7"
0x1C:   53    0X0X  00XX      =A:D=A            ,"transfer this 7 from A
                                                  to D, so C is ready to
                                                  be counted down and
                                                  compared"
```

```
0x1D:   82   X000   00X0   Page:Page 2          ,"Prepare page to 2 for
                                                   jump later"
0x1E:   B0   X0XX   0000   D*:D 0               ,"Count down from 7 to 6
                                                   for now, not 0 yet, so
                                                   jump to 20"
0x1F:   30   00XX   0000   Jump -:jump -0       ,"Stop program by jumping
                                                   back to the same
                                                   location"
0x20:   19   000X   X00X   Dout:Output 1001     ,"Output 1001"
0x21:   28   00X0   X000   Delay:Delay 500ms    ,"Wait for 500 ms"
0x22:   16   000X   0XX0   Dout:Output 0110     ,"Output 0110"
0x23:   28   00X0   X000   Delay:Delay 500ms    ,"Wait for 500 ms"
0x24:   36   00XX   0XX0   Jump -:jump -6       ,"Jump back to An
                                                   Instruction count down,
                                                   compare and jump if
                                                   not 0"
```

```
Cn Instructions   -   SKIP Instructions
                      regarding A, B, IN, S1, S2

Addr   BD    Inst. Data      Comment
0x00:  87    X000  0XXX      Page:Page 7          ,"Set up Page 1"
0x01:  96    X00X  0XX0      Jump:Jump 6          ,"Jump to Location 10 where
                                                    the examples start"
0x02:  00    0000  0000      0:                   ,""
0x03:  00    0000  0000      0:                   ,"Cn Instruction - DECISONS
                                                    by using either to SKIP
                                                    next instruction or to
                                                    continue"
0x04:  00    0000  0000      0:                   ,""
0x05:  00    0000  0000      0:                   ,"Preset Analog 1and  Analog
                                                    2 to preset registers A
                                                    and B"
0x06:  00    0000  0000      0:                   ,"and other inputs or PRG
                                                    and SEL as needed"
0x07:  00    0000  0000      0:                   ,""
0x08:  00    0000  0000      0:                   ,"Some blocks end with 30 -
                                                    stop here, so stop/start
                                                    again Single Step for
                                                    test first"
0x09:  00    0000  0000      0:                   ,"and then the arrow right
                                                    to run program blocks"
0x0A:  00    0000  0000      0:                   ,"Start AT :  12 A>B,, 20
                                                    A<B,  30 A=B,  40 DIN1=1,
                                                    48 DIN2,  50  DIN3
                                                    58 DIN4"
0x0B:  00    0000  0000      0:                   ,"60 DIN1=0,  65 DIN2,
                                                    6A DIN3, 70 DIN4, 76  S1
                                                    SEL 0,  7B  PRG 0,
                                                    ( CE , CF ) "
0x0C:  00    0000  0000      0:                   ,""
0x0D:  00    0000  0000      0:                   ,""
0x0E:  C0    XX00  0000      Skip if:             ,"C0 -  not used here, so
                                                    functions like a NOP -
                                                    No OPeration"
0x0F:  00    0000  0000      0:                   ,"   just continue to next
                                                    instruction"
0x10:  6A    0XX0  X0X0      A=:A=ADC.2           ,"Get value of Analog IN 1
                                                    into A"
0x11:  51    0X0X  000X      =A:B=A               ,"Copy A to B, showing now
                                                    Analog Input A"
0x12:  69    0XX0  X00X      A=:A=ADC.1           ,"Get value of Analog IN 1
                                                    into A"
0x13:  C1    XX00  000X      Skip if:A>B          ,"C1 -  Is A> B, then skip
                                                    over next instruction"
0x14:  9A    X00X  X0X0      Jump:Jump A          ,"Jump to location 1A if NOT
                                                    A> B set OUTPUT to 0001,
                                                    continue to next Skip"
0x15:  9D    X00X  XX0X      Jump:Jump D          ,"Jump to location 1D
                                                        if A > B   set OUTPUT
                                                        to 1111. continue to
                                                        next step"
0x16:  11    000X  000X      Dout:Output 0001     ,""
0x17:  2A    00X0  X0X0      Delay:Delay 2s       ,""
0x18:  9F    X00X  XXXX      Jump:Jump F          ,"continue to next
                                                    SKIP command"
```

```
0x19:   1F    000X   XXXX    Dout:Output 1111    ,"as A > B true, send
                                                    out F"
0x1A:   2A    00X0   X0X0    Delay:Delay 2s      ,""
0x1B:   10    000X   0000    Dout:Output 0000   ,"Reset output to 0 and
                                                   continue with next
                                                   SKIP Command"
0x1C:   30    00XX   0000    Jump -:jump -0      ,"Stop test program"
0x1D:   00    0000   0000    0:                  ,""
0x1E:   6A    0XX0   X0X0    A=:A=ADC.2          ,"Prepare setable
                                                   register contents via
                                                   Analog IN1 and Analog
                                                   IN 2"
0x1F:   51    0X0X   000X    =A:B=A              ,""
0x20:   69    0XX0   X00X    A=:A=ADC.1          ,""
0x21:   00    0000   0000    0:                  ,""
0x22:   C2    XX00   00X0    Skip if:A<B         ,"C2 -  Skip if B>A"
0x23:   9A    X00X   X0X0    Jump:Jump A         ,"if NOT B>A jump to
                                                   address A"
0x24:   9D    X00X   XX0X    Jump:Jump D         ,"if B>A jump to
                                                   address B"
0x25:   11    000X   000X    Dout:Output 0001   ,"set OUT to 0001"
0x26:   29    00X0   X00X    Delay:Delay 1s     ,"delay for 1 sec"
0x27:   98    X00X   X000    Jump:Jump 8        ,"Jump to address A"
0x28:   1F    000X   XXXX    Dout:Output 1111   ,"as B>A is YES, set
                                                   OUT to 1111"
0x29:   2A    00X0   X0X0    Delay:Delay 2s     ,"delay for 2 secs"
0x2A:   10    000X   0000    Dout:Output 0000   ,"Reset OUTPUT to 0000"
0x2B:   00    0000   0000    0:                 ,""
0x2C:   30    00XX   0000    Jump -:jump -0     ,"STOP Program"
0x2D:   00    0000   0000    0:                 ,""
0x2E:   6A    0XX0   X0X0    A=:A=ADC.2         ,"Get data for
                                                   comparison via Analog
                                                   IN 1 and Analog IN 2"
0x2F:   51    0X0X   000X    =A:B=A             ,""
0x30:   69    0XX0   X00X    A=:A=ADC.1         ,""
0x31:   00    0000   0000    0:                 ,""
0x32:   C3    XX00   00XX    Skip if:A=B        ,"C3 -  A=B ?"
0x33:   00    0000   0000    0:                 ,""
0x34:   9A    X00X   X0X0    Jump:Jump A        ,""
0x35:   9D    X00X   XX0X    Jump:Jump D        ,""
0x36:   11    000X   000X    Dout:Output 0001   ,""
0x37:   2A    00X0   X0X0    Delay:Delay 2s     ,""
0x38:   9F    X00X   XXXX    Jump:Jump F        ,""
0x39:   1F    000X   XXXX    Dout:Output 1111   ,""
0x3A:   2A    00X0   X0X0    Delay:Delay 2s     ,""
0x3B:   10    000X   0000    Dout:Output 0000   ,""
0x3C:   00    0000   0000    0:                 ,""
0x3D:   30    00XX   0000    Jump -:jump -0     ,""
0x3E:   18    000X   X000    Dout:Output 1000   ,"Testing the 4 Input
                                                   Bits   C4 DIN.0,
                                                   C5 DIN.1, C6 DIN.2,
                                                   C7 DIN.3"
0x3F:   C4    XX00   0X00    Skip if:Din.1=1    ,"C4 -  Test for bit 0
                                                   if INPUT 1 ticked,
                                                   then skip"
0x40:   90    X00X   0000    Jump:Jump 0        ,"unticked, so jump back
                                                   and wait for it ticked"
0x41:   94    X00X   0X00    Jump:Jump 4        ,""
0x42:   11    000X   000X    Dout:Output 0001   ,""
0x43:   91    X00X   000X    Jump:Jump 1        ,""
```

```
0x44:   00   0000  0000       0:                      ,""
0x45:   00   0000  0000       0:                      ,""
0x46:   18   000X  X000       Dout:Output 1000        ,""
0x47:   C5   XX00  0X0X       Skip if:Din.2=1         ,"C5 -   test for DIN.2"
0x48:   98   X00X  X000       Jump:Jump 8             ,""
0x49:   11   000X  000X       Dout:Output 0001        ,""
0x4A:   99   X00X  X00X       Jump:Jump 9             ,""
0x4B:   00   0000  0000       0:                      ,""
0x4C:   00   0000  0000       0:                      ,""
0x4D:   00   0000  0000       0:                      ,""
0x4E:   18   000X  X000       Dout:Output 1000        ,""
0x4F:   C6   XX00  0XX0       Skip if:Din.3=1         ,"C6 -   Test for DIN.3"
0x50:   90   X00X  0000       Jump:Jump 0             ,""
0x51:   11   000X  000X       Dout:Output 0001        ,""
0x52:   91   X00X  000X       Jump:Jump 1             ,""
0x53:   00   0000  0000       0:                      ,""
0x54:   00   0000  0000       0:                      ,""
0x55:   00   0000  0000       0:                      ,""
0x56:   18   000X  X000       Dout:Output 1000        ,""
0x57:   C7   XX00  0XXX       Skip if:Din.4=1         ,"C7 -   Test for DIN.4 "
0x58:   98   X00X  X000       Jump:Jump 8             ,""
0x59:   11   000X  000X       Dout:Output 0001        ,""
0x5A:   99   X00X  X00X       Jump:Jump 9             ,""
0x5B:   00   0000  0000       0:                      ,""
0x5C:   00   0000  0000       0:                      ,""
0x5D:   18   000X  X000       Dout:Output 1000        ,""
0x5E:   C8   XX00  X000       Skip if:Din.1=0         ,"C8 - TESTING FOR INPUT
                                                        LINE low HERE din.0= 0"
0x5F:   32   00XX  00X0       Jump -:jump -2          ,""
0x60:   11   000X  000X       Dout:Output 0001        ,""
0x61:   33   00XX  00XX       Jump -:jump -3          ,""
0x62:   18   000X  X000       Dout:Output 1000        ,""
0x63:   C9   XX00  X00X       Skip if:Din.2=0         ,"C9 - TESTING FOR INPUT
                                                        LINE low HERE DIN.1= 0"
0x64:   32   00XX  00X0       Jump -:jump -2          ,""
0x65:   11   000X  000X       Dout:Output 0001        ,""
0x66:   33   00XX  00XX       Jump -:jump -3          ,""
0x67:   11   000X  000X       Dout:Output 0001        ,""
0x68:   CA   XX00  X0X0       Skip if:Din.3=0         ,"CA - TESTING FOR INPUT
                                                        LINE low HERE DIN.2= 0"
0x69:   32   00XX  00X0       Jump -:jump -2          ,""
0x6A:   18   000X  X000       Dout:Output 1000        ,""
0x6B:   33   00XX  00XX       Jump -:jump -3          ,""
0x6C:   00   0000  0000       0:                      ,""
0x6D:   11   000X  000X       Dout:Output 0001        ,""
0x6E:   CB   XX00  X0XX       Skip if:Din.4=0         ,"CB - TESTING FOR INPUT
                                                        LINE low HERE DIN.3= 0"
0x6F:   32   00XX  00X0       Jump -:jump -2          ,""
0x70:   18   000X  X000       Dout:Output 1000        ,""
0x71:   33   00XX  00XX       Jump -:jump -3          ,""
0x72:   00   0000  0000       0:                      ,""
0x73:   11   000X  000X       Dout:Output 0001        ,"CC -   TESTING FOR S1= 0
                                                             =  SEL"
0x74:   CC   XX00  XX00       Skip if:S_SEL=0         ,""
0x75:   32   00XX  00X0       Jump -:jump -2          ,""
0x76:   18   000X  X000       Dout:Output 1000        ,""
0x77:   33   00XX  00XX       Jump -:jump -3          ,""
0x78:   11   000X  000X       Dout:Output 0001        ,"CD -   TESTING FOR S2= 0
                                                             =  PRG"
0x79:   CD   XX00  XX0X       Skip if:S_PRG=0         ,""
```

```
0x7A:   32    00XX   00X0    Jump -:jump -2       ,""
0x7B:   18    000X   X000    Dout:Output 1000     ,""
0x7C:   33    00XX   00XX    Jump -:jump -3       ,""
0x7D:   00    0000   0000    0:                   ,"CE AND CF ARE BASICALLY
                                                    THE SAME AS THE LAST 2
                                                  - JUST INVERTED FUNCTION"
0x7E:   00    0000   0000    0:                   ,""
0x7F:   00    0000   0000    0:                   ,""
0x80:   00    0000   0000    0:                   ,""
```

```
Dn Instructions - CALL SUBROUTINE at Location n
                - one level is allowed only
                - no nesting, e.g.  a Subroutine running
                  cannot call another Subroutine

Addr    BD    Inst.    Data     Comment
0x00:   80    X000     0000     Page:Page 0             ,""
0x01:   98    X00X     X000     Jump:Jump 8             ,""
0x02:   00    0000     0000     0:                      ,""
0x03:   00    0000     0000     0:                      ,""
0x04:   00    0000     0000     0:                      ,"Dn   to call a
                                                           subroutine"
0x05:   00    0000     0000     0:                      ,"En to return from
                                                           subroutine"
0x06:   00    0000     0000     0:                      ,"No nesting allowed
                                                           (for one subroutine
                                                           to call another
                                                           subroutine)"
0x07:   00    0000     0000     0:                      ,""
0x08:   82    X000     00X0     Page:Page 2             ,""
0x09:   D7    XX0X     0XXX     Call:Jump 7             ,""
0x0A:   32    00XX     00X0     Jump -:jump -2          ,""
0x0B:   00    0000     0000     0:                      ,""
0x0C:   00    0000     0000     0:                      ,""
0x0D:   00    0000     0000     0:                      ,""
0x0E:   00    0000     0000     0:                      ,""
0x0F:   00    0000     0000     0:                      ,""
0x10:   00    0000     0000     0:                      ,""
0x11:   00    0000     0000     0:                      ,""
0x12:   00    0000     0000     0:                      ,""
0x13:   00    0000     0000     0:                      ,""
0x14:   00    0000     0000     0:                      ,""
0x15:   00    0000     0000     0:                      ,""
0x16:   00    0000     0000     0:                      ,""
0x17:   00    0000     0000     0:                      ,""
0x18:   00    0000     0000     0:                      ,""
0x19:   00    0000     0000     0:                      ,""
0x1A:   00    0000     0000     0:                      ,""
0x1B:   00    0000     0000     0:                      ,""
0x1C:   00    0000     0000     0:                      ,""
0x1D:   00    0000     0000     0:                      ,""
0x1E:   00    0000     0000     0:                      ,""
0x1F:   00    0000     0000     0:                      ,""
0x20:   11    000X     000X     Dout:Output 0001        ,"SET BIT 1 AND
                                                           RETURN"
0x21:   E0    XXX0     0000     Ret:Return              ,""
0x22:   12    000X     00X0     Dout:Output 0010        ,"SET BIT 2 AND
                                                           RETURN"
0x23:   E0    XXX0     0000     Ret:Return              ,""
0x24:   14    000X     0X00     Dout:Output 0100        ,"SET BIT 3 AND
                                                           RETURN"
0x25:   E0    XXX0     0000     Ret:Return              ,""
0x26:   18    000X     X000     Dout:Output 1000        ,"SET BIT 4 AND
                                                           RETURN"
0x27:   11    000X     000X     Dout:Output 0001        ,""
0x28:   29    00X0     X00X     Delay:Delay 1s          ,""
0x29:   12    000X     00X0     Dout:Output 0010        ,""
0x2A:   29    00X0     X00X     Delay:Delay 1s          ,""
0x2B:   14    000X     0X00     Dout:Output 0100        ,""
```

```
0x2C:   29   00X0   X00X   Delay:Delay 1s       ,""
0x2D:   18   000X   X000   Dout:Output 1000     ,""
0x2E:   29   00X0   X00X   Delay:Delay 1s       ,""
0x2F:   14   000X   0X00   Dout:Output 0100     ,""
0x30:   29   00X0   X00X   Delay:Delay 1s       ,""
0x31:   12   000X   00X0   Dout:Output 0010     ,""
0x32:   29   00X0   X00X   Delay:Delay 1s       ,""
0x33:   11   000X   000X   Dout:Output 0001     ,""
0x34:   29   00X0   X00X   Delay:Delay 1s       ,""
0x35:   10   000X   0000   Dout:Output 0000     ,""
0x36:   29   00X0   X00X   Delay:Delay 1s       ,""
0x37:   1F   000X   XXXX   Dout:Output 1111     ,""
0x38:   29   00X0   X00X   Delay:Delay 1s       ,""
0x39:   E0   XXX0   0000   Ret:Return           ,""
0x3A:   00   0000   0000   0:                   ,""
0x3B:   00   0000   0000   0:                   ,""
0x3C:   00   0000   0000   0:                   ,""
```

En Instructions   - Return from Subroutine to Main Program

Fn Instructions   - not used in Holtek Variant of TPS/MyCo

17 - Program Files extracted from Willie's .tps Files which directly run on the Emulator

Example 1

```
Addr    BD    Inst.  Data    Comment

0x00:   82    X000   00X0    Page:Page 2              ,""

0x01:   90    X00X   0X0X    Jump:Jump 0             ,""

0x02:   00    0000   0000    0:                       ,""

0x03:   00    0000   0000    0:                       ,""

0x04:   00    0000   0000    0:                       ,""

0x05:   00    0000   0000    0:                       ,""

0x06:   00    0000   0000    0:                       ,""

0x07:   00    0000   0000    0:                       ,""

0x08:   00    0000   0000    0:                       ,

0x09:   00    0000   0000    0:                       ,""

0x0A:   00    0000   0000    0:                       ,""

0x0B:   00    0000   0000    0:                       ,""

0x0C:   00    0000   0000    0:                       ,""

0x0D:   00    0000   0000    0:                       ,

0x0E:   00    0000   0000    0:                       ,""

0x0F:   00    0000   0000    0:                       ,""

0x10:   00    0000   0000    0:                       ,""

0x11:   00    0000   0000    0:                       ,""

0x12:   00    0000   0000    0:                       ,""

0x13:   00    0000   0000    0:                       ,""

0x14:   00    0000   0000    0:                       ,""

0x15:   00    0000   0000    0:                       ,""

0x16:   00    0000   0000    0:                       ,""
```

```
0x17:   00   0000   0000   0:                               ,""
0x18:   00   0000   0000   0:                               ,""
0x19:   00   0000   0000                           0:       ,""
0x1A:   00   0000   0000   0:                               ,""
0x1B:   00   0000   0000   0:                               ,""
0x1C:   00   0000   0000   0:                               ,""
0x1D:   00   0000   0000   0:                               ,""
0x1E:   00   0000   0000   0:                               ,""
0x1F:   00   0000   0000   0:                               ,""
0x20:   11   000X   000X   Dout:Output 0001                ,""
0x21:   28   00X0   X000   Delay:Delay 500ms               ,""
0x22:   18   000X   X000   Dout:Output 1000                ,""
0x23:   28   00X0   X000   Delay:Delay 500ms               ,""
0x24:   34   00XX   0X00   Jump -:jump -4                  ,""
0x25:   71   0XXX   000X   A=Calculation:A=A+1             ,""
0x26:   54   0X0X   0X00   =A:Dout=A                       ,""
0x27:   59   0X0X   X00X   =A:PWM.1=A                      ,""
0x28:   26   00X0   0XX0   Delay:Delay 100ms               ,""
0x29:   34   00XX   0X00   Jump -:jump -4                  ,""
0x2A:   00   0000   0000   0:                               ,""
0x2B:   00   0000   0000   0:                               ,""
0x2C:   00   0000   0000   0:                               ,""
0x2D:   00   0000   0000   0:                               ,""
```

Example 2, code for example left in, start address changed to 25

Addr	BD	Inst.	Data	Comment	
0x00:	82	X000	00X0	Page:Page 2	,""
0x01:	95	X00X	0X0X	Jump:Jump 5	,""
0x02:	00	0000	0000	0:	,""
0x03:	00	0000	0000	0:	,""
0x04:	00	0000	0000	0:	,""
0x05:	00	0000	0000	0:	,""
0x06:	00	0000	0000	0:	,""
0x07:	00	0000	0000	0:	,""
0x08:	00	0000	0000	0:	,""
0x09:	00	0000	0000	0:	,""
0x0A:	00	0000	0000	0:	,""
0x0B:	00	0000	0000	0:	,""
0x0C:	00	0000	0000	0:	,""
0x0D:	00	0000	0000	0:	,""
0x0E:	00	0000	0000	0:	,""
0x0F:	00	0000	0000	0:	,""
0x10:	00	0000	0000	0:	,""
0x11:	00	0000	0000	0:	,""
0x12:	00	0000	0000	0:	,""
0x13:	00	0000	0000	0:	,""
0x14:	00	0000	0000	0:	,""
0x15:	00	0000	0000	0:	,""
0x16:	00	0000	0000	0:	,""
0x17:	00	0000	0000	0:	,""
0x18:	00	0000	0000	0:	,""

```
0x19:   00   0000   0000   0:                              ,""
0x1A:   00   0000   0000   0:                              ,""
0x1B:   00   0000   0000   0:                              ,""
0x1C:   00   0000   0000   0:                              ,""
0x1D:   00   0000   0000   0:                              ,""
0x1E:   00   0000   0000   0:                              ,""
0x1F:   00   0000   0000   0:                              ,""
0x20:   11   000X   000X   Dout:Output 0001                ,""
0x21:   28   00X0   X000   Delay:Delay 500ms               ,""
0x22:   18   000X   X000   Dout:Output 1000                ,""
0x23:   28   00X0   X000   Delay:Delay 500ms               ,""
0x24:   34   00XX   0X00   Jump -:jump -4                  ,""
0x25:   71   0XXX   000X   A=Calculation:A=A+1             ,""
0x26:   54   0X0X   0X00   =A:Dout=A                       ,""
0x27:   59   0X0X   X00X   =A:PWM.1=A                      ,""
0x28:   26   00X0   0XX0   Delay:Delay 100ms               ,""
0x29:   34   00XX   0X00   Jump -:jump -4                  ,""
0x2A:   00   0000   0000   0:                              ,""
0x2B:   00   0000   0000   0:                              ,""
0x2C:   00   0000   0000   0:                              ,""
```

Example 3

Addr	BD	Inst.	Data	Comment	
0x00:	82	X000	00X0	Page:Page 2	,""
0x01:	9A	X00X	X0X0	Jump:Jump A	,""
0x02:	00	0000	0000	0:	,""
0x03:	00	0000	0000	0:	,""
0x04:	00	0000	0000	0:	,""
0x05:	00	0000	0000	0:	,""
0x06:	00	0000	0000	0:	,""
0x07:	00	0000	0000	0:	,""
0x08:	00	0000	0000	0:	,""
0x09:	00	0000	0000	0:	,""
0x0A:	00	0000	0000	0:	,""
0x0B:	00	0000	0000	0:	,""
0x0C:	00	0000	0000	0:	,""
0x0D:	00	0000	0000	0:	,""
0x0E:	00	0000	0000	0:	,""
0x0F:	00	0000	0000	0:	,""
0x10:	00	0000	0000	0:	,""
0x11:	00	0000	0000	0:	,""
0x12:	00	0000	0000	0:	,""
0x13:	00	0000	0000	0:	,""
0x14:	00	0000	0000	0:	,""
0x15:	00	0000	0000	0:	,""
0x16:	00	0000	0000	0:	,""
0x17:	00	0000	0000	0:	,""
0x18:	00	0000	0000	0:	,""
0x19:	00	0000	0000	0:	,""

```
0x1A:   00   0000   0000   0:                         ,""
0x1B:   00   0000   0000   0:                         ,""
0x1C:   00   0000   0000   0:                         ,""
0x1D:   00   0000   0000   0:                         ,""
0x1E:   00   0000   0000   0:                         ,""
0x1F:   00   0000   0000   0:                         ,""
0x20:   11   000X   000X   Dout:Output 0001          ,""
0x21:   28   00X0   X000   Delay:Delay 500ms         ,""
0x22:   18   000X   X000   Dout:Output 1000          ,""
0x23:   28   00X0   X000   Delay:Delay 500ms         ,""
0x24:   34   00XX   0X00   Jump -:jump -4            ,""
0x25:   71   0XXX   000X   A=Calculation:A=A+1       ,""
0x26:   54   0X0X   0X00   =A:Dout=A                 ,""
0x27:   59   0X0X   X00X   =A:PWM.1=A                ,""
0x28:   26   00X0   0XX0   Delay:Delay 100ms         ,""
0x29:   34   00XX   0X00   Jump -:jump -4            ,""
0x2A:   69   0XX0   X00X   A=:A=ADC.1                ,""
0x2B:   54   0X0X   0X00   =A:Dout=A                 ,""
0x2C:   59   0X0X   X00X   =A:PWM.1=A                ,""
0x2D:   24   00X0   0X00   Delay:Delay 20ms          ,""
0x2E:   34   00XX   0X00   Jump -:jump -4            ,""
0x2F:   00   0000   0000   0:                         ,""
0x30:   00   0000   0000   0:                         ,""
0x31:   00   0000   0000   0:                         ,""
0x32:   00   0000   0000   0:                         ,""
```

Example 4

```
Addr    BD    Inst. Data    Comment
0x00:   83    X000  00XX    Page:Page 3              ,""
0x01:   90    X00X  0000    Jump:Jump 0             ,""
0x02:   00    0000  0000    0:                      ,""
0x03:   00    0000  0000    0:                      ,""
0x04:   00    0000  0000    0:                      ,""
0x05:   00    0000  0000    0:                      ,""
0x06:   00    0000  0000    0:                      ,""
0x07:   00    0000  0000    0:                      ,""
0x08:   00    0000  0000    0:                      ,""
0x09:   00    0000  0000    0:                      ,""
0x0A:   00    0000  0000    0:                      ,""
0x0B:   00    0000  0000    0:                      ,""
0x0C:   00    0000  0000    0:                      ,""
0x0D:   00    0000  0000    0:                      ,""
0x0E:   00    0000  0000    0:                      ,""
0x0F:   00    0000  0000    0:                      ,""
0x10:   00    0000  0000    0:                      ,""
0x11:   00    0000  0000    0:                      ,""
0x12:   00    0000  0000    0:                      ,""
0x13:   00    0000  0000    0:                      ,""
0x14:   00    0000  0000    0:                      ,""
0x15:   00    0000  0000    0:                      ,""
0x16:   00    0000  0000    0:                      ,""
0x17:   00    0000  0000    0:                      ,""
0x18:   00    0000  0000    0:                      ,""
0x19:   00    0000  0000    0:                      ,""
0x1A:   00    0000  0000    0:                      ,""
```

```
0x1B:   00   0000   0000   0:                                     ""
0x1C:   00   0000   0000   0:                                    ,""
0x1D:   00   0000   0000   0:                                    ,""
0x1E:   00   0000   0000   0:                                    ,""
0x1F:   00   0000   0000   0:                                    ,""
0x20:   11   000X   000X   Dout:Output 0001                     ,""
0x21:   28   00X0   X000   Delay:Delay 500ms                    ,""
0x22:   18   000X   X000   Dout:Output 1000                     ,""
0x23:   28   00X0   X000   Delay:Delay 500ms                    ,""
0x24:   34   00XX   0X00   Jump -:jump -4                       ,""
0x25:   71   0XXX   000X   A=Calculation:A=A+1                  ,""
0x26:   54   0X0X   0X00   =A:Dout=A                            ,""
0x27:   59   0X0X   X00X   =A:PWM.1=A                           ,""
0x28:   26   00X0   0XX0   Delay:Delay 100ms                    ,""
0x29:   34   00XX   0X00   Jump -:jump -4                       ,""
0x2A:   69   0XX0   X00X   A=:A=ADC.1                           ,""
0x2B:   54   0X0X   0X00   =A:Dout=A                            ,""
0x2C:   59   0X0X   X00X   =A:PWM.1=A                           ,""
0x2D:   24   00X0   0X00   Delay:Delay 20ms                     ,""
0x2E:   34   00XX   0X00   Jump -:jump -4                       ,""
0x2F:   00   0000   0000   0:                                   ,""
0x30:   54   0X0X   0X00   =A:Dout=A                            ,""
0x31:   CE   XX00   XXX0   Skip if:S_SEL=1                      ,""
0x32:   71   0XXX   000X   A=Calculation:A=A+1                  ,""
0x33:   33   00XX   00XX   Jump -:jump -3                       ,""
0x34:   00   0000   0000   0:                                   ,""
0x35:   00   0000   0000   0:                                   ,""
```

Example 5

Addr	BD	Inst.	Data	Comment	
0x00:	83	X000	00XX	Page:Page 3	,""
0x01:	94	X00X	0X00	Jump:Jump 4	,""
0x02:	00	0000	0000	0:	,""
0x03:	00	0000	0000	0:	,""
0x04:	00	0000	0000	0:	,""
0x05:	00	0000	0000	0:	,""
0x06:	00	0000	0000	0:	,""
0x07:	00	0000	0000	0:	,""
0x08:	00	0000	0000	0:	,""
0x09:	00	0000	0000	0:	,""
0x0A:	00	0000	0000	0:	,""
0x0B:	00	0000	0000	0:	,""
0x0C:	00	0000	0000	0:	,""
0x0D:	00	0000	0000	0:	,""
0x0E:	00	0000	0000	0:	,""
0x0F:	00	0000	0000	0:	,""
0x10:	00	0000	0000	0:	,""
0x11:	00	0000	0000	0:	,""
0x12:	00	0000	0000	0:	,""
0x13:	00	0000	0000	0:	,""
0x14:	00	0000	0000	0:	,""
0x15:	00	0000	0000	0:	,""
0x16:	00	0000	0000	0:	,""
0x17:	00	0000	0000	0:	,""
0x18:	00	0000	0000	0:	,""

```
0x19:   00   0000   0000     0:                         ,""
0x1A:   00   0000   0000     0:                         ,""
0x1B:   00   0000   0000     0:                         ,""
0x1C:   00   0000   0000     0:                         ,""
0x1D:   00   0000   0000     0:                         ,""
0x1E:   00   0000   0000     0:                         ,""
0x1F:   00   0000   0000     0:                         ,""
0x20:   11   000X   000X     Dout:Output 0001         ,""
0x21:   28   00X0   X000     Delay:Delay 500ms        ,""
0x22:   18   000X   X000     Dout:Output 1000         ,""
0x23:   28   00X0   X000     Delay:Delay 500ms        ,""
0x24:   34   00XX   0X00     Jump -:jump -4           ,""
0x25:   71   0XXX   000X     A=Calculation:A=A+1      ,""
0x26:   54   0X0X   0X00     =A:Dout=A                ,""
0x27:   59   0X0X   X00X     =A:PWM.1=A               ,""
0x28:   26   00X0   0XX0     Delay:Delay 100ms        ,""
0x29:   34   00XX   0X00     Jump -:jump -4           ,""
0x2A:   69   0XX0   X00X     A=:A=ADC.1               ,""
0x2B:   54   0X0X   0X00     =A:Dout=A                ,""
0x2C:   59   0X0X   X00X     =A:PWM.1=A               ,""
0x2D:   24   00X0   0X00     Delay:Delay 20ms         ,""
0x2E:   34   00XX   0X00     Jump -:jump -4           ,""
0x2F:   00   0000   0000     0:                       ,""
0x30:   54   0X0X   0X00     =A:Dout=A                ,""
0x31:   CE   XX00   XXX0     Skip if:S_SEL=1          ,""
0x32:   71   0XXX   000X     A=Calculation:A=A+1      ,""
0x33:   33   00XX   00XX     Jump -:jump -3           ,""
0x34:   22   00X0   00X0     Delay:Delay 5ms          ,""
```

```
0x35:   CC   XX00   XX00      Skip if:S_SEL=0          ,""
0x36:   32   00XX   00X0      Jump -:jump -2           ,""
0x37:   40   0X00   0000      A=#:A=0                  ,""
0x38:   22   00X0   00X0      Delay:Delay 5ms          ,""
0x39:   71   0XXX   000X      A=Calculation:A=A+1      ,""
0x3A:   54   0X0X   0X00      =A:Dout=A                ,""
0x3B:   CE   XX00   XXX0      Skip if:S_SEL=1          ,""
0x3C:   34   00XX   0X00      Jump -:jump -4           ,""
0x3D:   39   00XX   X00X      Jump -:jump -9           ,""
0x3E:   00   0000   0000      0:                       ,""
0x3F:   00   0000   0000      0:                       ,""
0x40:   00   0000   0000      0:                       ,""
```

Example 6

```
Addr     BD   Inst.  Data     Comment

0x00:    64   0XX0   0X00     A=:A=Din          ,""

0x01:    51   0X0X   000X     =A:B=A            ,""

0x02:    4E   0X00   XXX0     A=#:A=14          ,""

0x03:    80   X000   0000     Page:Page 0       ,""

0x04:    C3   XX00   00XX     Skip if:A=B       ,""

0x05:    98   X00X   X000     Jump:Jump 8       ,""

0x06:    82   X000   00X0     Page:Page 2       ,""

0x07:    95   X00X   0X0X     Jump:Jump 5       ,""

0x08:    4D   0X00   XX0X     A=#:A=13          ,""

0x09:    80   X000   0000     Page:Page 0       ,""

0x0A:    C3   XX00   00XX     Skip if:A=B       ,""

0x0B:    9E   X00X   XXX0     Jump:Jump E       ,""

0x0C:    82   X000   00X0     Page:Page 2       ,""

0x0D:    9A   X00X   X0X0     Jump:Jump A       ,""

0x0E:    4B   0X00   X0XX     A=#:A=11          ,""

0x0F:    81   X000   000X     Page:Page 1       ,""

0x10:    00   0000   0000     0:                ,""

0x11:    00   0000   0000     0:                ,""
```

Example 7

```
Addr    BD   Inst. Data    Comment
0x00:   17   000X  0XXX     Dout:Output 0111      ,""
0x01:   30   00XX  0000     Jump -:jump -0        ,""
0x02:   00   0000  0000     0:                    ,""
```

Example 8

```
Addr    BD   Inst. Data    Comment
0x00:   FF   XXXX  XXXX     Byte:                 ,""
0x01:   FF   XXXX  XXXX     Byte:                 ,""
0x02:   00   0000  0000     0:                    ,""
0x03:   00   0000  0000     0:                    ,""
0x04:   00   0000  0000     0:                    ,""
```

Example 9

```
Addr    BD   Inst. Data    Comment
0x00:   11   000X  000X    Dout:Output 0001    ,""
0x01:   27   00X0  0XXX    Delay:Delay 200ms   ,""
0x02:   14   000X  0X00    Dout:Output 0100    ,""
0x03:   27   00X0  0XXX    Delay:Delay 200ms   ,""
0x04:   34   00XX  0X00    Jump -:jump -4      ,""
0x05:   00   0000  0000    0:                  ,""
```

Example 10

```
Addr    BD   Inst. Data    Comment
0x00:   11   000X  000X    Dout:Output 0001    ,""
0x01:   28   00X0  X000    Delay:Delay 500ms   ,""
0x02:   12   000X  00X0    Dout:Output 0010    ,""
0x03:   28   00X0  X000    Delay:Delay 500ms   ,""
0x04:   14   000X  0X00    Dout:Output 0100    ,""
0x05:   28   00X0  X000    Delay:Delay 500ms   ,""
0x06:   18   000X  X000    Dout:Output 1000    ,""
0x07:   28   00X0  X000    Delay:Delay 500ms   ,""
0x08:   38   00XX  X000    Jump -:jump -8      ,""
0x09:   00   0000  0000    0:                  ,""
```

Example 11

Addr	BD	Inst.	Data	Comment	
0x00:	11	000X	000X	Dout:Output 0001	,""
0x01:	28	00X0	X000	Delay:Delay 500ms	,""
0x02:	12	000X	00X0	Dout:Output 0010	,""
0x03:	28	00X0	X000	Delay:Delay 500ms	,""
0x04:	14	000X	0X00	Dout:Output 0100	,""
0x05:	28	00X0	X000	Delay:Delay 500ms	,""
0x06:	18	000X	X000	Dout:Output 1000	,""
0x07:	28	00X0	X000	Delay:Delay 500ms	,""
0x08:	14	000X	0X00	Dout:Output 0100	,""
0x09:	28	00X0	X000	Delay:Delay 500ms	,""
0x0A:	12	000X	00X0	Dout:Output 0010	,""
0x0B:	28	00X0	X000	Delay:Delay 500ms	,""
0x0C:	3C	00XX	XX00	Jump -:jump -12	,""
0x0D:	00	0000	0000	0:	,""
0x0E:	00	0000	0000	0:	,""

Example 12

```
Addr    BD   Inst. Data    Comment
0x00:   1F   000X  XXXX     Dout:Output 1111       ,""
0x01:   2F   00X0  XXXX     Delay:Delay 60s        ,""
0x02:   10   000X  0000     Dout:Output 0000       ,""
0x03:   30   00XX  0000     Jump -:jump -0         ,""
0x04:   00   0000  0000     0:                     ,""
```

Example 13

```
Addr    BD   Inst. Data    Comment
0x00:   40   0X00  0000     A=#:A=0                    ,""
0x01:   71   0XXX  000X     A=Calculation:A=A+1        ,""
0x02:   54   0X0X  0X00     =A:Dout=A                  ,""
0x03:   59   0X0X  X00X     =A:PWM.1=A                 ,""
0x04:   26   00X0  0XX0     Delay:Delay 100ms          ,""
0x05:   34   00XX  0X00     Jump -:jump -4             ,""
0x06:   00   0000  0000     0:                         ,""
```

Example 14

Addr	BD	Inst.	Data	Comment	
0x00:	69	0XX0	X00X	A=:A=ADC.1	,""
0x01:	54	0X0X	0X00	=A:Dout=A	,""
0x02:	7A	0XXX	X0X0	A=Calculation:A=Not A	,""
0x03:	59	0X0X	X00X	=A:PWM.1=A	,""
0x04:	26	00X0	0XX0	Delay:Delay 100ms	,""
0x05:	35	00XX	0X0X	Jump -:jump -5	,""
0x06:	00	0000	0000	0:	,""

Example 15

Addr	BD	Inst.	Data	Comment	
0x00:	CC	XX00	XX00	Skip if:S_SEL=0	,""
0x01:	31	00XX	000X	Jump -:jump -1	,""
0x02:	40	0X00	0000	A=#:A=0	,""
0x03:	71	0XXX	000X	A=Calculation:A=A+1	,""
0x04:	54	0X0X	0X00	=A:Dout=A	,""
0x05:	CE	XX00	XXX0	Skip if:S_SEL=1	,""
0x06:	33	00XX	00XX	Jump -:jump -3	,""
0x07:	37	00XX	0XXX	Jump -:jump -7	,""
0x08:	00	0000	0000	0:	,""

Example 16

```
Addr      BD    Inst.  Data    Comment

0x00:     83    X000   00XX    Page:Page 3            ,""
0x01:     94    X00X   0X00    Jump:Jump 4            ,""
0x02:     00    0000   0000    0:                     ,""
0x03:     00    0000   0000    0:                     ,""
0x04:     00    0000   0000    0:                     ,""
```

Example 17

```
Addr      BD    Inst.  Data    Comment

0x00:     45    0X00   0X0X    A=#:A=5                ,""
0x01:     52    0X0X   00X0    =A:C=A                 ,""
0x02:     15    000X   0X0X    Dout:Output 0101      ,""
0x03:     28    00X0   X000    Delay:Delay 500ms     ,""
0x04:     1A    000X   X0X0    Dout:Output 1010      ,""
0x05:     28    00X0   X000    Delay:Delay 500ms     ,""
0x06:     80    X000   0000    Page:Page 0           ,""
0x07:     A2    X0X0   00X0    C*:C 2                 ,""
0x08:     30    00XX   0000    Jump -:jump -0        ,""
0x09:     00    0000   0000    0:                     ,""
```

Example 18

```
Addr     BD    Inst. Data     Comment
0x00:    45    0X00  0X0X      A=#:A=5                ,""
0x01:    52    0X0X  00X0      =A:C=A                 ,""
0x02:    80    X000  0000      Page:Page 0            ,""
0x03:    A5    X0X0  0X0X      C*:C 5                 ,""
0x04:    30    00XX  0000      Jump -:jump -0         ,""
0x05:    15    000X  0X0X      Dout:Output 0101       ,""
0x06:    28    00X0  X000      Delay:Delay 500ms      ,""
0x07:    1A    000X  X0X0      Dout:Output 1010       ,""
0x08:    28    00X0  X000      Delay:Delay 500ms      ,""
0x09:    36    00XX  0XX0      Jump -:jump -6         ,""
0x0A:    00    0000  0000      0:                     ,""
```

Example 19

```
Addr    BD    Inst.  Data    Comment
0x00:   45    0X00   0X0X    A=#:A=5       ,""
0x01:   51    0X0X   000X    =A:B=A                    ,""
0x02:   80    X000   0000    Page:Page 0               ,""
0x03:   69    0XX0   X00X    A=:A=ADC.1                ,""
0x04:   C1    XX00   000X    Skip if:A>B               ,""
0x05:   98    X00X   X000    Jump:Jump 8               ,""
0x06:   1F    000X   XXXX    Dout:Output 1111          ,""
0x07:   34    00XX   0X00    Jump -:jump -4            ,""
0x08:   10    000X   0000    Dout:Output 0000          ,""
0x09:   36    00XX   0XX0    Jump -:jump -6            ,""
0x0A:   00    0000   0000    0:                        ,""
0x0B:   00    0000   0000    0:                        ,""
```

Example 20

```
Addr    BD    Inst.  Data    Comment

0x00:   67    0XX0   0XXX    A=:A=Din.3             ,""
0x01:   54    0X0X   0X00    =A:Dout=A             ,""
0x02:   21    00X0   000X    Delay:Delay 2ms       ,""
0x03:   33    00XX   00XX    Jump -:jump -3        ,""
0x04:   00    0000   0000    0:                    ,""
```

Example 21

```
Addr    BD    Inst.  Data    Comment

0x00:   71    0XXX   000X    A=Calculation:A=A+1   ,""
0x01:   57    0X0X   0XXX    =A:Dout.3=A.0         ,""
0x02:   28    00X0   X000    Delay:Delay 500ms     ,""
0x03:   33    00XX   00XX    Jump -:jump -3        ,""
0x04:   00    0000   0000    0:                    ,""
0x05:   00    0000   0000    0:                    ,""
```

Example 22

```
Addr    BD   Inst.  Data   Comment
0x00:   67   0XX0   0XXX   A=:A=Din.3                  ,""
0x01:   7A   0XXX   X0X0   A=Calculation:A=Not A  ,""
0x02:   58   0X0X   X000   =A:Dout.4=A.0              ,""
0x03:   33   00XX   00XX   Jump -:jump -3            ,""
0x04:   00   0000   0000   0:                        ,""
0x05:   00   0000   0000   0:                        ,""
```

Example 23

```
Addr    BD   Inst.  Data   Comment
0x00:   C6   XX00   0XX0    Skip if:Din.3=1          ,""
0x01:   11   000X   000X    Dout:Output 0001         ,""
0x02:   C7   XX00   0XXX    Skip if:Din.4=1          ,""
0x03:   18   000X   X000    Dout:Output 1000         ,""
0x04:   34   00XX   0X00    Jump -:jump -4           ,""
0x05:   00   0000   0000    0:                       ,""
0x06:   00   0000   0000   0:                        ,""
0x07:   00   0000   0000   0:                        ,""
```

Example 24

```
Addr    BD   Inst. Data   Comment
0x00:   64   0XX0  0X00   A=:A=Din                    ,""
0x01:   51   0X0X  000X   =A:B=A                      ,""
0x02:   43   0X00  00XX   A=#:A=3                     ,""
0x03:   77   0XXX  0XXX   A=Calculation:A=A And B ,""
0x04:   54   0X0X  0X00   =A:Dout=A                   ,""
0x05:   35   00XX  0X0X   Jump -:jump -5              ,""
0x06:   00   0000  0000   0:                          ,""
0x07:   00   0000  0000   0:                          ,""
```

Example 25

```
Addr    BD   Inst. Data   Comment
0x00:   80   X000  0000   Page:Page 0                 ,""
0x01:   D8   XX0X  X000   Call:Jump 8                 ,""
0x02:   54   0X0X  0X00   =A:Dout=A                   ,""
0x03:   29   00X0  X00X   Delay:Delay 1s              ,""
0x04:   D8   XX0X  X000   Call:Jump 8                 ,""
0x05:   54   0X0X  0X00   =A:Dout=A                   ,""
0x06:   28   00X0  X000   Delay:Delay 500ms           ,""
0x07:   37   00XX  0XXX   Jump -:jump -7              ,""
0x08:   72   0XXX  00X0   A=Calculation:A=A-1         ,""
0x09:   E0   XXX0  0000   Ret:Return                  ,""
0x0A:   00   0000  0000   0:                          ,""
```

Example 26

```
Addr      BD    Inst. Data    Comment
0x00:     80    X000  0000     Page:Page 0            ,""
0x01:     D8    XX0X  X000     Call:Jump 8            ,""
0x02:     54    0X0X  0X00     =A:Dout=A              ,""
0x03:     29    00X0  X00X     Delay:Delay 1s         ,""
0x04:     D8    XX0X  X000     Call:Jump 8            ,""
0x05:     54    0X0X  0X00     =A:Dout=A              ,""
0x06:     28    00X0  X000     Delay:Delay 500ms      ,""
0x07:     37    00XX  0XXX     Jump -:jump -7         ,""
0x08:     72    0XXX  00X0     A=Calculation:A=A-1    ,""
0x09:     E0    XXX0  0000     Ret:Return             ,""
0x0A:     00    0000  0000     0:                     ,""
```

Example 27

```
Addr     BD     Inst. Data       Comment
0x00:    80     X000  0000       Page:Page 0                ,""
0x01:    D8     XX0X  X000       Call:Jump 8                ,""
0x02:    54     0X0X  0X00       =A:Dout=A                  ,""
0x03:    29     00X0  X00X       Delay:Delay 1s             ,""
0x04:    D8     XX0X  X000       Call:Jump 8                ,""
0x05:    54     0X0X  0X00       =A:Dout=A                  ,""
0x06:    28     00X0  X000       Delay:Delay 500ms          ,""
0x07:    37     00XX  0XXX       Jump -:jump -7             ,""
0x08:    72     0XXX  00X0       A=Calculation:A=A-1        ,""
0x09:    E0     XXX0  0000       Ret:Return                 ,""
0x0A:    00     0000  0000       0:                         ,""
```

Example 28

```
Addr     BD    Inst. Data    Comment
0x00:    40    0X00  0000     A=#:A=0                   ,""
0x01:    54    0X0X  0X00     =A:Dout=A                 ,""
0x02:    71    0XXX  000X     A=Calculation:A=A+1       ,""
0x03:    86    X000  0XX0     Page:Page 6               ,""
0x04:    D0    XX0X  0000     Call:Jump 0               ,""
0x05:    34    00XX  0X00     Jump -:jump -4            ,""
0x06:    00    0000  0000     0:                        ,""
```

Example 29

```
Addr     BD    Inst. Data    Comment
0x00:    69    0XX0  X00X     A=:A=ADC.1                ,""
0x01:    51    0X0X  000X     =A:B=A                    ,""
0x02:    80    X000  0000     Page:Page 0               ,""
0x03:    6A    0XX0  X0X0     A=:A=ADC.2                ,""
0x04:    C1    XX00  000X     Skip if:A>B               ,""
0x05:    98    X00X  X000     Jump:Jump 8               ,""
0x06:    10    000X  0000     Dout:Output 0000          ,""
0x07:    37    00XX  0XXX     Jump -:jump -7            ,""
0x08:    18    000X  X000     Dout:Output 1000          ,""
0x09:    39    00XX  X00X     Jump -:jump -9            ,""
0x0A:    00    0000  0000     0:                        ,""
0x0B:    00    0000  0000     0:                        ,""
```

Example 30

```
Addr     BD    Inst.  Data    Comment

0x00:    80    X000   0000    Page:Page 0              ,""
0x01:    59    0X0X   X00X    =A:PWM.1=A               ,""
0x02:    27    00X0   0XXX    Delay:Delay 200ms        ,""
0x03:    52    0X0X   00X0    =A:C=A                   ,""
0x04:    4F    0X00   XXXX    A=#:A=15                 ,""
0x05:    51    0X0X   000X    =A:B=A                   ,""
0x06:    62    0XX0   00X0    A=:A=C                   ,""
0x07:    C2    XX00   00X0    Skip if:A<B              ,""
0x08:    9B    X00X   X0XX    Jump:Jump B              ,""
0x09:    CF    XX00   XXXX    Skip if:S_PRG=1          ,""
0x0A:    71    0XXX   000X    A=Calculation:A=A+1      ,""
0x0B:    52    0X0X   00X0    =A:C=A                   ,""
0x0C:    40    0X00   0000    A=#:A=0                  ,""
0x0D:    51    0X0X   000X    =A:B=A                   ,""
0x0E:    62    0XX0   00X0    A=:A=C                   ,""
0x0F:    C1    XX00   000X    Skip if:A>B              ,""
0x10:    90    X00X   0000    Jump:Jump 0              ,""
0x11:    CE    XX00   XXX0    Skip if:S_SEL=1          ,""
0x12:    72    0XXX   00X0    A=Calculation:A=A-1      ,""
0x13:    90    X00X   0000    Jump:Jump 0              ,""
0x14:    00    0000   0000    0:                       ,""
```

Example 31

```
Addr    BD    Inst.  Data       Comment

0x00:   80    X000   0000       Page:Page 0            ,""

0x01:   4F    0X00   XXXX       A=#:A=15               ,""

0x02:   94    X00X   0X00       Jump:Jump 4            ,""

0x03:   45    0X00   0X0X       A=#:A=5                ,""

0x04:   53    0X0X   00XX       =A:D=A                 ,""

0x05:   18    000X   X000       Dout:Output 1000       ,""

0x06:   10    000X   0000       Dout:Output 0000       ,""

0x07:   21    00X0   000X       Delay:Delay 2ms        ,""

0x08:   18    000X   X000       Dout:Output 1000       ,""

0x09:   10    000X   0000       Dout:Output 0000       ,""

0x0A:   21    00X0   000X       Delay:Delay 2ms        ,""

0x0B:   18    000X   X000       Dout:Output 1000       ,""

0x0C:   10    000X   0000       Dout:Output 0000       ,""

0x0D:   20    00X0   0000       Delay:Delay 1ms        ,""

0x0E:   B5    X0XX   0X0X       D*:D 5                 ,""

0x0F:   30    00XX   0000       Jump -:jump -0         ,""

0x10:   00    0000   0000       0:                     ,""
```

Example 32

```
Addr      BD    Inst. Data    Comment

0x00:    85    X000  0X0X     Page:Page 5               ,""
0x01:    D0    XX0X  0000     Call:Jump 0               ,""
0x02:    26    00X0  0XX0     Delay:Delay 100ms         ,""
0x03:    D2    XX0X  00X0     Call:Jump 2               ,""
0x04:    26    00X0  0XX0     Delay:Delay 100ms         ,""
0x05:    D2    XX0X  00X0     Call:Jump 2               ,""
0x06:    26    00X0  0XX0     Delay:Delay 100ms         ,""
0x07:    D2    XX0X  00X0     Call:Jump 2               ,""
0x08:    26    00X0  0XX0     Delay:Delay 100ms         ,""
0x09:    27    00X0  0XXX     Delay:Delay 200ms         ,""
0x0A:    D0    XX0X  0000     Call:Jump 0               ,""
0x0B:    26    00X0  0XX0     Delay:Delay 100ms         ,""
0x0C:    D2    XX0X  00X0     Call:Jump 2               ,""
0x0D:    26    00X0  0XX0     Delay:Delay 100ms         ,""
0x0E:    D0    XX0X  0000     Call:Jump 0               ,""
0x0F:    30    00XX  0000     Jump -:jump -0            ,""
0x10:    00    0000  0000     0:                        ,""
```

Example 33

```
Addr      BD    Inst. Data     Comment
0x00:     86    X000  0XX0     Page:Page 6             ,""
0x01:     D0    XX0X  0000     Call:Jump 0             ,""
0x02:     40    0X00  0000     A=#:A=0                 ,""
0x03:     71    0XXX  000X     A=Calculation:A=A+1     ,""
0x04:     54    0X0X  0X00     =A:Dout=A               ,""
0x05:     29    00X0  X00X     Delay:Delay 1s          ,""
0x06:     CD    XX00  XX0X     Skip if:S_PRG=0         ,""
0x07:     34    00XX  0X00     Jump -:jump -4          ,""
0x08:     D8    XX0X  X000     Call:Jump 8             ,""
0x09:     40    0X00  0000     A=#:A=0                 ,""
0x0A:     54    0X0X  0X00     =A:Dout=A               ,""
0x0B:     3B    00XX  X0XX     Jump -:jump -11         ,""
0x0C:     00    0000  0000     0:                      ,""
0x0D:     00    0000  0000     0:                      ,""
```

Example 34

```
Addr    BD   Inst. Data    Comment

0x00:   84   X000  0X00     Page:Page 4              ,""

0x01:   90   X00X  0000     Jump:Jump 0              ,""

0x02:   00   0000  0000     0:                       ,""
```

Example 35

Addr	BD	Inst.	Data	Comment	
0x00:	CC	XX00	XX00	Skip if:S_SEL=0	,""
0x01:	31	00XX	000X	Jump -:jump -1	,""
0x02:	40	0X00	0000	A=#:A=0	,""
0x03:	54	0X0X	0X00	=A:Dout=A	,""
0x04:	23	00X0	00XX	Delay:Delay 10ms	,""
0x05:	CE	XX00	XXX0	Skip if:S_SEL=1	,""
0x06:	32	00XX	00X0	Jump -:jump -2	,""
0x07:	CF	XX00	XXXX	Skip if:S_PRG=1	,""
0x08:	30	00XX	0000	Jump -:jump -0	,""
0x09:	CC	XX00	XX00	Skip if:S_SEL=0	,""
0x0A:	33	00XX	00XX	Jump -:jump -3	,""
0x0B:	71	0XXX	000X	A=Calculation:A=A+1	,""
0x0C:	23	00X0	00XX	Delay:Delay 10ms	,""
0x0D:	CC	XX00	XX00	Skip if:S_SEL=0	,""
0x0E:	31	00XX	000X	Jump -:jump -1	,""
0x0F:	3C	00XX	XX00	Jump -:jump -12	,""
0x10:	00	0000	0000	0:	,""
0x11:	00	0000	0000	0:	,""

Example 36

```
Addr    BD    Inst. Data    Comment
0x00:   87    X000  0XXX     Page:Page 7              ,""
0x01:   43    0X00  00XX     A=#:A=3                  ,""
0x02:   51    0X0X  000X     =A:B=A                   ,""
0x03:   D0    XX0X  0000     Call:Jump 0              ,""
0x04:   C3    XX00  00XX     Skip if:A=B              ,""
0x05:   30    00XX  0000     Jump -:jump -0           ,""
0x06:   10    000X  0000     Dout:Output 0000         ,""
0x07:   45    0X00  0X0X     A=#:A=5                  ,""
0x08:   51    0X0X  000X     =A:B=A                   ,""
0x09:   D0    XX0X  0000     Call:Jump 0              ,""
0x0A:   C3    XX00  00XX     Skip if:A=B              ,""
0x0B:   30    00XX  0000     Jump -:jump -0           ,""
0x0C:   10    000X  0000     Dout:Output 0000         ,""
0x0D:   42    0X00  00X0     A=#:A=2                  ,""
0x0E:   51    0X0X  000X     =A:B=A                   ,""
0x0F:   D0    XX0X  0000     Call:Jump 0              ,""
0x10:   C3    XX00  00XX     Skip if:A=B              ,""
0x11:   30    00XX  0000     Jump -:jump -0           ,""
0x12:   10    000X  0000     Dout:Output 0000         ,""
0x13:   4F    0X00  XXXX     A=#:A=15                 ,""
0x14:   59    0X0X  X00X     =A:PWM.1=A               ,""
0x15:   30    00XX  0000     Jump -:jump -0           ,""
0x16:   00    0000  0000     0:                       ,""
0x17:   00    0000  0000     0:                       ,""
```

Example 37

```
Addr    BD    Inst. Data      Comment
0x00:   47    0X00  0XXX      A=#:A=7                   ,""
0x01:   51    0X0X  000X      =A:B=A                    ,""
0x02:   41    0X00  000X      A=#:A=1                   ,""
0x03:   C2    XX00  00X0      Skip if:A<B               ,""
0x04:   41    0X00  000X      A=#:A=1                   ,""
0x05:   54    0X0X  0X00      =A:Dout=A                 ,""
0x06:   CE    XX00  XXX0      Skip if:S_SEL=1           ,""
0x07:   71    0XXX  000X      A=Calculation:A=A+1       ,""
0x08:   35    00XX  0X0X      Jump -:jump -5            ,""
0x09:   00    0000  0000      0:                        ,""
0x0A:   00    0000  0000      0:                        ,""
```

Example 38

Addr	BD	Inst.	Data	Comment	
0x00:	40	0X00	0000	A=#:A=0	,""
0x01:	54	0X0X	0X00	=A:Dout=A	,""
0x02:	25	00X0	0X0X	Delay:Delay 50ms	,""
0x03:	71	0XXX	000X	A=Calculation:A=A+1	,""
0x04:	CC	XX00	XX00	Skip if:S_SEL=0	,""
0x05:	34	00XX	0X00	Jump -:jump -4	,""
0x06:	71	0XXX	000X	A=Calculation:A=A+1	,""
0x07:	CE	XX00	XXX0	Skip if:S_SEL=1	,""
0x08:	32	00XX	00X0	Jump -:jump -2	,""
0x09:	52	0X0X	00X0	=A:C=A	,""
0x0A:	10	000X	0000	Dout:Output 0000	,""
0x0B:	26	00X0	0XX0	Delay:Delay 100ms	,""
0x0C:	AB	X0X0	X0XX	C*:C B	,""
0x0D:	29	00X0	X00X	Delay:Delay 1s	,""
0x0E:	3E	00XX	XXX0	Jump -:jump -14	,""
0x0F:	00	0000	0000	0:	,""

Example 39

```
Addr      BD    Inst.  Data      Comment

0x00:     11    000X   000X      Dout:Output 0001        ,""
0x01:     27    00X0   0XXX      Delay:Delay 200ms       ,""
0x02:     CD    XX00   XX0X      Skip if:S_PRG=0         ,""
0x03:     31    00XX   000X      Jump -:jump -1          ,""
0x04:     12    000X   00X0      Dout:Output 0010        ,""
0x05:     27    00X0   0XXX      Delay:Delay 200ms       ,""
0x06:     14    000X   0X00      Dout:Output 0100        ,""
0x07:     27    00X0   0XXX      Delay:Delay 200ms       ,""
0x08:     CE    XX00   XXX0      Skip if:S_SEL=1         ,""
0x09:     31    00XX   000X      Jump -:jump -1          ,""
0x0A:     18    000X   X000      Dout:Output 1000        ,""
0x0B:     27    00X0   0XXX      Delay:Delay 200ms       ,""
0x0C:     CC    XX00   XX00      Skip if:S_SEL=0         ,""
0x0D:     31    00XX   000X      Jump -:jump -1          ,""
0x0E:     14    000X   0X00      Dout:Output 0100        ,""
0x0F:     27    00X0   0XXX      Delay:Delay 200ms       ,""
0x10:     12    000X   00X0      Dout:Output 0010        ,""
0x11:     27    00X0   0XXX      Delay:Delay 200ms       ,""
0x12:     CF    XX00   XXXX      Skip if:S_PRG=1         ,""
0x13:     31    00XX   000X      Jump -:jump -1          ,""
0x14:     80    X000   0000      Page:Page 0             ,""
0x15:     90    X00X   0000      Jump:Jump 0             ,""
0x16:     00    0000   0000      0:                      ,""
```

Program 40

Addr	BD	Inst.	Data	Comment	
0x00:	41	0X00	000X	A=#:A=1	,""
0x01:	CE	XX00	XXX0	Skip if:S_SEL=1	,""
0x02:	9D	X00X	XX0X	Jump:Jump D	,""
0x03:	42	0X00	00X0	A=#:A=2	,""
0x04:	CE	XX00	XXX0	Skip if:S_SEL=1	,""
0x05:	9D	X00X	XX0X	Jump:Jump D	,""
0x06:	44	0X00	0X00	A=#:A=4	,""
0x07:	CE	XX00	XXX0	Skip if:S_SEL=1	,""
0x08:	9D	X00X	XX0X	Jump:Jump D	,""
0x09:	48	0X00	X000	A=#:A=8	,""
0x0A:	CE	XX00	XXX0	Skip if:S_SEL=1	,""
0x0B:	9D	X00X	XX0X	Jump:Jump D	,""
0x0C:	3C	00XX	XX00	Jump -:jump -12	,""
0x0D:	28	00X0	X000	Delay:Delay 500ms	,""
0x0E:	54	0X0X	0X00	=A:Dout=A	,""
0x0F:	28	00X0	X000	Delay:Delay 500ms	,""
0x10:	27	00X0	0XXX	Delay:Delay 200ms	,""
0x11:	51	0X0X	000X	=A:B=A	,""
0x12:	64	0XX0	0X00	A=:A=Din	,""
0x13:	7A	0XXX	X0X0	A=Calculation:A=Not A	,""
0x14:	C3	XX00	00XX	Skip if:A=B	,""
0x15:	2A	00X0	X0X0	Delay:Delay 2s	,""
0x16:	10	000X	0000	Dout:Output 0000	,""
0x17:	80	X000	0000	Page:Page 0	,""
0x18:	90	X00X	0000	Jump:Jump 0	,""
0x19:	00	0000	0000	0:	,""

18 – A small Hardware Build of TPS / MyCo
I built it in parallel while writing the book

I just could not resist.

I just used a piece of prototype PCB and a little bit of wire
and the components that came with the new kit in 2020.
I added 3 female headers on both sides of the chip and on the top.
The one on top to stick components into to test the examples.
Tested this board – and it works well.

We hope you enjoyed the book and found it interesting working
through the examples.

Please leave a comment on amazon for others that might be interested
in this book.

We tried our best to avoid any typos or other mistakes, but we cannot
be made responsible for any issues.
If you have any comments, please a quick email to epldfpga@aol.com

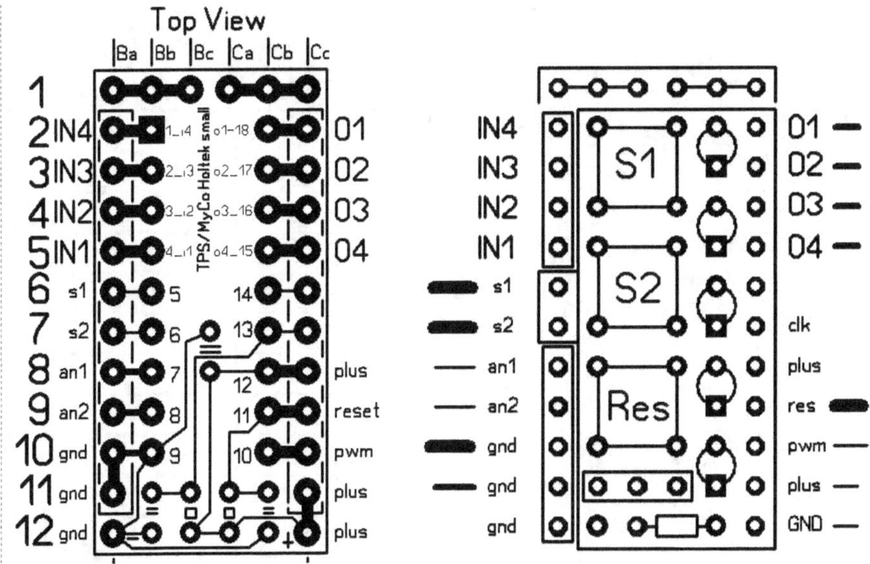

Here the Full Instruction Table including Willie's extensions,

And a small version to fold and then about the size of a business card.
.Or roughly a credit card. AND: 0n instruction is NOP not Sound here

TPS / MyCo - A 4-Bit SPS to learn Programming – in SW only or Arduino http://wk-music.de/Ar

Row	0 n.n.	1 Port	2 Delay	3 Ju <- rel	4 A=	5 „=A"	6 A=	7 A=Calculations	8 Page	9 X9	A X10	B X11	C Skip if	D	E Call /Ret	F Byte Instr.
0	NOP	0	1ms	0	0	A<->B			0	0	0	0	A=0	0	Ret	A=ADC.0
1		1	2ms	1	1	B=A	A=B	A=A + 1	1	1	1	1	A>B	1	Call1	A=ADC.1
2		2	5ms	2	2	C=A	A=C	A=A - 1	2	2	2	2	A<B	2	Call2	A=RCin.0
3		3	10ms	3	3	D=A	A=D	A=A + B	3	3	3	3	A=B	3	Call3	A=RCin.1
4		4	20ms	4	4	Dout=A	Din	A=A - B	4	4	4	4	Din.0=1	4	Call4	PWM.0=A
5		5	50ms	5	5	Dout.0=A.0	Din.0	A=A * B	5	5	5	5	Din.1=1	5	Call5	PWM.1=A
6		6	100ms	6	6	Dout.1=A.0	Din.1	A=A / B	6	6	6	6	Din.2=1	6	Call6	Servo.0=A
7		7	200ms	7	7	Dout.2=A.0	Din.2	A=A AND B	7	7	7	7	Din.3=1	7		Servo.1=A
8		8	500ms	8	8	Dout.3=A.0	Din.3	A=A OR B	8	8	8	8	Din.0=0	8	Def1	
9		9	1s	9	9	PWM.0=A	ADC.0	A=A XOR B	9	9	9	9	Din.1=0	9	Def2	
A		10	2s	10	10	PWM.1=A	ADC.1	A= NOT A	10	10	10	10	Din.2=0	10	Def3	
B		11	5s	11	11	Servo.0=A	RCin.0	A= A % B (Rest)	11	11	11	11	Din.3=0	11	Def4	
C		12	10s	12	12	Servo.1=A	RCin.1	A= A + 16 * B	12	12	12	12	S_PRG=0	12	Def5	
D		13	20s	13	13	E=A	A=E	A= B - A	13	13	13	13	S_SEL=0	13	Def6	
E		14	30s	14	14	F=A	A=F		14	14	14	14	S_PRG=1	14		
F		15	60s	15	15	Push A	Pop A		15	15	15	15	S_SEL=1	15	Restart	PrgEnd

X9 Jump absolut (#+16*page),   X10 C* C>0: C=C-1; # + (16*page)   X11 D*D>0:D=D-1; # + (16*page)   XD Call # + (16*Page)

0n Sound	50_	60_
1n Port	51_ B<+A	61_ A<=B
2n Wait	52_ C<=A	62_ A<=C
3n JumpB	53_ D<=A	63_ A<=D
4n inoA	54_ 0<=A	64_ A<=DI
8n Page	55_ D0<A0	65_ A<=D0
9n Jump	56_ D1,A0	66_ A<=D1
An C*	57_ D2<A0	67_ A<=D2
Bn D*	58_ D3<A0	68_ A<=D3
Dn Call	59_ PW<A	69_ A<=A1
En Return	5A	6A_ A<=A2
FF FF back	5B	6B_
	5C	6C_
TPS MyCo	5D	6D_
Instruction	5E	6E_
Card	5F	6F_
20_1ms	70_	C0_
21_2ms	71_ A<A+1	C1_ A>B
22_5ms	72_ A<A-1	C2_ A<B
23_10ms	73_ A<A+B	C3_ A=B
24_20ms	74_ A,A-B	C4_ DI0=1
25_50ms	75A<A*B	C5_ DI1=1
26_100m	76_ A<A/B	C6_ DI2=1
27_200m	77_ A and B	C7_ DI3=1
28_500m	78_ A or B	C8_ DI0=0
29_1s	79_ A xor B	C9_ DI1=0
2A_2s	7A_ A not A	CA_ DI2=0
2B_5s	7B_	CB_ DI3=0
2C_10s	7C_	CC_ S1=0
2D_20s	7D_	CD_ S2=0
2E_30s	7E_	CE_ S1=1
2F_60s	7F_	CF_ S2=1

And for the more technical people: TPS Board and circuit diagram

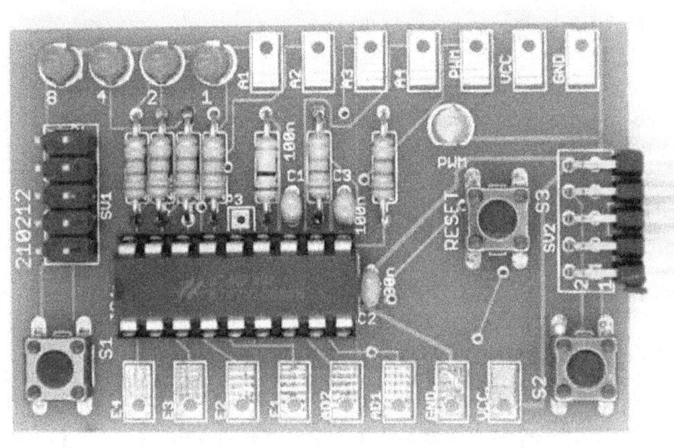

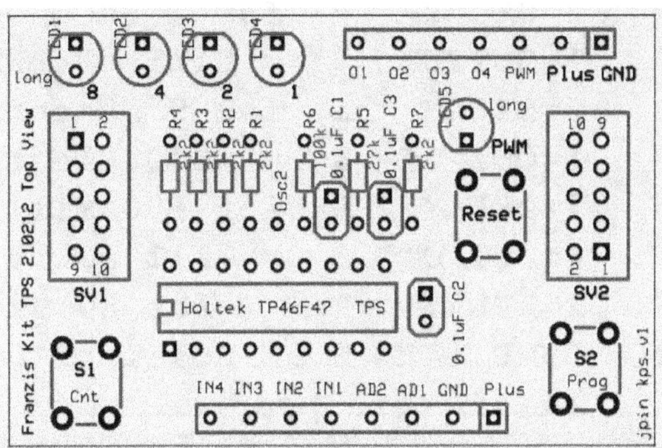

The circuit diagram

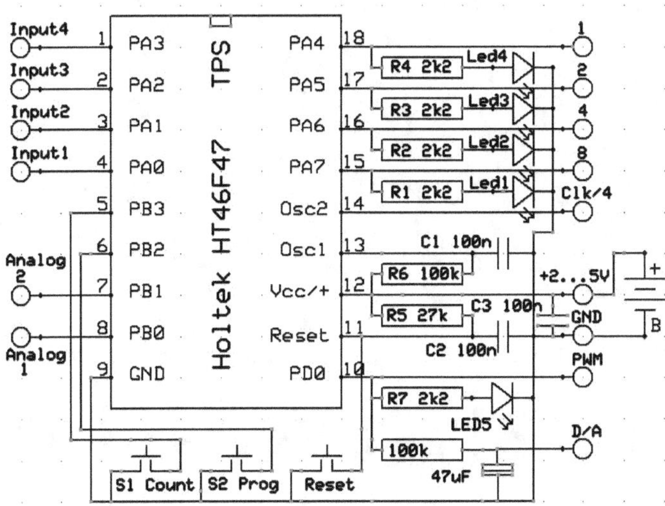

A little example using the push pins

showing a little program.

Here the push pins are used for 2 functions:
    indicate the instruction to be executed
And
    on top of the push pins you see instruction address numbers.

```
Address  Code    Instruction
0  0     2  2    2=DELAY     2  for 5 Milliseconds
0  1     1  1    1=OUTPUT    1  = 0001  -right LED on
0  2     2  9    2=DELAY     9  for 1 Second
0  3     1  7    1=OUTPUT    7  = 0111   3 LEDs  on
0  4     2  B    2=DELAY     B  for 5 Seconds
0  5     1  8    1=OUTPUT    8  = 1000   left LED on
0  6     2  6    2=DELAY     6  for 100 Milliseconds
0  7     1  F    1=OUTPUT    F  = 1111 all 4 LEDs on
0  8     2  F    2=DELAY     F     for 60 Seconds
0  9     3  9    JUMP BACK 9  lines from 09 to 00
                 start this program again from 00
```

TPS / MyCo Processor Instructions

0_n			1_n to OUT PORT			2_n WAIT			3_n JMPB(ack)		
NOP - to next instruction			Output data to Por			Wait for a time ms/secs			Jump Back n Addresses		
0 0000	8 1000		0 0000	8 1000		0 1ms	8 500ms		0 0000	8 1000	
1 0001	9 1001		1 0001	9 1001		1 2ms	9 1s		1 0001	9 1001	
2 0010	A 1010		2 0010	A 1010		2 5ms	A 2s		2 0010	A 1010	
3 0011	B 1011		3 0011	B 1011		3 10ms	B 5s		3 0011	B 1011	
4 0100	C 1100		4 0100	C 1100		4 20ms	C 10s		4 0100	C 1100	
5 0101	D 1101		5 0101	D 1101		5 50ms	D 20s		5 0101	D 1101	
6 0110	E 1110		6 0110	E 1110		6 100ms	E 30s		6 0110	E 1110	
7 0111	F 1111		7 0111	F 1111		7 200ms	F 60s		7 0111	F 1111	

4_n to A			5_n .. <=A			6_n A<=..			7_n A<=..		
Load Register A with x			Copy Reg A to			Copy x to A as 4/1 Bits			Arith. / Logic Functions		
0 0000	8 1000		0 --	8 D3<A		0 --	8 A<D3		0 --	8 AorB	
1 0001	9 1001		1 B<=A	9 PM<A		1 A<=B	9 A<A1		1 A+1	9 AxorB	
2 0010	A 1010		2 C<=A	A --		2 A<=C	A A<A2		2 A-1	A AnotA	
3 0011	B 1011		3 D<=A	B --		3 A<=D	B --		3 A+B	B --	
4 0100	C 1100		4 DO<A	C --		4 A<DI	C --		4 A-B	C --	
5 0101	D 1101		5 D0<A	D --		5 A<D0	D --		5 A*B	D --	
6 0110	E 1110		6 D1<A	E --		6 A<D1	E --		6 A/B	E --	
7 0111	F 1111		7 D2<A	F --		7 A<D2	F --		7 AandB	F --	

An alternative to push pins or paper clips with the TicTac Boxes you can use as well coins to indicate the status of the Function Blocks.

Here you can show as well the analog output by adding the relevant number of coins on top of each other.

Normally the number is shown by putting the coin into the relvant square 8 4 2 1 . This number indicates the weight, and you can add them up:
1 coin   in the 1 position
2 coins in the 2 position
4 coins in the 4 position
8 coins in the 8 position

All of them added up gives 15 coins

Plus 0 coins

Gives the 16 options we can use in our 4 bit processor.

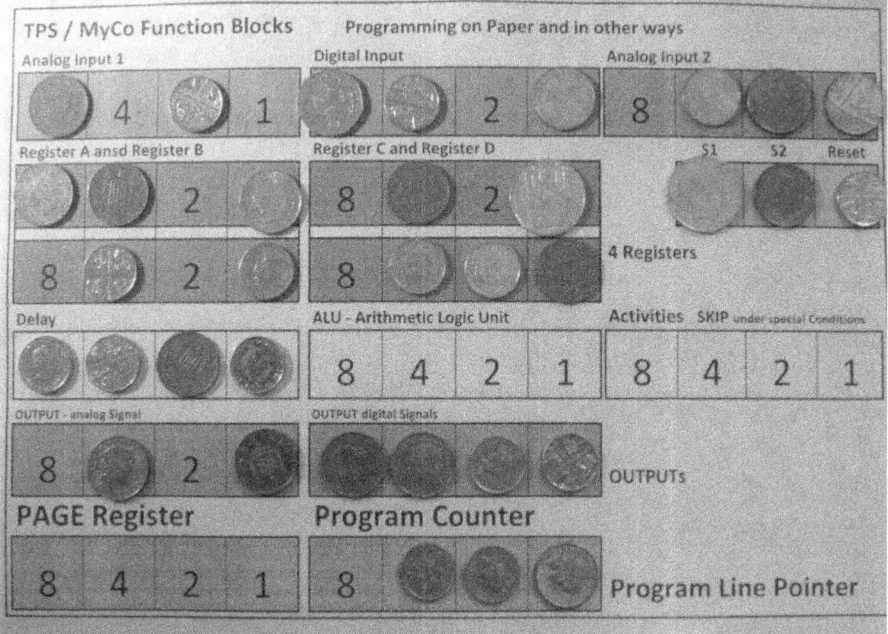

Dipl.-Ing. Juergen Pintaske

Studies Telecoms	**RWTH**	Aachen/Germany
Design at	**Horstmann**	Heiligenhaus/Germany
MCU Memory IO Apps	**RCA/Renesas**	Brussels/Belgium
Strategic Marketing	**RCA/Renesas**	Brussels/Belgium
Marketing Manager	**Hitachi**	Munich/Germany
Marketing Manager	**Tekelec**	Munich/Germany
Sales and Marketing	**USP**	Munich/Germany
Sales Southern Europe	**Raytheon**	Munich/Germany
Sales Manager	**Mixed Mode**	Munich/Germany
Marketing Editor PR	**Marketbroad**	Exeter/UK
Sales Manager UK	**MSC Germany**	Exeter/UK
Sales and Marketing	**ExMark**	Exeter/UK
Sales and ,Marketing	**Westwoodrock**	Bourne End/UK
Sales and Marketing	**MPE Forth**	Southampton/UK
Sales and Marketing	**CMS**	Newport/UK

LinkedIn   https://www.linkedin.com/in/juergen-pintaske-758107/

My books on amazon https://www.amazon.co.uk/Juergen-Pintaske/e/B00N8HVEZM